**월요일의
그리스도인**

**월요일의
그리스도인**

ⓒ 생명의말씀사 2014

2014년 11월 10일   1판   1쇄 발행
2024년 11월 22일   10쇄 발행

펴낸이 | 김창영
펴낸곳 | 생명의말씀사

등록 | 1962. 1. 10. No.300-1962-1
주소 | 서울시 종로구 경희궁1길 6(03176)
전화 | 02)738-6555(본사) · 02)3159-7979(영업)
팩스 | 02)739-3824(본사) · 080-022-8585(영업)

지은이 | 최영수

기획편집 | 구자섭, 이은정
디자인 | 김혜진
인쇄 | 영진문원
제본 | 보경문화사

ISBN 978-89-04-16485-1 (03230)

저작권자의 허락없이 이 책의 일부 또는 전체를
무단 복제, 전재, 발췌하면 저작권법에 의해 처벌을 받습니다.

주일을 제외한 6일,
당신의 하나님은
어디에 계십니까?

머리말

WHERE IS YOUR GOD?

한 주를 시작하는 월요일에 우울감과 무기력증으로 일하기 힘들고 지치게 만드는 것을 일반적으로 '월요병'이라 부른다. 직업인들에게는 월요병이라는 말이 낯설지 않다. 매주 반복되는 월요일의 일상생활은 기대보다는 무거운 짐으로 다가올 때가 많기 때문이다. 그런데 '월요병'의 문제는 그리스도인도 별반 다르지 않은 것 같다. 주일에는 성가대, 주일학교 교사, 식당이나 주차 안내 봉사 등 여러 가지 활동으로 제대로 쉬지도 못하고 월요일을 맞이한다. 월요일에 일터로 향하는 그리스도인의 발걸음도 기대와 희망에 차 있지 않다.

"월요일부터 시작되는 일상생활은 우리에게 어떤 의미일까?"

"지난 한 주 자신의 일 속에서 하나님과 동행했던 경험을 이야기해 보세요?"라는 질문에 분명하게 답하는 그리스도인은 의외로 많지 않다. 자신의 일 속에서 하나님과 동행하는 삶이 구체적으로 경험되지 않기 때문이다. 월요일, 일터로 출근할 때 일 속에서 하나님과 동행하는 삶을 기대하며, 오늘도 나와 함께하실 주님에 대한 기대감에 충만하여 일터로 향하는 그리스도인은 그리 많지 않다. 왜일까?

신앙생활은 예배와 성경공부, 기도 등과 같은 영적인 생활만을 의미하는 것이 아니라 하루 24시간 주님과 함께 더불어 사는 삶이다. 그런데 많은 그리스도인에게 일터에서 하는 일은 신앙생활과 별로 관련이 없어 보인다. 일터에서 신우회 활동을 하거나 업무 시작 전, 기도하는 시간 정도를 신앙생활로 이해한다. 가정에서도 마찬가지다. 가정예배를 드리거나 경건의 시간과 같이, 주님과 말씀으로 교제할 때에 신앙생활을 하고 있다고 생각한다. 물론 말씀과 기도 없이 주님과 동행하는 삶을 사는 것은 불가능하다. 그렇지만 말씀을 읽고 기도하는 시간이 아니더라도, 예배당에 있지 않아도, 그리스도인들과 교제하는 모임이 아니더라도, 내가 서 있는 그 곳이 주님과 동행해야 하는 자리다.

나는 나의 삶 모든 곳에서 주님과 함께 해야 한다는 것을 깨닫고, 이것을 삶으로 이해하기까지는 꽤 오랜 시간이 걸렸다.

내가 일터사역을 시작하게 된 것은, 내가 의도한 것이 아니라 하나님의 강권하심 때문이었다. 1988년, 이랜드의 박성수 회장은 직원들을 하나님께서 쓰실 수 있는 일꾼으로 훈련하는 일을 위해 내게 이랜드 사목 일을 제안했다. 이 제안에 동의한 나는, 날마다 일터 현장에 나갔다. 하지만 일터에서의 신앙생활에 대한 답을 좀처럼 찾기가 어려웠다. 영업부 직원, 생산부 직원, 디자이너 등 하루 대부분의 시간을 일터에서 보내는 직장인들에게 일터에서의 신

WHERE IS YOUR GOD?

앙생활은 어떤 삶이어야 하는지 명쾌하게 제시할 수 없었다. 영업이나 생산 활동 그리고 디자인하는 직업 활동을 신앙생활과 어떻게 연결해야 할지 잘 정리되지 않았다.

청년부를 지도하는 많은 교역자들도 내가 겪었던 답답함을 직면하고 있었다. 어느 날 청년부를 지도하는 교역자에게 한 청년이 찾아와서 자신의 답답함을 호소했다.

"우리는 날마다 축구장에서 뛰고 있는데, 교회에서는 야구장의 규칙을 배우는 것 같습니다."

이 청년의 하소연은 당시 청년부를 지도하던 교역자에게 큰 충격을 주었다. 직장생활을 하는 청년들에게 일터에서 어떻게 살아야 할지를 제대로 가르치지 못했기 때문이었다. 최선을 다해 신앙 훈련을 하고 있었지만, 일터의 현장에는 실제적인 도움이 되지 못했다. 이는 청년부만의 문제가 아니라 모든 교인들에게 해당되는 문제였다. 예수님은 모든 그리스도인이 세상의 소금과 빛으로 살 것을 말씀하셨다. 일터에서도 소금과 빛으로 드러나야 진정한 신앙생활이라 할 수 있다.

"신앙인에게 직업과 일터에서의 활동은 무슨 의미가 있을까?", "대인관계의 갈등에 대한 성경적인 대안은 무엇일까?", "만연된 부조리에 대한 성경적인 원리와 실제적인 대안을 세울 수 있을

MONDAY CHRISTIAN

까?", "그리스도인에게 승진은 무슨 의미가 있으며, 세상적 성공과 신앙 안에서의 성공은 어떤 차이가 있을까?", "직장생활에 필요한 경쟁력 향상을 위한 노력은 불신앙인의 그것과 어떤 차이가 있어야 하는가?", "술과 회식으로 인한 갈등은 어떻게 감당해야 하는가?" 등등. 직장생활에는 그리스도인이라면 누구나 부딪힐 수밖에 없는 수 많은 질문들이 있다.

이와 같은 문제들에 대한 성경적인 원리와 실제적인 대안을 갖게 된다면, 우리는 실제로 일터에서 구별된 삶을 위한 진정한 영적 싸움을 시작할 수 있다.

아브라함과 이삭, 야곱, 요셉, 다윗, 다니엘, 느헤미야 등 성경에 나오는 수 많은 믿음의 인물들은, 그들의 일터에서 하나님과 동행한 사람들이었다. 하지만 일터에서의 우리 신앙생활은 어떤가? 설교나 성경공부에서의 가르침도 성경의 내용에 국한되거나 아니면 매우 추상적으로 일상생활을 언급하는 경우가 많았다.

대부분 교회 안에서는 일터의 이야기를 나눌 기회도 없고, 일터 현장에서 그리스도와 함께 승리한 삶의 경험이 별로 많지 않기 때문에 아무도 선뜻 일터에서의 삶의 문제를 내놓지 않는다. 예수님은 모든 그리스도인이 "세상의 소금과 빛이다."라고 말씀하셨지만, 일터의 현장에서 소금과 빛으로 살기란 결코 쉬운 일이 아니다.

WHERE IS YOUR GOD?

　본서는 일터 현장에서 그리스도인이 어떻게 살아가야 할지를 고민하며 기록한 책이다. 일터 현장에서 날마다 일어나는 일들을 진솔하게 나누고, 함께 고민하고, 실제적인 해결점을 찾고자 했다. 좋은 내용을 담고자 노력하기보다 일터 현장의 소리를 듣고자 애를 썼다.

　거의 26년 간을 일터 현장에서 보다 많은 직업인 그리스도인을 만나려 했고, 특히 그들이 어떤 갈등과 어려움에 직면해 있으며, 어떻게 그에 대한 대안을 세워야 하는가를 찾고자 노력했다. 일터 현장에서 소금과 빛으로 살기를 원하는 그리스도인들에게 도움이 되고자 했다.

　아무쪼록 이 책을 읽는 모든 그리스도인들이 자신의 일터에서 실제적인 도움을 얻기를 바란다. 이 책을 읽는 동안, 나의 일터에서도 하나님께서 동일하게 역사하시고 동행하신다는 사실을 깊이 깨닫기를 소망한다. 일터 현장에서 그리스도인으로 구별된 삶을 살기 원하는 모든 성도들과 그들을 돕기 원하는 모든 사역자들에게 이 책을 바친다.

CONTENTS WHERE IS YOUR GOD?

머리말 5

1 하나님의 일 vs 세상의 일 ·13
: 하루의 대부분을 일터에서 보내는 그리스도인에게
'일'은 무슨 의미가 있는가?

그리스도인에게 '일'이란 | '하나님의 일'과 '세상의 일'에 대한 성경적 이해 | 진정한 예배란 | 일터의 가치 | 평일과 주일에 대한 오해

2 일터, 진정한 영성의 자리 ·55
: 진정한 영적 성장은 일상생활 속에서 완성된다.

일상의 삶, 진정한 영성의 자리 | 모인 교회 vs 흩어진 교회

3 재물인가, 죄물인가 ·81
: 그리스도인에게 돈은 어떤 의미가 있는가?

사람의 가치는 재물에 있지 않다 | 돈의 실체를 알라 | 그리스도인은 '돈'의 관리인이다

4 그리스도인의 재테크 ·115
: 그리스도인은 재물을 어떻게 관리해야 하는가?

돈을 어떻게 벌 것인가 | 돈을 어떻게 쓸 것인가

5 일터 문화, 마주하기 vs 등돌리기 ·149

: 그리스도인은 일터에서 어떻게 살아야 하는가?

일터 문화와의 충돌을 대비하라 ǀ 일터 문화를 이해하라 ǀ 세 개의 문화관 ǀ 일터에서 살아남기

6 다니엘의 일터 문화 바꾸기 ·173

: 다니엘은 바벨론 문화 속에서 어떻게 생존할 수 있었을까?

다니엘의 바벨론 생존기 ǀ 일터 문화에서 그리스도인으로 살아남기

7 일터에서 뒤엉킨 대인관계 매듭풀기 ·209

: 일터에서 피할 수 없는 갈등을 지혜롭게 극복하라.

갈등을 대하는 자세 ǀ 대인갈등은 왜, 어떻게, 언제 나타나는가 ǀ 갈등해결을 위한 성경적 대안

8 일, 하나님의 소명 ·267

: 일상생활은 우리에게 주신 하나님의 소명을 이루는 기회다.

우리는 왜 일해야 할까 ǀ 그리스도인에게 '노동'의 의미는 무엇인가 ǀ 죄는 일에 고통과 불의를 가져왔다 ǀ 그리스도의 구속은 일의 회복을 가져왔다

9 일터, 인생 학교 ·321

: 일터는 신앙의 훈련장이다.

일터에서의 신앙훈련 ǀ 일터에서 신앙훈련이 왜 필요한가 ǀ 일터에서 어떻게 신앙을 훈련할 것인가 ǀ 훈련의 과정과 축복

에필로그 358
소망아카데미 소개 360

MONDAY CHRISTIAN

1

WHERE IS YOUR GOD?

하나님의 일 VS 세상의 일

하루의 대부분을
일터에서 보내는 그리스도인에게
'일'은 무슨 의미가 있는가?

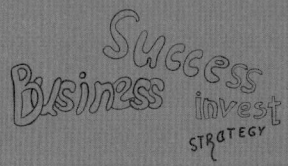

MONDAY CHRISTIAN

평생 직업을 가지고 일하다가 은퇴한 분이
'세상 일'은 그만 하고,
이제 '하나님의 일'을 하겠다고 선언하는 것은
'하나님의 일'에 대한 오해다.

그리스도인에게
'일'이란

어느 날 성경적 직업관에 대한 강의가 끝난 후에 젊은 의사가 질문했다.

"신약성경을 보면 예수님을 만난 제자들은 자신의 직업을 포기하고 주님을 따랐는데, 우리도 주님께 헌신한다면 세상의 일은 내려놓아야 하지 않을까요?"

때로 신실한 그리스도인에게서 이와 같은 질문을 받을 때가 있다. 그런데 우리가 분명히 알아야 할 것은 주님을 만나서 자신의 직업을 포기하고 제자가 된 사람들은 사도로 부르심을 받은 특별한 경우였다. 대부분의 사람들은 주님을 만난 이후에 자신의 생업을 포기한 것이 아니라, 자신의 삶의 현장으로 돌아가 그 곳에서 주님을 따르는 삶을 살았다. 신앙생활은 자신의 삶의 현장에서 주님과 동행하는 삶이기 때문이다.

그리스도인들 중에는 주님께 대한 헌신이 자신의 직업을 내려놓고 목회자나 선교사가 되는 것으로 이해하는 사람들이 있다. 그래서 40-50대에서도 자신의 평생 직업이었던 교사, 엔지니어, 은행임원, 변호사, 자영업 등 안정된 직업을 포기하고 목회자의 길을 선택하곤 한다. 지금까지 '세상 일'을 했기 때문에 남은 인생은 '하나님의 일'을 하려고 결단하는 것이다. 교회에서도 신실한 집사님이나 장로님들 가운데 몇몇 분들은 평생 '세상 일'을 했으니, 이제 남은 삶은 교회에서 평생 '하나님의 일'을 하고 싶다는 고백을 한다.

우리 그리스도인에게 소위 '세상의 일'은 어떤 의미인가? 직업인은 인생의 대부분을 일터에서 보내게 된다. 그런데 삶의 대부분을 보내는 일터가 하나님을 믿는 신앙생활과 깊은 연관이 없다면 신앙생활은 무엇을 의미하는가?

가끔 세미나를 진행하면서 이런 질문을 할 때가 있다.

"일터에서 그리스도인과 비그리스도인은 어떤 차이점이 있습니까?"

가장 많은 답변 내용은 "점심식사 시간에 기도한다."이다. 물론 "회식자리에서 술을 마시지 않는다."라는 답변도 있다. 그러나 이런 답변은 일하는 현장의 이야기나 일할 때의 차이점은 아니다. 그렇다면 일터에서의 차이점은 무엇일까?

뜻밖의 답변은 "별 차이가 없다."이다. 물론 "그리스도인은 더 정직하게 일한다.", "더 열심히 성실하게 일한다.", "책임감을 갖고 일한다." 등 다양한 답변도 있었지만, 이런 답변은 불교신자도 할 수 있고 유교를 믿는 사람들도 할 수 있는 답변이다.

예배당을 벗어나면, 일터에서는 그리스도인과 비그리스도인의 차이점을 분명하게 말할 수 없는 것이 현실이다. 특히 일반적인 그리스도인의 삶이 아니라 자신의 일터를 근거로 답변을 요구하면 더욱 그렇다.

하나님의 일 vs 세상의 일

사도 바울은 로마 교회 공동체를 향해 "육신의 생각은 사망이요 영의 생각은 생명과 평안이니라"(롬 8:6)라고 했다. 그렇다면 육신의 일과 영의 일은 무엇을 의미할까? 사도 바울은 또한 "육신의 생각은 하나님과 원수가 되나니 이는 하나님의 법에 굴복하지 아니할 뿐 아니라 할 수도 없음이라 육신에 있는 자들은 하나님을 기쁘시게 할 수 없느니라"(롬 8:7-8)라고 했다. 또한 사도 바울은 골로새 교회 성도들을 향해 위의 것을 추구하는 인생과 땅의 것에 종속된 인생이 있음을 알려 준다(골 3:2).

우리는 각자 자신의 삶의 여정을 '하나님의 일'과 '세상의 일'로 나누어 분별할 수 있는 지혜가 필요하다. 아래의 도표를 살펴보라.

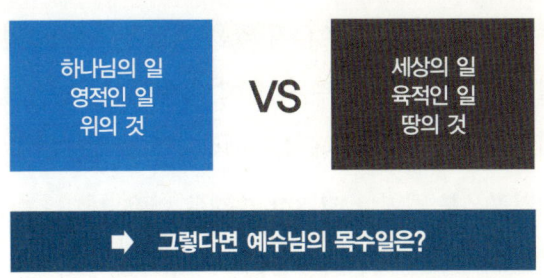

하나님의 일과 세상의 일을 분류한다면 가장 일반적인 방법이 소위 영적인 일이라고 하는 예배, 성경공부, 기도회, 전도 등은 '하나님의 일'이지만, 자신의 일터를 중심으로 하는 일들은 '세상의 일'로 이해하는 것이다.

그렇다면 우리가 한 가지 생각해 볼 것은 예수님께서 공생애를 시작하시기 전에 목수생활을 하셨는데, 예수님의 목수생활은 하나님의 일인가? 세상의 일인가?

목수 예수님

"예수님의 목수일은 '하나님의 일'인가? 아니면 '세상의 일'인가?"라는 질문에 대해, "목수일은 '세상의 일'이지만, 예수님께서 하셨으니 '하나님의 일'이기도 하다."라는 답변이 가장 많았다. 대부분 목수일을 '하나님의 일'이라고 하기에는 부족한 세상적인 일의 측면이 있다고 인식하기 때문이다. 하지만 예수님은 공생애 3년 기간보다 몇 배나 되는 시간을 목수로서 사셨다.

예수님은 시간적으로도 짧지 않은 기간을 목수로 일하셨지만, 교회 설교에서 예수님의 목수생활에 대해 언급하는 것을 들어 본 일이 거의 없다. 주일학교에서도 예수님의 목수생활에 대한 내용으로 성경공부를 하거나 그러한 주제로 이야기를 나눈 기억이 없다. 예수님께서 오랜 시간을 목수로 지냈다는 것만으로도 충분히 중요한 의미가 있을 텐데, 왜 우리는 그러한 사실을 주목하지 못했을까? 많은 그리스도인이 예수님의 목수일을 단순히 공생애를 준비하기 위한 기간으로 이해하곤 한다.

예수님은 그 시대의 사람들이 아버지의 직업을 따랐듯이 요셉이 하던 목수일을 배웠다. 목재와 못을 구입하는 것과 집의 문짝과

창문을 만들고 식탁과 의자를 만드는 일들을 하셨다. 물건을 구입하기 위해 가격을 흥정하거나 물건을 팔기 위해 사람들을 만나셨다. 그 당시의 목수라면 누구나 했을 법한 일들을 예수님도 목수로서 하셨다. 그러나 예수님의 목수생활은 그 당시의 많은 목수들과 분명히 차이가 있었을 것이다.

예수님의 십여 년 동안의 목수일이 무슨 의미가 있었는지 깨닫는 것은 매우 중요한 일이다. 그것은 이 땅에서의 나의 직업 활동의 진정한 의미를 발견할 수 있기 때문이다.

예수님의 목수일은 단지 경제적인 필요를 위한 직업 활동이 아니었다. 또한 공생애를 준비하기 위한 육체적인 활동에 불과했던 것도 아니다.

예수님의 목수일은 우리의 직업 활동과 비교해 보아야 할 필요가 있다. 만일 예수님의 공생애는 중요하지만 목수생활은 주목할 만한 가치가 없는 '세상의 일'이었다면, 예수님으로 말미암는 완전한 구속의 역사는 없었을 것이다.

예수님의 일생은 성부 하나님께서 보시기에 거룩하고 죄 없는 완전한 삶이었다. 따라서 그리스도인은 자신의 직업을 하나님의 안목으로 조명해 보고, 나의 직업 활동이 하나님께 영광을 돌리는 삶이 되도록 해야 한다.

예수님의 목수일은 직업을 가진 모든 신앙인들의 본보기로 이해할 수 있다. 앞서 본 도표와 같이 예수님의 목수일을 '하나님의 일'과 '세상의 일'로 나눈다면, 예수님의 목수일은 반드시 '하나님의 일'이어야 한다. 왜냐하면 예수님은 일상적인 삶의 모든 영역에서 거룩한 삶을 사셨기 때문이다.

"예수님의 목수일이 '세상의 일'인가? '하나님의 일'인가?"라는 질문에 많은 그리스도인들이 당혹해 하는 것은 일상적인 직업 활동이 '세상의 일'이라고 생각하기 때문이다. 그리고 자신의 직업이 하나님 앞에서 어떤 의미가 있는지 깊이 생각해 본 일이 없기 때문이다. 그래서 예수님의 목수일은 우리 모두의 직업 활동이 어떠해야 할지에 대한 중요한 답변이기도 하다.

일과 신앙생활

오랜 기간 동안 이 질문은 직업인 그리스도인들에게조차 특별한 의미가 없었다. 교회에서는 직업과 신앙과의 관계에 대해서 깊이 있게 가르치거나 체계적인 도움을 주는 것에 한계가 있었다.

대부분의 그리스도인들에게 신앙생활은 교회 활동으로 이해되거나 소위 영적인 활동이라 생각했던, 말씀과 기도하는 삶, 신앙훈련을 위한 활동 정도였다. 문제는 교회에서 하는 영적인 활동이 일터에서의 직업 활동과 어떤 관련이 있는지를 제대로 이해하지 못하고 있기에, 일터와 신앙생활이 분리되어 이중적 삶이 고착된 것이다.

제자훈련으로 유명한 사랑의교회 장로님 가운데 한 분과 식사할 기회가 있었다. 여러 가지 이야기 중에 인상적인 내용이 있었다. 장로님은 사업을 크게 하는 분이셨는데, 거래처 사장을 만날 때에 자신을 사장으로 부르지 않고 장로라고 부르는 사람은 일단 경계하게 된다고 했다. 그 이유는 교회의 직분이나 신앙의 모습을 강조하는 사람을 더 믿기 어렵기 때문이라고 했다. 이 같은 현상은 그 동안 많은 직업인 신앙인을 만나면서 확인했다.

교회에서 열심히 봉사하는 김 집사님이 일터에서 김 과장이 될 때에는 아무 관련이 없는 기이한 현상이 일어나곤 하는 것이다. 교회에서 인정받는 박 장로님이 고객을 만날 때의 박 사장이 되면, 전혀 다른 모습이 될 수 있는 황당한 일들이 일어나는 것을 경험하기 때문이다.

예수님은 자신을 믿은 유대인들에게 "너희는 세상의 소금과 빛이다."라고 하셨다. 이 말씀은 "모든 그리스도인은 일터에서 소금과 빛이다."라는 의미다. 진정한 신앙생활은 일터에서도 동일한 의미와 역할 그리고 영향력을 드러내야 한다는 의미였다. 그러나 실상은 교회에서의 신앙생활과 직업인으로서의 모습의 연관성이 매우 미흡하다.

성경의 대표적인 신앙인 가운데 아브라함, 이삭, 야곱, 요셉, 모세, 여호수아, 다윗, 오바댜, 다니엘, 느헤미야 등은 모두 직업인들이었다.

그들은 목자, 이스라엘 백성을 다스리는 왕, 지도자, 이방나라에서 매우 큰 영향을 드러냈던 총리였다. 그들은 하나같이 일터에서 하나님과 동행하며 하나님의 역사를 경험했다. 그들은 일터에서 많은 위기를 겪었으며 해결하기 어려운 장애물을 만났을 때에 하나님의 도우시는 역사를 경험했다. 그들에게는 일터에서 살아계신 하나님과 동행한 간증들이 넘쳐났다. 그들은 이방나라와 하나님을 인정하지 않는 부족들 가운데 거주할 때에도 믿음으로 구별된 삶을 살았다. 만일 내가 진정한 신앙인이라면 나의 일터에서 하나님과 동행하며 하나님의 역사하심에 대한 간증이 있어야 하지 않을까?

'하나님의 일'과 '세상의 일'에 대한 성경적 이해

지금까지 이야기한 하나님의 일과 세상의 일에 대한 이해를 돕기 위해 다음의 도표를 살펴보자. 이 도표는 일터사역의 전문가이신 방선기 목사님이 성도들로 하여금 자신의 삶의 현장을 바르게 이해하도록 돕기 위해 만든 것이다. 이 도표는 삶의 영역을 가치와 자세의 차이로 보는 세로선과 영역의 차이로 보는 가로 기준선으로 네 부분으로 구분하여 만들었다.

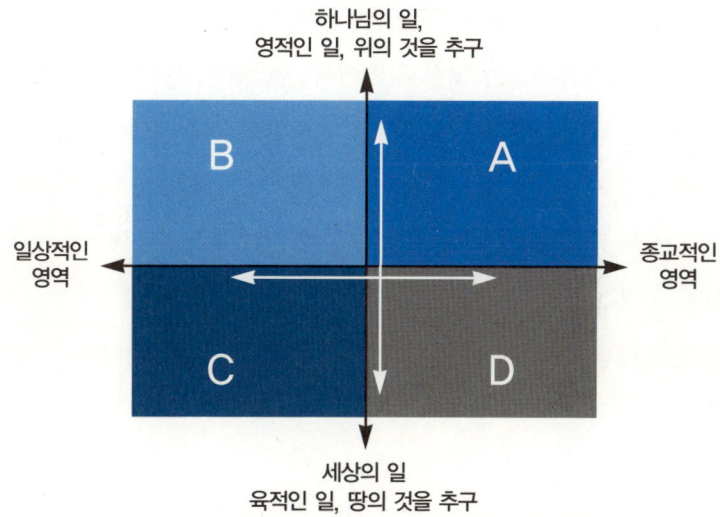

A영역은 종교적인 영역에서
: '하나님의 일', 영적인 일, 위의 것을 추구하는 삶

B영역은 일상적인 영역에서
: '하나님의 일', 영적인 일, 위의 것을 추구하는 삶

C영역은 일상적인 영역에서
: '세상의 일', 육적인 일, 땅의 것을 추구하는 삶

D영역은 종교적인 영역에서
: '세상의 일', 육적인 일, 땅의 것을 추구하는 삶

이 도표의 네 영역 중에 우리는 어느 영역에서 살고 있을까?

그것을 분명하게 알기 위해 성경의 인물들을 도표에 분류해 보았다. 성경의 인물들의 삶을 구분할 때에 직업이 제사장이거나 선지자라면 A영역이나 D영역에 있게 된다. 모든 제사장과 선지자가 하나님과 동행하며 하나님의 일을 감당했던 A영역에 있었던 것은 아니다. 안타깝게도 종교적 영역에서 살았지만, 하나님께 반역하며 불순종했던 D영역에서 살았던 인물들도 성경에 등장한다. 그 외의 모든 사람들은 직업을 가지고 있거나, 그렇지 않거나 일생의 대부분을 하나님과 동행하는 일상적인 영역 중에서 B영역을 중심으로 살거나 하나님과 무관하게 사는 C영역에서 살았다.

그렇다면 먼저 성경의 인물들을 도표에 구분해 보겠다.

성경 인물들의 삶의 영역

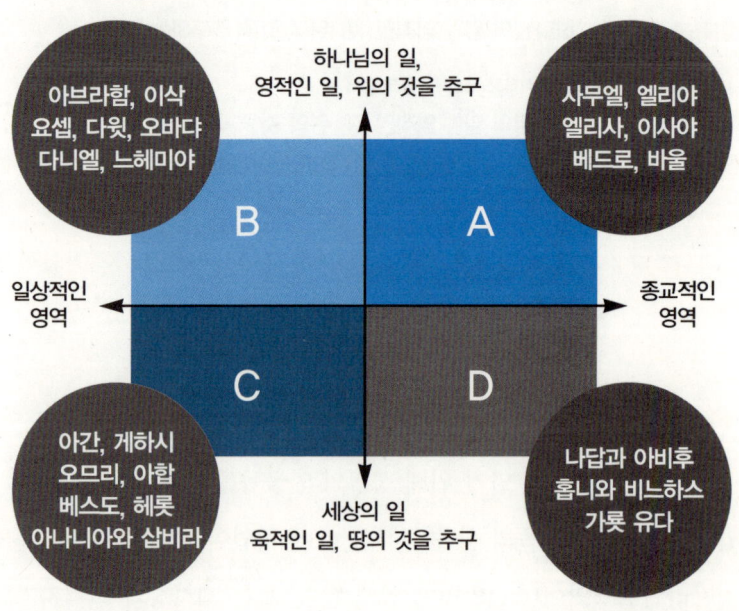

A, B, C, D 안에 해당되는 성경 인물을 넣어 보라.

우리가 주목해야 할 부분은 일상적인 영역에 있는 B영역이 하나님의 일이라는 것이다. 즉, 일상의 영역도 거룩을 추구하는 하나님의 일을 하는 영역이다. 성경은 "오직 너희를 부르신 거룩한 이처럼 너희도 모든 행실에 거룩한 자가 되라"(벧전 1:15)고 한다. 즉, 우리의 삶의 모든 영역에서 거룩을 추구할 것을 하나님께서 명령하신다.

아브라함, 요셉, 다윗은 평생 직업을 가지고 일상적인 영역에서 살았으나 성경에 등장하는 대표적인 신앙인이었다. 지금도 교회의 신앙인 가운데 일터와 일상적인 삶의 영역에서 직업 활동을 하며 살아가는 신앙인들이 대부분이다. 하나님께서는 일상의 영역에서 거룩을 추구하는 삶을 요구하신다. 만일 우리가 신앙생활을 종교적인 영역으로만 제한한다면, 직업인 신앙인은 누구도 신앙생활을 제대로 할 수가 없다.

또한 우리가 주목해야 할 영역은 종교적 영역이지만, 하나님께서 기뻐하시지 않는 영역(D)이다. 종교적인 영역 안에서 제사장이나 선지자의 직분을 가지고 있었지만, 하나님의 뜻이 아닌 육신의 일(육신의 욕망을 위해 사는 사람)과 땅의 것을 추구하는 사람들도 있었다. 지금도 마찬가지로 목회자와 선교사가 종교적 영역에 있다고 해도 모두 하나님께서 원하시는 영역(A)에 있다고 말할 수 없고, 하나님의 뜻에서 벗어난 영역(D)의 삶을 사는 변질된 목회자도 있다. 예수님은 이와 같은 사람을 '삯꾼 목자'라고 하셨다(요 10:12).

우리는 하루의 대부분을 어디에서 살고 있나요

집회를 마치고 장로님들과 권사님들과 함께 저녁 식사를 하는 중에 한 여자 권사님이 자랑스럽게 말하기를 자신은 매주 월요일부터 주일까지 일주일의 대부분을 교회에서 성경공부와 세미나 그리고 신앙훈련에 삶을 드린다고 했다. 교회에는 많은 신앙훈련 프로그램과 세미나가 진행되고 있기 때문에 매우 유익하고 좋다고 했다.

대형 교회에서는 많은 신앙훈련 프로그램과 세미나가 진행되고 있다. 아마 평생을 해도 다 하지 못할 정도로 많은 신앙훈련 프로그램이 있다고 말하는 분들도 있다. 우리가 자칫 잘못 생각하면 교회 활동이 많아질수록 신앙활동을 잘하는 것이고 헌신된 신앙인의 모습처럼 생각할 수 있다.

나는 이 같은 질문을 던지곤 한다.

"여러분은 하루의 대부분을 어디에서 살고 있나요?"

잘못 이해하고 있는 그리스도인은 신앙생활을 종교적 영역에서의 생활로 단순하게 생각한다. 일터의 영역에서 신우회 활동을 하는 이유가 하나님의 일에 동참하기 위해서인 경우가 많다. 이것은 예배를 드리는 일과 말씀을 보고 기도하는 시간, 찬송하며, 교제하는 것은 '하나님의 일'이지만, 일터에서의 생활은 '세상 일'이라는 잘못된 이해가 전제되기 때문이다. 이 같은 생각을 따른다면 종교적 영역에서의 모든 활동과 말씀, 기도를 중심으로 하는 영적인 활동만이 하나님의 일이 되는 것이다.

진정한 예배란

그리스도인이 종교적인 영역에서 할 수 있는 대표적인 행위가 예배다. 예배에 대해서 우리가 오해하는 것은 예배를 무조건 영적인 영역의 하나님의 일로 치부한다는 것이다. 성경에서 가인과 아벨의 예배를 통해 알 수 있는 것은 하나님께서 받으시는 예배와 그렇지 않은 예배가 있다는 것이다. 우리는 진정한 예배가 무엇을 의미하는지 성경에서 살펴볼 필요가 있다.

가인의 예배 vs 아벨의 예배

"가인은 땅의 소산으로 제물을 삼아 여호와께 드렸고 아벨은 자기도 양의 첫 새끼와 그 기름으로 드렸더니 여호와께서 아벨과 그의 제물은 받으셨으나 가인과 그의 제물은 받지 아니하신지라"(창 4:3-5).

가인과 아벨의 제사의 공통점은 첫 번째, 가인과 아벨 둘 다 하나님께 제물로 제사를 드렸다는 것이다. 본문을 보면 가인이 먼저 하나님께 땅의 소산으로 제물을 삼아 제사를 드렸고, 이후 아벨도 양의 첫 새끼와 그 기름으로 드렸다. 우리가 예배를 드리는 것과 같이 그들도 하나님께 예배를 드린 것이다(제사를 현대적 의미로 예배라는 단어로 대체해도 큰 무리가 없을 것이다).

두 번째 공통점은 두 사람 모두 하나님을 알고 있었다는 것이다. 매주일 예배를 드리는 많은 성도들도 하나님을 알고 있다.

그러나 가인과 아벨의 제사의 차이점이 있었다. 가인과 아벨이 하나님께 제사를 드렸지만 결과는 판이하게 달랐다. 하나님께서 아벨과 그 제사는 받으셨지만 가인과 그 제사는 거절하셨다. 우리가 예배를 드리면 주님께서 항상 받으시는 것이 아니다. 여기서 주님께서 받으시는 예배를 분별할 필요가 있다.

그럼 왜 하나님께서 아벨과 그 제사는 받으셨으나 가인과 그 제사는 받지 않으셨을까? 본문을 자세히 보면 아벨과 제물을, 가인과 그 제물을 구별하고 있다. 아벨의 삶과 아벨이 드린 제물을, 가인의 삶과 가인이 드린 제물을 별개로 이해해야 한다. 하나님께서 아벨은 받으셨는데 가인은 거절하셨다. 그들의 제사의 차이처럼 그들의 삶이 달랐다. 하나님께서는 아벨의 삶은 받으셨지만 가인의 삶은 용납하실 수가 없으셨다. 창세기 4:5 이후를 보자.

"가인과 그의 제물은 받지 아니하신지라 가인이 몹시 분하여 안색이 변하니 여호와께서 가인에게 이르시되 네가 분하여 함은 어찌 됨이며 안색이 변함은 어찌 됨이냐 네가 선을 행하면 어찌 낯을 들지 못하겠느냐 선을 행하지 아니하면 죄가 문에 엎드려 있느니라 죄가 너를 원하나 너는 죄를 다스릴지니라"
(창 4:5-7).

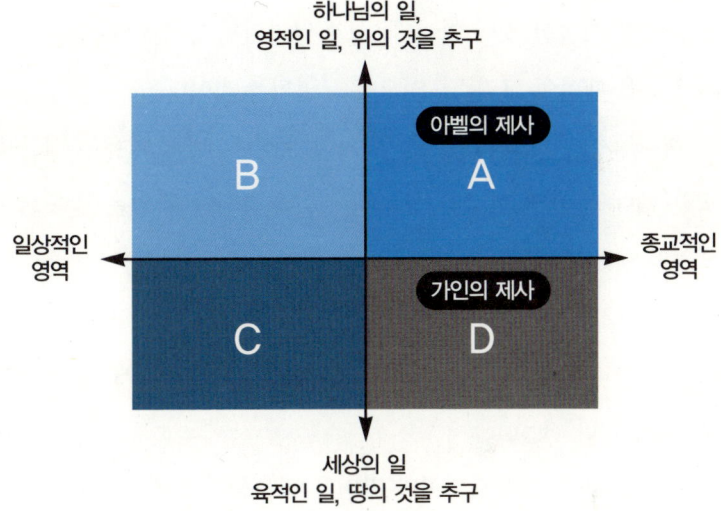

하나님께서 가인을 거절하신 첫 번째 이유는 가인의 삶이 죄로 물들어 있었고 하나님께서 기뻐하시는 선을 따르지 않았기 때문이다. 가인은 결국 죄에 종노릇하여 아벨을 들에서 쳐서 죽이는 살인을 저질렀다. 하나님께서는 예배를 드릴 때뿐 아니라 일상적인 삶의 모습을 아시고 하나님께서 기뻐하시는 선을 행하기를 원하신다는 것을 알 수 있다.

월요일부터 토요일까지 일터와 가정에서 하나님과 무관하게 살다가 주일에 예배드리는 것으로는 신앙생활이 불가능한 것이다. 그런 모습은 하나님께서 받으실 수 없다. 우리는 월요일부터 금요일까지의 일터에서도 하나님께서 원하시는 구별된 삶을 살아야 한다. 모든 그리스도인은 일터에서 소금과 빛으로 구별되기 위한 치열한 영적 싸움이 있어야 한다. 신앙인으로서의 구별된 삶은 마음만 먹으면 가능한 것이 아니다. 내가 날마다 주님 안에서 십자가를 지고 죽을 때만이 그리스도인으로 구별되는 것이다.

하나님께서 가인의 제사를 받지 않으신 두 번째 이유는 제물을 드릴 때에도 아벨은 믿음으로 제사를 드렸지만 가인은 믿음으로 드리지 않았기 때문이다.

"믿음으로 아벨은 가인보다 더 나은 제사를 하나님께 드림으로 의로운 자라 하시는 증거를 얻었으니 하나님이 그 예물에 대하여 증언하심이라"(히 11:4).

아벨은 믿음으로 드렸지만 가인은 믿음을 따르지 않았다. 가인은 자신의 신념에 따라 제물을 선택하고 하나님께 드렸다고 볼 수 있다.

우리가 믿음을 강조하고 믿음으로 행하기 위해서는 반드시 그 근거가 하나님의 말씀이어야 한다. 믿음과 신념의 근본적인 차이는 말씀에 근거했는지, 아니면 나의 생각에 따른 확신인지를 따져보면 알 수 있다. 믿음은 하나님이 중심이 되어 하나님의 말씀에 순종하는 것이다. 믿음으로 순종하면 하나님의 역사를 결과로 얻게 된다.

신념은 나의 확신과 나 중심적인 생각이기에 결국은 내가 드러나게 되고 나의 의를 드러내게 된다. 교회에서 갈등이 일어나고 결국은 하나님의 이름에 먹칠을 하는 것은 하나님을 중심으로 하지 않고 하나님의 말씀에 순종하지 않으며 자신의 신념을 따르기 때문이라고 할 수 있다.

삶으로 드리는 예배

결론적으로 종교적 영역에서의 모든 활동, 즉 예배와 같은 중요한 행위도 하나님께서 무조건 받지 않으시고, 아벨과 같이 믿음으로 드리는 예배만을 하나님께서 받으신다는 것을 분별하는 것은 매우 중요하다.

하나님께서 받으시는 예배는 종교적 영역에서의 예배뿐만 아니라 우리의 삶 전체가 하나님께 드려지는 것이 전제되어야 한다. 일터와 가정에서도 믿음으로 산다면 주님의 임재와 역사를 경험해야 한다.

주일날 주님 앞에 간절히 나아가는 그리스도인이라면, 일상의 일터에서도 간절한 마음으로 주님께 나아가는 일이 있어야 한다. 그것이 일터에서 드리는 예배인 것이다. 일터에서 주님의 임재를 경험하지 못한다면, 진정한 거룩을 추구하는 삶을 사는 것이 아니다. 일터에서 주님과 동행하는 삶의 간증이 없다면, 안타깝게도 가인과 같은 예배를 드릴 수 있다는 것을 알아야 한다.

"두 사람이 기도하러 성전에 올라가니 하나는 바리새인이요 하나는 세리라 바리새인은 서서 따로 기도하여 이르되 하나님이여 나는 다른 사람들 곧 토색, 불의, 간음을 하는 자들과 같지 아니하고 이 세리와도 같지 아니함을 감사하나이다 나는 이레에 두 번씩 금식하고 또 소득의 십일조를 드리나이다 하고 세리는 멀리 서서 감히 눈을 들어 하늘을 쳐다보지도 못하고 다만 가슴을 치며 이르되 하나님이여 불쌍히 여기소서 나는 죄인이로소이다 하였느니라"(눅 18:10-13).

예수님께서 사역하신 당시의 유대인들은 바리새인을 신앙인의 모델로 생각했을 것이다. 그렇지만 예수님은 바리새인들이 믿음이 아닌 신념으로 행하는 가증스런 종교인이라는 사실을 폭로하셨다. 바리새인의 삶은 하나님 중심의 삶이 아니라 나 중심의 삶이었다. 그들의 종교적 열심과 모든 행위들은 하나님의 영광을 드러내기보다 자신의 의를 드러내고자 하는 신념의 행동이었다.

진정한 믿음생활은 자신의 행위와 열정보다 일상의 삶에서 '하나님 중심적인 삶을 살고 있는지에 달려있다. 이것은 현실에서도 경건의 능력과 경건의 모양을 구별하는 기준이기도 하다.

일터에서 경건의 삶을 살려고 나름 열심히 노력하는 그리스도인을 보게 된다. 그런데 믿지 않는 사람들이 그러한 신앙인의 삶에 가까이 가면 갈수록 신앙생활에 대한 기대보다 실망을 경험하는 일이 종종 있다.

왜냐하면 그의 모습이 꼭 양파와 같기 때문이다. 무엇인가 있을 것 같은데 까도까도 똑같은 모양으로, 특별한 것이 없을 뿐 아니라 왜소하고 초라하여 신앙의 실체가 도대체 무엇인지를 알 수 없기 때문이다.

신앙인은 하나님을 중심으로 살 때 경험하는 경건한 삶의 비밀을 가지고 있어야 한다. 예배란 삶의 현장에서 성령을 따라 살며 진리의 말씀으로 하나님께 나아가는 삶이다. 따라서 일터에서 참된 예배자의 삶을 산다면, 경건의 능력이 일터에서 분명하게 나타나야 한다.

일터에서 종교적 열심으로 살려고 하지만, 구별된 삶으로 나타나는 것이 아니라 격리된 신앙인으로 나타나는 경우가 흔히 있다. 경건의 능력은 하나님의 임재를 경험하는 삶에서 나타난다. 아브라함이 그렇게 살았고 요셉과 다니엘도 이방 나라에서 직업을 가지고 하나님의 임재를 경험하는 삶을 살았다.

우리가 알아야 할 것은 신앙생활은 나의 노력이나 애를 쓴 결과가 아니다. 신앙생활은 하나님의 임재와 역사를 통해 하나님의 간섭하심을 경험하는 삶이다. 그런데도 우리는 양파처럼 경건의 외형이 있기는 하지만, 알아갈수록 경건의 능력은 없는 신자를 만나는 경우가 많다.

경건의 능력이 있는 삶이란 하나님의 역사하심에 대한 간증이 있는 삶을 의미한다. 믿음으로 사는 사람이라면 일터와 가정에서도 하나님께 예배함으로 하나님께서 역사하신 삶의 비밀이 있어야 한다.

일터의
가치

일상적인 삶의 중요성

한국 교회는 80년대에 들어서 대단한 부흥의 시기를 맞이했었다. 선교 단체를 통해 제자훈련이 소개되었고, 사랑의교회를 중심으로 몇몇 교회에서 제자훈련이 성공적으로 정착되고 확산되어 많은 교회의 질적인 변화와 부흥이 있었다. 성도들이 경건의 시간을 통해 말씀과 기도로 하나님과 개인적인 교제가 가능하다는 사실을 알게 되었다. 이것은 신앙생활의 혁신적인 변화였다고 생각한다. 또한 선교단체가 영향을 미치기 이전의 전통적인 교회에서는 부흥회나 사경회를 통해 전도와 교회 성장을 기대했는데, 선교단체의 활동으로 훈련받은 성도들은 개인전도가 가능하게 되었다. 선교단체에만 있던 제자훈련이 교회로 흡수되면서 교회에는 신앙성장을 위한 다양한 프로그램이 소개되었다.

이후 교회는 가정의 회복에 눈을 뜨게 되었다. 이동원 목사님은 서울침례교회에서 사역하던 80년대부터 가정사역 세미나를 열어 많은 사람들에게 가정의 중요성과 회복의 메시지를 선포했다. 90년대에는 가정사역을 통해 교회가 가정을 돌아보고자 하는 운동이 각 교회에서 일어났다. 깨어지는 가정을 위한 사역들을 교회가 감당하면서 실제적인 도움을 줄 수 있었다.

그런데 교회는 일터 현장에 있는 성도들을 위한 신앙훈련에는 눈을 돌리지 않았다. 직업이 있는 그리스도인은 일터 현장에서 삶의 대부분을 보내게 되지만, 교회는 일터 현장을 위한 구체적이고 실제적인 신앙훈련을 제시하지 못했다. 교회는 교회의 성장을 목표로 삼고 집중했다. 외형적으로 교회는 계속해서 성장했지만 교회의 성장에 비례하여 교회의 사회적 역할은 나타나지 않았다.

교회의 외형적인 성장과 비례하여 세상의 소금과 빛으로 드러나지 않게 되자 교회의 내적 갈등이 시작되었다. 일터의 현장으로 흩어져 있는 성도들은 일터에서 소금과 빛된 삶을 살아내지 못했다. 신앙생활을 열심히 하는 성도들도 일터에서는 정직한 삶을 지탱하고자 몸부림치는 소시민의 모습을 벗어나지 못했다. 대부분의 성도들은 일터의 현장에서 상처받고 무너지면서 매우 위축된 모습으로 살아갔지만 교회의 관심사는 아니었다.

교회는 예수 그리스도를 주로 인정하는 성도들을 의미한다. 그리스도의 몸된 교회는 거룩함으로 부르심을 받은 성도들을 의미한다(고전1:2). 그럼에도 교회는 거룩을 추구해야 할 삶의 현장을 외면했다. 성도들 가운데 정부 요직이나 사회적으로 높은 지위에 이른 사람들이 있었지만, 느헤미야와 다니엘과 같이 하나님의 일꾼이 되어 선한 영향력을 드러내는 삶을 살아내지 못했다. 오히려 집사, 장로였지만 수치와 부끄러운 일들이 폭로되어 옷을 벗는 사건들이 계속해서 터져 나왔다.

일터의 현장에서 하나님과 동행하며 하나님의 역사하심에 대한 간증이 없었던 삶은, 결과적으로 하나님께 영광을 드러낼 사회적 지위와 기회가 주어졌을 때 하나님께서 기뻐하시는 열매를 맺을 수 없었다. 이 같은 결과는 사실 교회의 진정한 성장과 부흥이 없었기 때문이다.

진품이 아닌 것을 흔히 짝퉁이라고 하는데, 일터의 현장에는 짝퉁 신앙인이 많이 보였다. 천만이 넘는 교인을 가졌다고 자랑했지만, 일터의 현장에서 십자가를 지는 그리스도인은 그리 많지 않았다. 일터의 현장에서 열매 맺는 그리스도인을 훈련하고자 하는 교회도 많지 않았다. 많은 목회자들은 전도와 양육 그리고 세계선교라는 이름으로 성도들의 삶의 방향을 제시했지만, 정작 삶의 대부분을 보내는 일터에 대해서는 실제적인 대안이 미흡했다. 전도와 세계선교를 부르짖어도 삶의 현장은 변화되지 않았다.

복음이 제대로 드러나지 않는 황폐한 곳인 일터는 사실 '땅 끝'과도 같다. 가장 전도가 어려운 곳은 일터의 현장에서 바로 옆에 있는 불신앙의 직장동료들이다. 그들에게는 말로 전달되는 복음보다는 세상의 소금과 빛으로 변화된 삶으로 전달되는 그리스도인의 영향력이 필요한 것이다. 일터에서 소금과 빛으로 선한 영향력을 미친다는 것은 결코 쉽지 않다. 교회의 지지 없이 그것을 개개인 그리스도인이 감당한다는 것은 벅찬 문제들이었다.

그렇지 않으면 믿는 자와 믿지 않는 자를 단지 일요일에 교회 가는지, 그렇지 않은지로 나누게 된다. 성도들은 오늘도 삶의 현장인 일터로 나가야 하며 치열한 영적 전투를 벌여야 한다. 그리고 교회는 세상에서 소금과 빛이 되도록 성도들을 세우는 일에 집중해야 할 때가 되었다. 예수님은 우리에게 포도나무의 가지라고 말씀하셨다(요 15:5). 우리는 일상적인 삶의 영역에서 90% 이상의 삶을 살고 있다. 나는 이 삶의 현장에서 어떤 열매를 맺고 있는가? 하나님께서는 날마다 우리와 함께 하심으로 삶의 모든 현장에서 열매 맺기를 원하신다.

일터에서 하나님과 동행하는 삶

나의 일터에서 하나님과 동행하고 있다면 구체적으로 어떤 삶의 모습일까?

아브라함은 인생의 대부분을 목축을 하면서 보냈다. 그리고 먼 거리를 이주하기도 했다. 블레셋을 비롯해서 이웃들과의 관계도 매우 중요했다. 성경은 아브라함이 하나님과 동행했던 삶을 보여 준다. 아브라함의 인생 여정에는 하나님께서 함께하신 많은 흔적들이 있다. 아브라함이 예배드리는 것과 기도하는 모습, 하나님의 말씀을 선포하는 모습이 아니라 그의 일상의 삶 자체가 하나님과 동행하는 삶이었다.

아브라함이 블레셋 지역이었던 그랄에 갔을 때 그랄의 왕 아비멜렉은 아브라함의 아내 사라를 취하려 했다. 아브라함은 아내 사라를 누이라 말함으로써 아내를 빼앗길 곤경에 빠지게 되었다. 이 사건은 아브라함 일생의 가장 큰 위기이며 절망적인 일이었을 것이다. 아브라함은 하늘의 별과 같이 많은 자손을 주시리라는 하나님의 말씀을 믿었는데, 상황은 그렇게 전개되지 않았다.

우리는 때로 아브라함과 같이 전혀 기대하지 않았던 처지에 내몰릴 때가 있다. 아브라함은 하나님께 이런 암담한 상황에서 구해 주실 것을 간절히 기도했을 것이다. 그 밤에 하나님께서 그랄 왕 아비멜렉에게 나타나셔서 "네가 데려간 이 여인으로 말미암아 네가 죽으리니 그는 남편이 있는 여자임이라"(창 20:3)고 말씀하셨다. 아비멜렉은 아브라함으로 말미암아 죽을 뻔한 경험을 했다. 아비멜렉은 자신의 군대로도 감당할 수 없는 아브라함의 하나님을 목도했다. 아비멜렉은 이후 아브라함과 화친을 맺고자 찾아왔다.

"그 때에 아비멜렉과 그 군대 장관 비골이 아브라함에게 말하여 이르되 네가 무슨 일을 하든지 하나님이 너와 함께 계시도다"(창 21:22).

아브라함을 만난 아비멜렉의 고백을 통해 우리가 알 수 있는 것은 "아브라함이 무슨 일을 하든지 하나님께서 아브라함과 함께 계신다."는 것이다. 이것이 우리가 일상생활에서 경험해야 할 신앙생활이다.

우리는 무슨 일을 하든지 하나님께서 함께 하심을 경험해야 한다. 우리가 어디에 있든지 하나님께서 함께 하심에 대한 신앙고백이 있어야 한다. 우리가 예배를 드릴 때뿐 아니라 우리의 모든 삶의 처소에서 하나님께서 함께 하심을 알아야 한다.

나는 당시로는 늦은 나이인 26세에, 육군 보병으로 군 입대를 하게 되었다. 80년대의 훈련소생활은 일상생활과는 분명하게 구별되는 고된 기간이었다. 몸무게 51.5kg의 매우 마른 병약한 몸으로 군대를 갔기 때문에 6주간의 훈련소생활이 매우 힘들었다. 게다가 무더위가 기승을 부리던 한여름이었다. 훈련소 동기들과 열심히 훈련에 임하면서도 주님과 동행하면서 깨어 있으려 노력했다. 입대 전 암송했던 말씀을 날마다 묵상하면서 주님의 임재를 경험했다. '죽음의 코스'라는 장거리 구보를 할 때에는 무릎과 발목 관절이 아프고 쑤셨지만, 말씀 묵상과 마음 깊은 곳에서 울려나오는 찬양은 육체적 약함과 고통 가운데서도 낙오 없이 완주할 수 있게 했다. 훈련의 강도는 세고, 연병장은 40도가 넘는 폭염이었기에 모두가 짜증스럽고 탈진상태에 이르렀다. 눈만 마주쳐도 욕이 나오고, 물을 마실 때에도 남을 배려하지 않고 다투고 험악해지는 분위기였다.

이런 가운데서도 말씀과 기도로 주님과 교제하는 것은 신앙인에게만 주어진 특권이었다. 같이 훈련받는 동기 가운데 한 명이 나에게 '워킹 바이블'이라는 별명을 붙여주었다. 틈만 나면 말씀으로 주위의 동기들을 위로했기 때문에 붙여진 것이다. 아무에게도 성경이 없었지만, 암송되었던 말씀은 너무도 큰 힘이 되었다. 하나님께서는 말씀으로 역사하시는 것이 맞다. 훈련 기간, 몸은 몹시 고달팠지만 하나님의 임재를 경험하는 은혜의 시간이었다. 훈련받는 기간 중 동기 5명이 몸에 이상이 생기거나 일사병 등 여러 이유로 후송되었다. 5명이 후송되고 이제 모두가 잘 적응하고 있다고 생각할 즈음, 4주의 훈련이 끝난 토요일 오후 늦은 시간에 나도 여섯 번째로 쓰러져 후송되었다. 병명은 급성내이염. 최선을 다했지만 내 몸은 감당할 수가 없었다.

후송 병원의 중환자실에서 3박 4일을 지내고, 환자가 많아서 일반 병실로 밀려나왔다. 병실도 군대이기 때문에 분위기는 매우 험악했다. 군기가 얼마나 센지 날마다 불안에 떠는 시간이었다. 아직 중환자이기 때문에 모든 것이 열외였지만, 병이 낫지 않기를 바랄 정도로 병실생활은 공포 분위기였다. 병실에서는 날마다 욕설이 난무했고, 얼차려라는 이름으로 구타가 있었다. 병실에서 가장 나이가 많았던 나로서는 앞으로 있게 될 수모를 생각하는 것만으로도 고통스러웠다. 병실에서 욕설이 사라지고 '얼차려'라는 이름의 구타가 없어지기를 기도했다. 기적이 일어나지 않는다면 결코 가능해 보이지 않는 기도제목이었다.

중환자로서 침대에 누워 날마다 말씀을 보는 것이 생활의 전부였지만 하나님의 임재를 경험하는 은혜의 시간이었다. 병실에 있는 모든 환우들에게 복음을 전하고 싶었다. 복음이 없는 그들의 삶의 모습은 희망이 없어 보였다. 특별히 할 수 있는 일이 없었던 나로서는 누워서 기도하거나 앉아서 말씀 보는 시간이 너무도 큰 축복이었다.

어느 날 탈영으로 인해 영창을 다녀온 말년 병장과의 만남은 하나님께서 역사하시는 손길을 경험하는 시작이었다. 하나님께서는 그를 변화시키시고 그를 통해 병실을 변화시키셨다. 도저히 이루어질 수 없을 것 같은 기도 응답이 이루어졌다. 하나님께서 간절한 기도에 응답하셔서 더 이상 병실에서 욕설을 들을 수 없게 되었고, 거짓말같이 구타와 얼차려도 사라졌다.

그 이후 날마다 눈을 뜨면 일대일로 만나서 환우들을 말씀으로 양육하는 기이한 일들이 일어났다. 하나님께서는 병실에서도 함께 하셨고, 우리의 기도에 응답하셨다. 아침부터 저녁까지 일대일로 말씀을 가르치고 교제하는 일은 그 당시의 나의 체력으로는 무리였지만 달리 방법이 없었다. 몸에 무리가 오기 때문에 환우들을 개인적으로 만나는 것과 가르치는 것을 잠시 멈추고자 했는데, 기도하는 중에 골고다로 십자가를 지고 가시는 예수님의 모습을 보게 되어 이 십자가를 나도 지겠다고 다짐했다.

그러던 중 결국은 40도가 오르내리는 고열으로 혼수상태에 이르게 되었다. 의식이 들었다가는 사라지고 또다시 의식이 들었다가는 사라지기를 두세 차례 반복하면서 밤을 지새웠다. 새벽이 다 가오면서 열이 가라앉기 시작했다.

며칠 후, 내가 있던 후송 병원으로 육군 본부의 장군이 나를 면회온다는 연락을 받았다. 군입대 전까지 장군을 만나거나 멀리서도 본 일이 없었던지라 이 상황을 어떻게 이해해야 할지 몰랐다. 병원은 아침부터 매우 분주하게 병실 내부를 바꾸고 청소하며 난리가 난 것 같았다. 군대에서 장군을 만난다는 것이 무슨 의미인지 확실히 알 수 있었다. 장군을 만나기 전부터 내 주변의 모든 사람들과의 관계가 변화되었다. 단지 단 한 번 장군을 만나는 사건만으로도 내 주변의 사람들과 상황이 완전히 달라지는 것을 보았다. 이 사건은 만왕의 왕이신 하나님과의 만남이 내게 얼마나 중요한가를 다시금 깨닫게 했다. 창조주 하나님이 내가 기도할 때에 내게 역사하셨다. 그 당시 모든 것이 통제된 군대 안에서도 기적 같은 일들이 일어났다. 주님과의 만남이 그리스도인에게 주어진 특권이라는 사실을 확인할 수 있었다.

이삭, 야곱 그리고 요셉의 삶을 보아도 그들은 일터에서 하나님과 동행했다. 신앙생활은 삶의 여정에서 하나님과 동행하는 삶이다. 일상적인 삶의 영역에서 하나님과 무관하게 살고 있다면 그것은 신앙생활이라고 말할 수 없다.

다음은 〈소명 아카데미〉를 진행하다가 만난 빵집을 경영하시는 한 집사님의 안타까운 사례이다. 그분은 빵집이 잘 운영되면 헌금을 많이 하는 것으로 하나님을 기쁘시게 하고 하나님의 영광을 드러내기를 원했다. 그는 하루 대부분의 시간을 빵을 만드는 것과 그것을 판매하는 일들로 보냈다. 그러나 그 곳에서 빵 만드는 노동 자체가 무슨 의미가 있는지는 생각하지 않았다. 그의 기도에는 보다 많은 수익이 나도록 하나님께 간구하는 내용은 있었지만, 빵 만들 때의 자세와 어떤 빵을 만드는 것이 하나님을 기쁘시게 하는지에 대한 기도는 없었다. 고객들과의 관계를 하나님 안에서 생각해 보는 기도 내용도 없었다. 직원들과의 관계에 대한 하나님의 뜻은 무엇이며, 고객들과의 관계를 어떻게 하는 것이 바른 신앙인의 모습인지에 대해 생각해 보지 못했다. 그의 신앙생활은 안타깝게도 종교적인 영역에만 국한되어 있었다.

〈소명 아카데미〉의 여러 강의가 진행되면서, 그 집사님은 하나님께서 자신의 삶의 모든 영역에서 주인이 되시기를 원하시고, 빵집에서도 하나님께서 원하시는 변화가 일어나기를 원하신다는 사실을 깨닫게 되었다. 성경은 너무도 구체적으로 나의 삶의 현장에서 하나님께서 동행하시고 간섭하시고 인도하시기를 원한다는 사실을 보여주신다. 우리는 일상적인 삶의 영역에서 하나님의 뜻이 무엇이며, 하나님과 동행한다는 것이 무엇인지를 알아야 한다. 신앙생활은 어디서 무엇을 하든지 살아계신 하나님을 경험하는 삶이기 때문이다.

평일과 주일에 대한 오해

'주일은 주님과 함께'라는 광고 카피가 있다. 기독교 기업에서 기독교 신앙을 공개적으로 표방하는 기업 광고다. 이 같은 공개적인 표현은 기업에게 이익보다는 손실을 줄 수 있지만 그럼에도 불구하고 주일에는 영업을 하지 않고 거룩히 구분하여 지키겠다는 신앙적 결단을 표현한 것이다. 그러나 생각해 보아야 할 것이 있다. 주일이 아니라 월요일부터 토요일까지 어떻게 생활하는 것이 신앙생활일까?

전통적인 한국 교회는 어느 나라보다도 주일성수를 강조해 왔다. 이제까지의 교회 성장도 그런 결단의 결과이기도 하다. 그렇지만 현재의 한국 교회의 모습은 주일이 아닌 일상생활에서 어떻게 구별되어야 할지를 모르는, 표류하는 배와 같이 방황하고 있다.

기독교가 대단한 부흥을 경험했지만, 한국 사회에는 기독교 문화가 뿌리 내리지 못하고 있음을 일터의 현장에 가면 경험하게 된다. 대표적인 것이 술을 중심으로 하는 회식 문화다. 신앙생활이 주일에 집중되고, 그렇게 강조하게 되면 일터에서의 그리스도인들은 삶의 좌표를 잃게 된다.

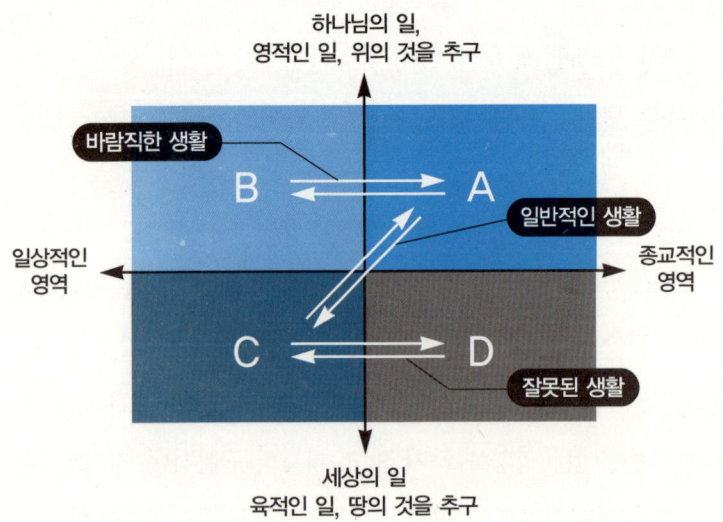

그래서 앞의 도표에서 보듯이 월요일부터 토요일까지는 일상적인 생활에서 하나님과 무관하게 사는 C영역에서 살다가 주일에 종교적인 영역에서 하나님께 나아가는 A영역으로 이동하는 것으로 생각한다. 즉, 주일성수를 중심으로 하는 신앙생활을 그리스도인의 삶으로 오해하는 것이다. 월요일부터 토요일까지의 생활과 주일의 생활이 단절되어 있는 왜곡된 신앙생활을 하고 있는 것이다.

모이기를 힘쓰는 것은 성경에서 분명하게 강조하는 신앙생활이지만 모이기를 힘써야 하는 이유를 상실하게 되면, 주일날 예배와 봉사 그리고 교제만이 하나님 안에서의 삶으로 잘못 이해하게 된다. 모이기를 힘써야 하는 것은 모일 때마다 예배를 통하여 하나님의 임재를 경험하고, 주님의 은혜로 힘들고 지친 우리의 심신이 회복되고, 신앙훈련을 통해 재충전하여 다시 흩어져 일상의 삶에서 바른 신앙생활을 하기 위함이다. 우리는 모일 때마다 반드시 흩어짐을 생각해야 한다. 흩어진 삶의 영역에서 주님 안에서 살기 위해서는 모일 때에 주님으로 말미암아 회복과 치유의 역사 그리고 재충전으로 영적 무장이 이루어져야 한다. 그렇게 하지 않고는 흩어진 삶의 현장인 일터에서 승리하는 삶을 살기가 어렵다.

주일성수가 주일만을 위한 신앙생활이라면 일상적인 삶에서 승리하는 삶을 기대할 수 없다. 일터의 신앙인들은 날마다 일터에서 영적 전쟁을 치러야 하며 주님 안에서 승리하기 위한 지원을 매주일 모일 때마다 받아야 한다. 교회가 성도의 삶의 현장인 일터의 소리에 귀 기울이지 않고, 오직 주일의 활동에만 매진한다면 교회 공동체는 세상의 소금과 빛의 역할을 결코 감당하지 못할 것이다.

누가 하나님의 사람인가? 일반적으로 성도들은 자신을 하나님의 사람이라 감히 고백하지 않는다. 하나님의 사람이란 선교사나 목회자와 같이 온전히 하나님께 헌신되어 있고 하나님의 일을 하는 사람이라는 인식이 있다. 그러나 성경은 성도는 모두 하나님의 사람이라고 분명히 밝히고 있다.

사도 베드로는 "너희도 산 돌같이 신령한 집으로 세워지고 예수 그리스도로 말미암아 하나님이 기쁘게 받으실 신령한 제사를 드릴 거룩한 제사장이 될지니라"(벧전 2:5)라고 했다. 하나님이 기쁘게 받으실 신령한 제사를 드릴 거룩한 제사장은 목회자와 선지자만을 의미하는 것이 아니라 모든 성도들을 의미한다. 모든 성도들은 자신의 삶의 현장에서 하나님께서 기쁘게 받으실 신령한 제사를 드리는 거룩한 제사장이 되어야 한다. 베드로는 더 나아가 "너희는 택하신 족속이요 왕 같은 제사장들이요 거룩한 나라요 그의 소유가 된 백성"(벧전 2:9)이라고 했다. 이것이 모든 그리스도인의 정체성이다. 하나님께서 나를 택하시고, 왕이며 제사장과 같이 살게 하셨고, 거룩한 나라가 되며 하나님의 백성으로 살아가기를 원하시는 것이다. 우리는 하나님의 자녀로서 이와 같은 의식을 가지고 살아가야 한다.

일터의 현장에 나가면 하나님의 자녀라는 의식조차 잊고 사는 그리스도인이 많다. 하나님의 자녀라는 사실이 자랑스러운 것도 아니며, 특별한 것도 아닌 삶을 살고 있다. 일터와 신앙생활이 단절되어 있는 성도들은 출근과 함께 일터에서는 주님과 아무 관계 없이 살아가게 된다. 일터에서는 그리스도인으로 구별된 삶의 모습을 찾아 볼 수 없게 된다. 날마다 출근할 때마다 오늘도 하나님께서 기쁘게 받으실 신령한 제사를 드릴 거룩한 제사장이 되어야 하는데, 그런 기대와 결단으로 살아가는 그리스도인을 만나기란 쉽지가 않다. 오히려 일터에서는 구별된 삶을 살지 못함으로 주눅 들고, 주님 안에서의 삶을 살지 못함으로 인해 실패와 좌절감을 경험하면서 결국은 교회에서의 삶과 분리된 이중적 삶을 살아가는 것이다.

한국 교회의 성도들은 일터의 현장에서 하나님의 사람으로 살아야 하며 하나님께서 필요로 하는 일꾼이 되어야 한다. 이것이 하나님의 명령이며 이 시대의 요청이다. 그리스도 안에서의 정체성을 회복하고 일터의 현장으로 나아갈 때 그리스도의 군사로서 살아갈 수 있는 것이다.

예수님이 제자들을 전도하러 보내실 때에 "너희를 보냄이 양을 이리 가운데로 보냄과 같도다"(마 10:16)라고 하셨는데, 지금도 마찬가지다. 모든 성도들은 일터로 나아갈 때에 이리떼 가운데 나아가는 양과 같다. 양과 같은 성도들이 이리떼 가운데 있는데 승산이 있겠는가? 양과 같은 성도들이 날마다 일터로 가면서 승리를 기대하려면 방법이 무엇일까? 승리할 수 있다고 기대라도 할 수 있을까? 우리 주변에서 승리하는 신앙인의 모습을 보기 어려운 것은 양이 이리떼 가운데서 승리한다는 것이 불가능하기 때문이다.

그렇다면 주님이 원하시는 것은 무엇일까? 그리스도인의 승리하는 삶은 우리 노력의 결과가 아니다. 우리가 승리하기 위한 유일한 대안은 일터의 현장에서 목자 되신 예수님과 함께 할 때뿐이다. 우리가 일터에서 영향력 있는 그리스도인이 되려면 주님과 함께하는 삶을 배워야 한다. 나의 일터에서 주님과 동행하는 삶을 살 수 있을 때, 우리는 주님 안에서 승리의 전리품들을 거둘 수 있다.

일터에서 주님과 동행하는 사람들만이 함께 모일 때, 주님께서 주신 승리의 전리품을 나누며 기뻐할 수 있다. 모든 성도들은 모이기를 힘써야 하며, 모일 때마다 주님 안에서 승리했던 삶을 나누는 기쁨이 있어야 한다. 우리는 모일 때마다 비록 실패한 아픔이 있을지라도 또다시 승리하기를 원하시는 주님으로 말미암아 힘을 얻고 흩어져야 한다.

일상적인 삶의 영역에서 거룩한 삶을 산다는 것

전통적인 교회에서는 거룩을 종교적인 영역으로 한정하여 생각하는 경향이 있다. 신앙이 좋은 사람들은 보다 많은 시간을 교회인 종교적인 영역에서 보내고자 했다.

우리는 모이기를 힘쓰는 신앙생활을 많이 강조했다. 그리고 말씀과 기도를 중심으로 하는 영적인 삶에 대한 중요성을 모일 때마다 언급했다. 그렇지만 이 같은 신앙생활이 일터와는 무슨 관련이 있는지 깊이 있게 생각하지 못했다. 그렇기 때문에 거룩을 추구한다는 것은 교회 활동에 더욱 많은 시간을 드리는 것과 같은 의미였다. 그러나 우리가 주목할 것은 일상생활에 거룩한 삶(B영역)이 있다는 것이다. 그리스도인은 일상생활의 영역에서 거룩한 삶을 살 수도 있지만 세속적인 삶을 살 수도 있다.

그렇다면 일상적인 삶의 영역에서 거룩한 삶을 산다는 것은 어떤 의미일까?

모세는 80세의 나이에 장인의 양떼를 몰고 호렙 산에 이르렀을 때에 하나님을 만나게 된다. 모세가 보니 호렙 산의 떨기나무에 불이 붙었는데 타지도 않고 꺼지지도 않는 기이한 현상을 보게 된다. 모세가 가까이 가니 하나님의 음성이 들렸다.

"이리로 가까이 오지 말라 네가 선 곳은 거룩한 땅이니 네 발에서 신을 벗으라"(출 3:5).

하나님께서 나타나신 그 곳은 거룩한 땅이었다. 거룩하신 하나님께서 임재하시면 그 곳은 거룩한 곳이 되는 것이다. 거룩을 추구한다는 것은 하나님의 임재를 추구하는 삶이다. 내가 있는 가정과 일터에서 하나님의 임재를 구한다면 그 곳에 거룩하신 하나님께서 역사하시고 그 곳이 거룩한 곳이 되는 것이다.

사도 베드로는 "오직 너희를 부르신 거룩한 이처럼 너희도 모든 행실에 거룩한 자가 되라"(벧전 1:15)고 말했다. 그리스도인은 모든 행실에서 거룩해야 한다. 우리가 있는 삶의 모든 현장에서 거룩을 추구해야 한다. 거룩을 추구한다는 것은 추상적인 의미가 아니라 구체적이고 실제적으로 경험할 수 있는 신앙인의 경건한 삶이다. 우리의 일터가 거룩해지려면 하나님께서 임재하셔야 한다.

우리는 일터에 출근했을 때에도 먼저 하나님의 임재를 구해야 한다. 우리의 일터가 거룩해지려면 일터에서 하나님의 임재를 경험해야 하기 때문이다. 예수님께서는 "너희는 먼저 하나님의 나라와 의를 구하라."고 말씀하셨다(마 6:33). 우리의 모든 삶의 현장에서 무엇보다도 먼저 하나님의 나라와 의를 구하라는 것은 결국 '거룩을 추구하라.'는 말씀과 같다.

일터에서 거룩을 추구하는 구체적인 방법 가운데 하나가 사도 바울이 골로새 교회의 노예들에게 하신 말씀 가운데 있다. "무슨 일을 하든지 마음을 다하여 주께 하듯 하고 사람에게 하듯 하지 말라"(골 3:23)고 하신 말씀이다.

우리의 일터에서 무슨 일을 하든지 주님께 하듯 하면 우리는 주님의 임재를 경험할 수 있다. 이것은 매우 기이한 경험이 될 수 있다. 노예들의 일상은 사사롭고 가치 없어 보이는 하찮은 일들이 대부분이었다. 그럼에도 불구하고 신앙인인 노예가 무슨 일을 하든지 주님께 하듯 하면 주님께서 그것을 받으신다는 것이다. 그리고 그 곳에 임재하시며 그곳을 거룩하게 하시겠다는 것이다.

그 당시의 노예에게도 역사하신 하나님께서 오늘날에도 역사하신다. 우리가 일터에서 무슨 일을 하든지 주님께 하듯 하면 주님께서 그 곳에 임재하시고 역사하신다. 만일 우리의 일터에서 하나님께서 역사하신 간증이 없다면 그것은 주님께 하듯 하지 않는 삶을 살고 있기 때문이다. 일터의 현장에서 간증이 없는 것은 주님이 없는 것과 같이 생각하고, 주님이 없는 것과 같이 말하고, 주님이 없는 것과 같이 행동하기 때문이다. 나의 일터의 현장에서 아무도 주목하지 않아도 그 곳에서 주님께 하듯 한다면, 주님께서 함께 하시고 동행하시는 것을 경험할 수 있다. 나의 삶의 현장에서 살아계신 하나님을 경험하는 삶이 신앙생활이다.

일상적 영역과 종교적 영역을 구분하여 신앙생활을 종교적 영역으로 제한하려는 사탄의 전략은 대단히 효과적으로 영향을 미쳤다. 다수의 그리스도인이 지금도 종교적 영역에서의 삶에 총력을 기울이는 것을 보면 알 수 있다. 말씀과 기도와 같은 영적인 삶에 집중해야 한다는 것은 신앙생활에 매우 중요하다. 이것을 부인할 신앙인은 없다. 그렇지만 말씀과 기도의 가장 중요한 신앙생활이 일터와 긴밀한 관계를 맺지 못하고 있다면 이것은 심각한 문제임을 직면해야 한다.

사탄은 이제 일상적 영역뿐 아니라 종교적 영역까지도 죄악으로 오염시키려고 무진 애를 쓰고 있다. 하나님께서 기뻐하시는 종교적 영역(A영역)의 삶은 하나님께서 기뻐하시지 않는 종교적 영역(D영역)으로 오염되고 있다. 소위 흩어져 있는 교회가 바로 서지 못하면 모인 교회도 반드시 오염되고 무너지게 되어 있다.

이 같은 사실을 우리가 분별하지 못한다면, 이미 우리는 무너져 내리고 있는 것이다. 혼란과 갈등 속에서 방향을 잃고 딜레마에 빠지게 되는 것이다.

일상적인 삶의 영역에서 거룩을 추구하는 삶의 기준을 바르게 세우고, 죄악된 세상에서 구별되고자 하는 단호한 결단이 필요하다. 세상의 안녕과 물질적 보장을 뿌리치고자 하는 순교적 자세로 거룩을 추구하지 않는다면 결코 거룩한 삶의 변화는 나타나지 않을 것이다. 모든 그리스도인은 일터에서 날마다 죽는 순교적 자세가 필요하다. 에베소서에서 "나는 날마다 죽노라."라고 고백했던 사도 바울의 고백이 나의 신앙고백이 될 때 비로소 일터에서도 구별된 삶이 가능한 것이다.

성경적인 거룩은 종교적 영역으로의 집중이 아니라, 하나님의 임재를 바라보며 주님께서 원하시는 삶을 살아드림으로써 삶의 모든 현장에서 변화가 일어나는 삶이다. 성경적인 거룩의 방향으로 삶을 바꾸는 것이다. 이것이 진정한 거룩함이다.

WHERE IS YOUR GOD?

MONDAY CHRISTIAN

2

일터, 진정한 영성의 자리

진정한 영적 성장은
일상생활 속에서
완성된다.

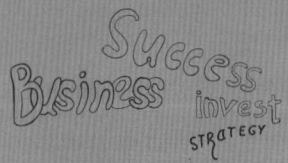

MONDAY CHRISTIAN

크리스천 직업인들에게
교회와 일터의 관계와 의미는 중요하다.
교회와 직장의 관계는
마치 '휴게소와 고속도로'의 관계라고 비유할 수 있다.
진정한 영적 성장은 일상생활 속에서 완성된다.

책 쓸 시간을 좀처럼 내기가 어려워 기도원을 찾았다. 신앙생활을 위해서도 말씀과 기도에 집중하는 시간이 반드시 필요한 것 같다. 때때로 말씀과 기도 없이도 열심히 사역할 수 있다. 목회자로서 최선을 다하고 분주하게 사역하지만, 주님과 동행하지 않을 수 있는 것이다. 초대 교회에서 열두 사도가 오순절에 일어난 부흥으로 예루살렘에 모인 많은 성도들을 접대하는 일로 분주해지고, 헬라파 유대인이 히브리파 유대인들에게 원망하는 사태가 일어난 것을 보고, 오로지 기도하는 일과 말씀사역에 힘쓰겠다(행 6:2-4)고 선언했던 이유도 여기에 있다. 우리가 주님과의 만남에 집중하지 않는다면 진정한 신앙생활은 불가능하다.

방문했던 기도원에는 이미 많은 성도들이 와 있었다. 점심식사 때에는 긴 줄을 서야 했다. 식사 시간에 앞자리에 앉은 두 분의 권사님들의 대화를 우연히 듣게 되었다. 대화 내용 가운데는 교회의 신앙활동과 주일에 행하는 봉사도 있었고 여러 가지 인생 이야기도 있었다. 오랜 세월 신앙생활을 하셨지만 여전히 목회자와 성도들에 대한 불평과 불만, 험담 그리고 교회생활로 인한 여러 가지 경험담들이 혼재되어 있었다. 하지만 이들의 모습들로 인해 안타까움을 떨칠 수가 없었다.

'이분들의 신앙적 열심은 일상생활과는 별로 관계가 없구나.'

그분들의 대화 속에서는 일상생활 속에서의 하나님의 임재와 역사하심에 대해서는 들을 수가 없었다. 신앙생활을 나름 열심히 했지만 변화되지 않은 그리스도인들의 특징은 신앙생활을 교회를 중심으로 하는 활동으로 이해하고 있다는 것이다.

일상의 삶, 진정한 영성의 자리

나는 고등학교를 4년간 다니고 중퇴한 이후 주님의 긍휼하심으로 구원의 기쁨을 얻게 되었다. 그리고 선교단체를 만났다. 선교단체에서 신앙훈련을 받으면서 "평생 동안 제자훈련을 하겠습니다." 하며 하나님께 헌신했다. 그 당시 이해했던 제자훈련은 불신자를 만나 복음을 전하고 제자훈련을 통해 하나님의 일꾼으로 신앙훈련을 한 이후 세계선교에 헌신하는 삶을 살도록 하는 것이었다. 이러한 단순한 도식과도 같은 틀에 나의 삶의 모든 것을 드리고자 했다. 대학생활도 제자훈련을 위해 있는 것이고, 대학원 진학도 캠퍼스 내에서 제자훈련을 더 하기 위해서 필요했다. 직장을 얻는 것도 그리고 자영업을 하는 것도 사실은 제자훈련을 하기 위한 경제적인 필요 때문이었다. 한동안 신앙생활과 일상생활은 아무 관련이 없었다.

모든 것을 제자훈련에 집중했기 때문에 내가 있는 곳에서 항상 신앙인들의 주목을 받을 수 있었다. 남들보다 더 열심히 사역했고 더 많은 열매가 있었다. 날마다 전도하려는 목표를 세우고 1년이 넘도록 지속했던 일도 있었다. 하나님의 역사하심에 대한 간증이 넘쳐났다. 성령께서 빌립에게 말씀하셨던 일들이 내게도 일어났다. 캠퍼스생활 4년 동안 오로지 제자훈련에 집중하면서 보냈다. 그런데 내면의 갈등은 커져만 갔다. 삶의 내면은 기대했던 것만큼 변화되지 않았다. 여전히 내면의 죄성은 사라지지 않았고 이중적인 삶의 모습이 나타날 때마다 사역에 더 치중함으로써 극복해 보고자 노력했다.

무엇이 진정한 신앙생활인가

우리 주변에는 모태신앙인이 많다. 부모님으로 인해 태어난 이후 지금까지 신앙생활을 지속하는 사람들이 자신을 모태신앙인이라고 고백한다. 모태신앙인이 있다는 것은 신앙생활이 교회 공동체의 출석과 함께 시작한다는 의미다.

한국적 상황에서 신앙생활은 곧 교회생활이다. 나 역시 신앙생활을 그렇게 했다. 초등학교를 다니기 전부터 신앙생활을 했다고 생각했다. 대학입시를 앞두고도 학생회 활동을 열심히 하는 것이 신앙생활인 줄 알았다.

그러나 나의 학생회 시절, 신앙생활은 그저 친구들과 함께 학생회 활동을 하는 곳에 불과했다. 예수님의 십자가 사건은 알고 있었지만, 그것이 나의 학교생활과 학생으로서의 생활과는 무슨 관계인지 알 수 없었다. 부활절에는 부활의 주님에 대한 메시지를 들었지만 부활의 주님이 나의 생활과 어떻게 연관이 되는지 몰랐다. 크리스마스 행사 때에도 누구보다 열심히 참여했다. 추위가 매서워도 여러 성도들과 함께 새벽송을 부르면서 성도님의 집을 방문했다. 그 모든 것이 나름대로 의미가 있었다. 즐겁기도 했고 헌신적인 마음도 필요했다. 함께 기도하면서 이 모든 일을 진행했다.

그런데 주인공이신 예수님은 그 곳에 없었다. 한 번도 주님의 임재를 경험해 보지 못했다. 주님과 내가 무슨 관계인지 알지 못했다. 고등학교 시절은 대학입시에 대한 부담감과 건강 악화로 인한 갈등 가운데 결국은 졸업하지 못하고 중퇴하기에 이르렀다. 그러한 나에게 신앙생활은 무엇이었을까?

일터에서 보내는 많은 시간과 신앙생활은 무슨 관계가 있을까? 일상생활에서 겪는 많은 일들과 신앙생활은 무슨 관계가 있는가? 일터에서 업무를 처리할 때와 고객을 만날 때 그리고 날마다 해결해야 할 많은 문제들을 처리할 때, 그 일들과 주님은 무슨 관련이 있을까? 신앙생활이란 과연 일터의 현장에서 무엇을 의미하는가? 1장과는 좀 다른 각도에서 이 문제를 생각해 보려고 한다.

이것을 좀 더 쉽게 이해하기 위해 도표로 설명하고자 한다(이 도표는 방선기 목사가 구상한 것으로, 일상생활과 신앙생활과의 관계를 보다 쉽게 이해하는 데 도움을 주고자 인용했다.).

신앙생활은 하나님과의 만남으로부터 시작한다. 주님과의 만남은 인생에서 가장 놀라운 사건이다. 멸망의 길로 치닫고 있는 인생에 하나님의 구원의 손길이 임하는 사건이다. 그 때 비로소 내가 누구인지, 어디로 가야 하는지, 어떻게 살아야 하는지에 대한 답변을 얻을 수 있는 복음 안에 들어오는 것이다. 주님과의 만남은 신앙의 가장 근본적인 일이며 주님과 관계를 맺는 것이다. 신앙생활은 주님과의 관계(Relationship)가 형성됨으로 시작된다. 이것을 R1이라고 하겠다. 주님과의 관계가 시작되면, 신앙은 다양한 믿음생활로 표현된다. 아래의 도표는 그것을 의미한다.

신앙(Religion)은 예배, 신앙고백, 종교체험, 성경공부, 종교활동 등 다섯 가지의 영역으로 구분해서 표현할 수 있다. 이것을 R2라 하겠다. 하나님과의 관계(R1)가 형성되면 신앙생활(R2)이 구체화되어 나타난다. 그리고 R1과 R2가 아닌 일상생활의 영역(Remaining life)

을 R3라 하겠다. 일상생활의 영역은 개인(성품), 가정, 직장, 사회, 자기관리 등의 영역이다.

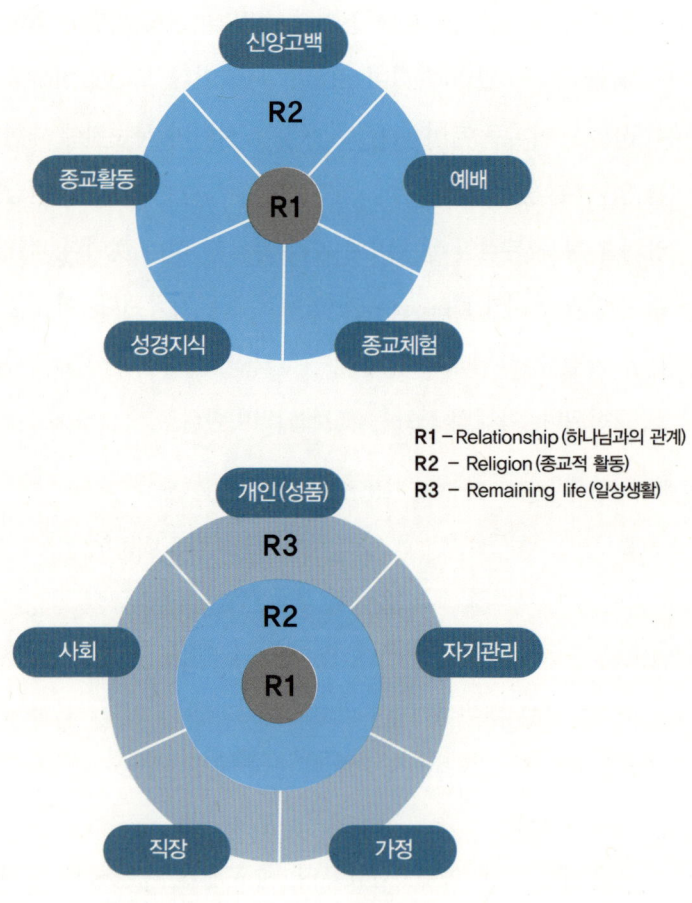

이렇게 구분하게 되면, 하나님과의 관계인 R1과 신앙의 구체적인 표현인 R2 그리고 일상적인 삶의 모든 모습인 R3를 하나님께서

는 다 아시고 모든 삶을 하나님과 관계 맺고 살기를 원하신다.

　신앙생활이란 삶의 모든 영역에서 하나님과 관계 맺는 것으로 이해해야 한다. 그런데 하나님과의 개인적인 관계인 R1의 영역은 눈으로 볼 수 없고, 교회를 중심으로 하는 신앙생활의 영역 R2와 일상적인 삶의 영역인 R3만 눈으로 볼 수 있다. 특히 한국에서는 신앙생활을 교회를 중심으로 진행되는 R2의 영역에 집중된 것으로 이해하는 경향이 있다. 그러나 불신자들은 신앙인이 주일성수를 어떻게 하는지, 어떻게 신앙생활을 열심히 하는지에는 관심이 없고 오로지 일상생활의 영역에서 보게 되는 R3만을 통해 관계를 형성한다. 불신자들은 일상생활에서 보이는 신앙인의 모습으로 신앙인을 이해하고 판단한다.

　신앙생활은 하나님과의 만남으로 시작된다. 하나님과의 만남을 통해 구원을 선물로 얻기 전까지는 신앙생활의 비밀을 알 수 없다. 하나님과의 관계를 의미하는 R1은 구원을 얻게 하는 신앙생활의 시작이며 본질적인 신앙을 언급한다. 하나님과의 만남으로 하나님의 자녀가 되는 특권을 얻게 되면 반드시 신앙생활은 삶의 변화를 일으킨다.

　하나님과의 관계에서, 이웃과의 관계에서, 일터에서도 변화가 일어나야 한다. 진실한 신앙생활은 R1(하나님과의 관계), R2(교회를 중심으로 하는 신앙생활), R3(가정과 일터를 포함한 일상적인 삶의 영역) 등 모든 삶의 영역에서 변화로 나타나야 한다. 이것을 우리는 행함이 있는 신앙이라고 할 수 있다.

왜곡된 신앙생활

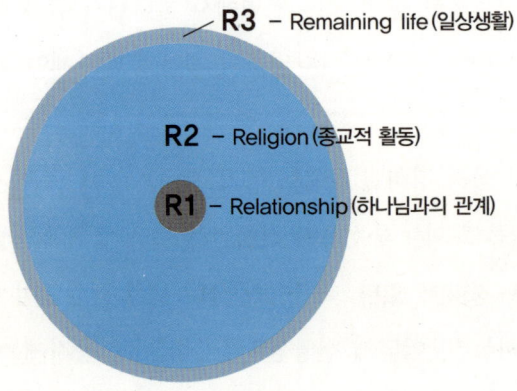

 전통적인 신앙생활 중에 대표적인 불균형적 신앙생활이 있다. 신앙생활을 시작한 이후 열심히 신앙생활을 한다고 했지만 왜곡된 삶의 모습으로 나타나는 경우다. 신앙의 연수가 오래될수록 신앙 활동은 늘어가지만, 주님과의 관계는 깊어지지 않고 종교적인 생활만이 강조되고 확장되는 경우다. R2의 영역만이 비대해지는 것이다. 예배당 중심의 신앙생활이라고 할 수 있다. 예배당에 있을 때에는 신앙생활을 하고 있지만, 진정한 변화를 기대하기 어렵다. 왜냐하면 신앙생활의 성숙은 주님과의 교제가 뿌리를 깊게 내릴 때 가능하기 때문이다. 주님과 깊은 관계가 형성될 때 신앙생활도 바르게 나타나게 된다.
 그런데 예배당 중심의 신앙생활(R2)도 아니고, 주님과의 관계(R1)도 중요시하는 신앙생활을 하고 있음에도 균형을 잃고 갈등하는 신앙인들이 많다. 특히 일터에 있는 신앙인들의 모습에서 흔히

볼 수 있다. 사실은 일터에서 소금의 맛을 잃고 선한 영향력을 상실하여 빛을 내지 못하는 그리스도인들의 모습이다. 일상적인 삶의 영역(R3)에 대한 신앙적인 이해가 부족하고 일상생활에서 소금과 빛이 되어야 함에도 불구하고 그렇게 살지 못하는 신앙인들이 많다. 일터와 가정이라는 세상에 대한 성경적 이해가 부족하거나 왜곡되었기 때문이다.

과거 제자훈련을 받고 헌신했던 때의 내 모습을 보는 것과 같다. 1979년에 선교단체를 만나고 신앙훈련을 받으면서 하나님께 헌신했다. 대학생활을 시작한 이후에는 오직 전도와 제자훈련에 집중했다. 많은 학생들을 전도하며 그들을 제자훈련하기 위해 최선을 다했다. 캠퍼스사역을 하는 동안 하나님께서 역사하신 간증이 넘쳐났다. 그런데 과활동과 학점은 제대로 관리할 수가 없었다. 이런 모든 활동은 전도와 제자훈련을 위한 수단으로 이해했기 때문이다. 졸업한 이후 취업을 준비할 때에도 제자훈련에 집중할 수 있는 직장이 필요했다. 그러나 취업이 쉽지 않았고 자영업을 하고자 했지만 결과는 사업을 지속할 수 없었다.

그리스도인이 이 땅 위에서 어떻게 살아가야 할지를 제대로 분별하지 못하면 직업과 일터 그리고 현재와 미래에 대한 바른 신앙의 기준을 갖지 못하기 때문에 혼돈과 방황으로 고통스러운 과정이 지속되고 반복된다. 내가 있는 일터에서 이방인과 나그네로 사는 것은 맞지만, 직업인으로서 구별된 삶을 사는 것은 한계에 직면하게 된다. 또한 그리스도의 증인으로 사는 것이 곤란하게 된다.

하루의 대부분을 보내는 일터의 진정한 의미를 알지 못한다면 세속적인 경쟁과 갈등에서 그리스도인의 승리하는 삶을 기대할 수 없게 된다.

"지난 한 주간 일터에서 소금과 빛으로 살았던 삶을 나누어봅시다."

종종 세미나를 진행하면서 이런 질문을 던지곤 한다. 그런데 이런 질문을 던지면 다들 몹시 당황스러워한다. 지난 한 주 동안 일터에서 소금과 빛으로 살았던 삶이 무엇인지가 구체적으로 잡히지 않기 때문이다. 신앙생활에 열심이 있다고 하는 그리스도인들도 마찬가지다.

건강한 신앙생활이란 세상에서 소금과 빛으로 드러나는 신앙생활임을 누구나 인정한다. 예수님께서는 자신을 믿는 유대인들을 향해 짠 맛을 내는 소금이라고 하셨다(마 5:13). 소금은 사람의 생존에 없어서는 안 될 중요한 것이다. 짠 맛을 내는 것은 이 세상에서 소금 외에는 없다. 유일하게 짠 맛을 내는 소금과 같이 모든 그리스도인은 자신의 일터에서 없어서는 안 될 사람으로 살아야 한다. 일터에서 보면, 있어도 좋고 없어도 별로 불편하지 않은 사람으로 사는 사람들이 많다. 세상의 소금이 된다는 것은 없어서는 안 될 직장인으로 있어야 한다는 것이다. 세상에서 소금으로 사는 그리스도인은 일터에서도 하나님의 도우시는 손길이 있고 나의 업무 가운데 역사하시는 간증이 있어야 한다.

세상을 비추는 빛이 된다는 것은 무슨 의미일까? 특히 하루의 대부분을 보내는 일터에서 빛으로 드러나는 삶을 어떻게 설명할 수 있겠는가? 사실은 누구도 세상의 빛으로 살기가 쉽지 않다. 오직 예수님만이 참 빛으로 이 땅에 오셨다. 우리의 일터에서 내가 죽고 부활의 주님이 드러나도록 살 수 있다면 우리는 세상의 빛이 되는 것이다.

예수님은 간단하고도 분명하게 말씀하시기를 세상을 비추는 삶이란 착한 행실을 통해 선한 영향력으로 나타날 수 있다고 하셨다(마 5:16). 착한 행실로 선한 영향력을 미치는 삶이 바로 그리스도인의 삶의 특징이다. 부끄럽게도 착한 행실을 위해 치열하게 살아오지 못한 삶의 모습이 자꾸 떠오른다. 나름 열심히 신앙생활을 했다고 생각했는데, 그럼에도 불구하고 착한 행실로 표현되지 못할 때가 많았음을 부인할 수 없다. 그리스도인이 일터의 현장에서 세상의 빛으로 드러나지 않고 주변의 직장인들과 별반 구별 없이 살고 있지만 신앙인으로 문제를 발견하지 못하고 있다면 깊이 자신의 삶을 돌아보아야 한다.

모든 교회에서는 성도들이 세상의 소금과 빛으로 드러나야 한다고 강조한다. 그렇지만 일터의 현장을 보면 그리스도인이 일터의 소금과 빛으로 구별된다는 확신을 갖기가 어렵다. 교회가 세상의 소금과 빛의 삶을 강조할 뿐 아니라 구체적으로 소금과 빛으로 드러나도록 책임을 져야 한다. 일상적인 삶의 영역(R3)에서의 소금과 빛의 모습이 강조되지 않는다면 교회는 자신의 역할을 잃어버린 것이다. 일터에서는 맛을 잃어버려 밟히게 되는 그리스도인이 되어서는 안 된다. 모든 그리스도인은 이러한 비참한 삶에서 하루 빨리 벗어나야 한다. 모든 그리스도인은 반드시 일터에서 소금과 빛으로 있어야 한다. 주일날 예배드리며 봉사하는 것으로 신앙생활의 의무를 다하는 것이 아니다. 자신의 삶의 현장에서 소금과 빛으로 드러나지 않는다면 그것은 신앙생활이라고 할 수 없다.

우리는 모이기를 힘써야 한다. 그렇게 하지 않으면 신앙생활이 불가능하기 때문이다. 또한 초대 교회 이래로 모든 신앙인은 모이기를 힘써 왔다. 그런데 모이기를 힘써야 하는 이유가 흩어져서 소금과 빛으로 사는 것으로 나타나지 않는다면 이것처럼 모순되는 것이 어디에 있겠는가? 교회는 많은 일로 분주하다. 많은 사람의 헌신과 열정이 필요하다. 그런데 그것이 흩어진 세상에서 소금과 빛으로 드러나는 삶으로 나타나지 않는다면 무엇을 위한 열정이며 헌신인지 분별하는 지혜가 필요하다.

그러므로 바람직한 신앙여정은 하나님과의 관계가 시작되는 삶(R1)으로 신앙생활을 시작하여, 교회를 중심으로 하는 신앙생활(R2)과 소금과 빛으로 드러나야 하는 일상생활(R3)이 균형을 유지하는 수준으로 나아가는 것이다.

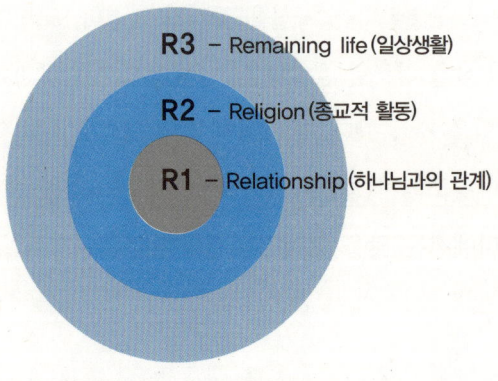

모인 교회 vs
흩어진 교회

"고린도에 있는 하나님의 교회 곧 그리스도 예수 안에서 거룩하여지고 성도라 부르심을 받은 자들과 또 각처에서 우리의 주 곧 그들과 우리의 주 되신 예수 그리스도의 이름을 부르는 모든 자들에게"(고전 1:2).

교회란 무엇인가? 많은 성도들이 눈에 보이는 예배당을 교회라고 생각한다. 최근에 교회의 정의를 바로 잡아가는 교회가 많아지고 있다. 사도 바울은 고린도에 있는 하나님의 교회에 서신을 보냈는데, 서신을 받는 수신인이 바로 교회였다. 교회는 그리스도 예수 안에서 거룩해지고 성도라 부르심을 받은 사람들이다. 또한 각처에서 우리의 주 곧 그들과 우리의 주 되신 예수 그리스도의 이름을 부르는 모든 사람들이었다. 고린도 교회는 고린도 지역의 성도들이 모이는 장소가 아니었다. 교회는 건물이 아니라 사람들이다. 주님은 교회가 그리스도의 몸으로서 거룩해지기를 원하셨다.

교회가 거룩해지고 성도라 부르심을 받은 사람이라면 교회는 두 가지 모양으로 존재한다. 모인 교회와 흩어진 교회다. 교회에 대한 정의가 다양하게 나타날 수 있지만, 이곳에서는 이와 같이 간단하고 분명하게 보여주는 성경적 교회관을 살펴보고자 한다.

월요일부터 토요일까지 교회는 주로 어디에 있는가

월요일부터 토요일까지는 교회가 주로 성도들의 삶의 현장에 흩어져 있다. 이것을 흩어진 교회라고 할 수 있다. 특히 직업인 크리스천은 일터의 현장에 흩어져 있는 것이다. 우리는 주일이 되면 모인 교회의 모습을 갖게 된다. 함께 하나님께 예배드리며, 주님께 찬송하고, 성도들은 교제를 나누며 서로 권면하고, 각기 부서에서 맡은 일로 봉사하며 삶을 나누게 된다.

그러나 이 같은 모인 교회의 모습은 성도들의 인생에서 비중이 크지 않다. 성도들은 인생의 대부분을 삶의 현장인 흩어진 교회의 모습으로 살아간다.

교회는 모인 교회의 모습으로 있을 때에 흩어진 교회의 모습을 위해 준비해야 한다. 성도들이 대부분의 삶을 보내는 흩어진 교회의 삶을 위해 모인 교회가 필요한 것이다. 모인 교회가 흩어진 교회를 지원하지 않으면 각자의 흩어진 삶의 현장에서 그리스도 예수 안에서의 삶을 살아가기가 어렵기 때문이다. 모든 성도들은 모인 교회에서 충전되고 무장되어야만 한다. 성도들이 모인 교회가 되기를 힘써야 하는 것은 흩어진 교회의 모습으로 살아가야 하기 때문이다.

건강한 교회가 되기 위해서는 목회자가 흩어진 교회의 모습을 잘 알아야 한다. 모든 목회자는 모인 교회에서 흩어진 교회의 사역을 위해 준비해야 한다. 만일 성도들의 삶의 현장인 일터를 잘 알지 못한다면 목회를 제대로 할 수 없다. 일주일에 하루 모인 교회 안에서 열심히 생활하는 것이 신앙생활의 전부가 아니기 때문이다.

목회자가 일터의 현장을 깊이 있게 알고 사역하기란 쉽지 않다. 일반적으로 직장 경험이 없는 목회자는 일터의 현장에 관심이 없어 보인다. 모인 교회의 사역으로도 너무 많은 일로 지치고 힘든 상황이다. 사고 싶은 물건들이 넘쳐나는 백화점과 같이 모인 교회는 해야 할 사역들이 넘쳐나고 있다. 끊임없이 새로운 사역들이 멋지게 포장되어 나타나고, 교회는 이러한 많은 사역을 교회에 적용하기 위해 애를 쓰고 있다. 이런 가운데 전통적인 교회는 신앙생활을 모인 교회를 중심으로 이해하기 때문에 일터의 현장인 직장에 대해 깊이 있게 논의해 볼 기회조차 없다. 일터가 어렵고, 힘든 곳임을 알아도 그것이 신앙생활과 얼마나 깊게 관련있는지를 알 수가 없다.

한국 교회의 문제는 일터의 심각성을 모르기 때문에 성도들의 일터 삶에 대한 구체적이고 실제적인 대안이 없다는 것이다. 그리스도인이 이중적 삶을 살기 때문에 겪는 갈등에 대해 깊이 있는 관심을 보이지 않는다. 일터에서의 구별된 삶이 무엇인지를 분별하지 못하는 그리스도인의 갈등을 돌아보지 않는다. 한국 교회가 일터의 현장에 있는 그리스도인을 얼마나 오랫동안 방치해 두었는지 모른다.

일터의 현장에서 소금과 빛이 되고자 하지만 역부족으로 갈등하고 고통받는 모습을 알지 못한다. 오직 모인 교회의 활동에 집중하며 온 힘을 기울이고 있다는 사실을 알지 못한다. 이 같은 한국 교회의 현실이 매우 안타깝지만 속수무책이다.

모든 목회자는 자신이 만나는 성도들의 삶의 현장인 일터에서 하나님께서 역사하시는 변화가 반드시 나타나야 한다는 사실을 알아야 한다. 성경에 등장하는 모든 직업인 신앙인의 삶이 그러했기 때문이다. 아브라함, 이삭, 야곱, 요셉, 다윗, 다니엘, 느헤미야 등 너무도 많은 신앙인이 자신의 일터에서 하나님과 동행하며 하나님의 역사를 경험했다. 이것이 일터의 현장에서 믿음으로 사는 신앙생활이다.

직장생활을 경험한 목회자가 많아지고 있다. 그런데 직장 경험이 있는 목회자라 해도 직장 경험이 없는 목회자와 크게 다르지 않은 것이 현실이다. 직장 경험이 있는 그리스도인이 신학대학원을 진학한 이후 목회의 현장에 나오기까지 일터의 사역에 대해 준비하는 일은 거의 없고 일터와는 단절된 생활을 하기 때문이다. 전통 교회에서는 목회자가 성도들의 삶의 현장에 나아가기가 어렵다. 모인 교회의 활동이 너무도 많기 때문이다.

직장 경험이 있는 목회자도 일터의 현장에 있는 그리스도인을 위해 어떤 특별한 대안을 세울 수가 없다. 전통적인 교회에서는 흩어진 교회의 삶의 모습에 대해 깊이 있게 사역하지 않기 때문이다.

모인 교회와 흩어진 교회의 사역

폴 스티븐슨은 "교회는 함께 모여서 무장하고 일상으로 흩어져 공중 권세 잡은 세력들과 영적 전쟁을 치러 나가는 공동체다."라고 말했다.

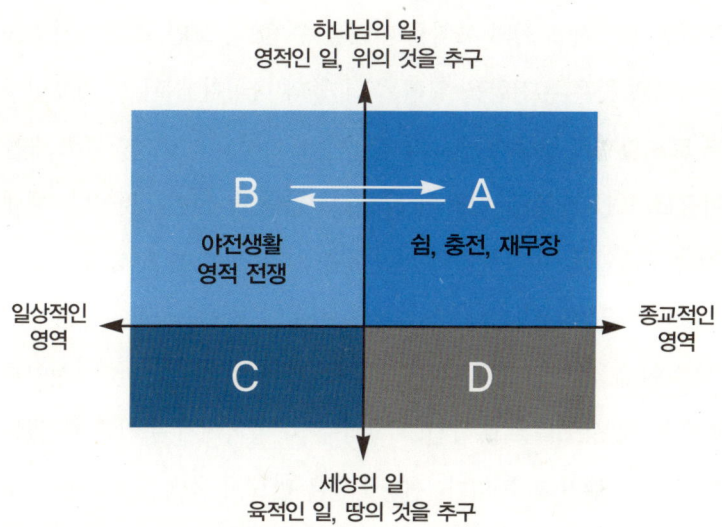

모인 교회의 사역

"그가 어떤 사람은 사도로, 어떤 사람은 선지자로, 어떤 사람은 복음 전하는 자로, 어떤 사람은 목사와 교사로 삼으셨으니 이는 성도를 온전하게 하여 봉사의 일을 하게 하며 그리스도의 몸을 세우려 하심이라"(엡 4:11-12).

모인 교회에서는 성도가 그리스도 안에서 온전하게 되는 것이 목표다. 우리는 주님을 만난 이후 이 땅을 떠나 주님께로 갈 때까지 그리스도 안에서 온전함을 사모해야 한다. 모인 교회의 중심 사역이 바로 여기에 있다. 모인 교회는 예배를 통해 주님께 나아감으로써 주님의 임재와 치유의 역사를 경험한다. 모인 교회의 사역이 없다면 흩어진 교회의 사역을 기대할 수 없다. 모인 교회의 사역을 통해 성도들은 온전함을 위해 주님께 더 나아가게 된다. 월요일부터 토요일까지 일상적인 삶의 영역에서 쓰러지고 상처받은 모습을 이끌고 모인 교회로 나와 치유되고 회복되어야 하는 것이다. 예배와 성도들의 교제는 다시 신앙생활을 할 수 있도록 소성케 하시는 하나님의 은혜를 경험하게 한다.

모인 교회는 성도들의 온전함을 위해 신앙훈련을 한다. 신앙훈련을 통해 성도들은 흩어진 교회의 삶의 영역에서 승리할 수 있는 힘을 얻고 준비할 수 있다. 신앙훈련은 반드시 흩어진 교회를 염두에 두어야 한다. 모인 교회에서의 신앙훈련은 모인 교회를 위한 것만이 아니다. 흩어진 삶의 영역에서 소금과 빛이 되도록 하는 것이 모인 교회의 신앙훈련이다. 만일 모인 교회의 신앙훈련이 흩어진 교회의 삶을 위한 것이 아니라면 목적을 상실한 교회라고 할 수 있다. 모인 교회는 흩어진 삶의 모든 영역에서 거룩을 추구하는 크리스천을 양성하는 임무를 가지고 있다.

흩어진 교회의 사역

흩어진 교회는 삶의 모든 현장에서 소금과 빛으로 드러나야 한다. 이것은 하나님의 명령이며 그리스도인의 특징이다.

성도들은 일터에서 소금과 빛의 삶을 살고 있을까? 이 질문은 목회자와 성도에게 너무도 중요하다. 월요일부터 토요일까지 교회의 지체들은 삶의 현장에 흩어져 있다. 실제로 성도들은 인생의 대부분을 흩어진 교회의 모습으로 살아간다. 그러한 일터에서 소금과 빛으로 살고 있는가? 이 같은 질문에 "그렇게 변화되고 훈련되어 가고 있습니다."라고 답변해야 한다.

그러나 성도들이 일터에서의 구별된 삶이 무엇인지를 분별하지 못하고 있다. 일터의 현장에서 소금과 빛이 되고자 하지만, 안개 속을 헤매듯이 구별된 삶이 명쾌하게 분별되지 않고 있다. 개개인 그리스도인이 일터에서 구별된 삶을 살고자 하는 것은 계란으로 바위치기와 같다고 고백하기도 한다. 교회 공동체의 지원이 없다면 개개인 그리스도인이 일터에서 구별된 삶으로 선한 영향력을 미치는 삶을 살기란 쉽지 않다.

대부분의 교회에서는 주일이나 그룹모임에서 흩어진 교회에서의 치열한 영적 싸움에 대해서 이야기하지 않는다. 오직 모인 교회의 활동만이 신앙생활의 전부인 것처럼 이해하고 나눈다. 너무도 많은 그리스도인이 속고 살고 있다. 모인 교회의 신앙활동만으로 자신의 신앙생활이 제대로 되어가고 있다고 착각하는 것이다. 월요일부터 토요일까지 삶의 현장에서 하나님과 동행하는 삶의 간증이 없어도 전혀 불편함이 없는 그리스도인이 많다. 얼마나 안타까운 현실인지 모른다.

많은 교회가 모인 교회의 활동에 집중하며 온 힘을 기울인다.

모인 교회는 신앙훈련을 위해 여러 프로그램을 진행한다. 교회에는 좋은 내용의 신앙훈련 프로그램이 진행되고 있음에도 불구하고 성도들의 일터의 현장은 변화되지 않고 있다. 신앙생활은 모인 교회의 활동을 늘려가는 것이 아니다. 많은 교회가 신앙훈련 프로그램의 목적이 무엇인지를 잃어버린 것처럼 느껴진다. 신앙생활이란 삶의 현장에서 소금과 빛이 되는 삶이다. 제자훈련도 받고 여러 신앙훈련 프로그램에 참여하지만 일상적인 삶의 영역에서의 구별된 삶이 무엇인지를 분별하지 못하는 크리스천이 많다.

여러 부하직원과 갈등을 일으키고 인정받지 못하지만, 교회에서는 안수집사인 경우를 상담할 때 마음이 아프다. 일터에서 주어진 업무와 대인관계가 신앙생활과 분리되어 있기 때문이다. 일터의 현장에 나가면 소금과 빛으로 드러나는 신앙인을 보기가 쉽지 않다. 일터의 현장을 세상의 일로 치부하기 때문이다.

신앙생활에 대한 이해가 바르게 정리되어 있지 않으면 모인 교회에서도 변화되지 않기는 마찬가지다. 본당이 지하에 있는 대형 교회에서 예배가 끝나면 서로 먼저 엘리베이터를 타려고 몰려 있는 모습을 보게 된다. 걸어서 계단으로 나오는 것이 전혀 문제가 되지 않지만, 다른 성도들을 배려할 만큼의 선한 영향력을 발휘하지 않는다. 또한 주일 주차 문제도 점점 심각해지고 있다. 주차 안내자들과 주차하려는 성도들 사이에 실랑이가 벌어지기도 한다. 내가 편히 나갈 수 있는 곳에 주차하고 싶은 성도들로 인해 갈등을 경험한다. 설교를 통해 은혜를 받은 것과 일상적인 삶의 관계가 긴

밀해 보이지 않는다. 흩어진 삶의 영역뿐 아니라, 모인 교회에서도 소금과 빛의 모습으로 변화되어 가는지를 되묻지 않을 수 없다.

신앙생활은 삶의 모든 현장에서 주님 안에 거하는 삶이다. 월요일부터 주일까지 모인 교회의 활동 안에 거하는 것이 신앙생활이 아니라 주님 안에 거하는 삶이 신앙생활이다. 대부분의 신앙인은 월요일부터 토요일까지 흩어진 교회의 모습으로 살아가고, 교회의 대부분의 지체들은 삶의 현장에 흩어져 있다. 성도들은 인생의 대부분을 흩어진 교회의 모습으로 살아간다. 흩어진 교회에서 구별된 삶을 살지 못한다면 그것은 정상적인 신앙생활이 아니다. 모인 교회에서만 신앙생활을 강조하면 건강한 교회의 모습을 기대할 수 없다. 한국의 대부분의 교회가 모인 교회의 모습에 심혈을 기울이는 것이 매우 안타깝다. 모인 교회의 확장을 위해 성전건축이란 이름하에 모든 노력을 집중하는 것이 과연 이 시대를 향한 하나님의 뜻인지 물어 보아야 한다.

이제는 여전도회 중심의 교회가 되기는 점점 어렵다. 여성들의 사회생활이 늘어가고 출산 이후에도 이전의 직업으로 돌아가는 여성이 늘고 있기 때문이다. 맞벌이를 하지 않고는 이 시대에서 원하는 수준의 경제활동을 할 수 없기 때문에 맞벌이는 보편화될 것이다. 할 수만 있다면 여성들도 직업의 현장으로 나아가게 될 것이다. 남자 성도뿐 아니라 여자 성도들도 일터의 현장으로 나아가게 된다면 교회는 하루 빨리 일터의 현장에 주목해야 한다. 흩어진 일터의 영역을 교회가 주목하지 않으면 건강한 교회는 불가능하다.

한국 교회는 점점 흩어진 교회에 대해 절박한 심정으로 준비해야 한다. 점점 더 많은 성도들이 일터의 현장으로 나아가기 때문이다.

흩어진 교회의 모습을 알지 못하면 주일날 예배 때 꾸벅꾸벅 조는 성도들을 이해할 수 없고 바른 대안을 세울 수 없다. 먼저 흩어진 교회의 삶의 현장을 이해하려고 해야 한다. 일터의 그리스도인이 일주일에 한 번 드리는 주일예배에서 힘을 얻지 못하면 흩어진 삶의 현장에서 선한 영향력을 기대할 수 없다. 모인 교회는 성도들을 무장하여 흩어진 삶의 영역에서 승리의 전리품을 가지고 다시 모일 수 있게 해야 한다.

목회자는 흩어진 교회를 위해 무엇을 해야 할지 분별할 수 있어야 한다. 전통적인 교회의 모습처럼 모인 교회에 집중하는 전략으로는 이 시대에 주님이 원하시는 건강한 교회가 결코 세워질 수 없기 때문이다. 우리가 착각할 수 있는 것은 외형적으로 성장하는 교회다. 성도의 숫자가 늘어가는 것이 부흥의 증거가 아니다. 교회의 구성원인 성도들이 흩어진 교회에서 승리하는 삶의 간증들이 없다면 그것은 외식적인 경건으로 나타날 것이다.

교회의 규모가 있는 담임목회자에게 이 모든 것을 기대하기가 어렵다. 공식적이거나 비공식적 행사가 너무도 많기 때문이다. 하루를 매우 분주하게 보낼 수밖에 없는 여건 속에서 살아가게 된다. 그래서 성도들의 일터에 집중하지 않아도 할 일이 너무도 많다.

빌 하이벨스 목사는 설교를 하기 위해 주일날 단상에 올라가기 전에 골방에서 말씀을 준비하고 거리로 나가서 사람들을 만나고 시장에 가서는 치열하게 사는 상인들의 삶을 보고, 결혼식과 장례식 그리고 아기들이 출생하는 삶의 모든 현장을 거친 후 설교한다는 이야기를 들은 적이 있다. 한국 교회는 흩어진 성도들의 삶의 현장에 대한 바른 이해와 소금과 빛으로서 선한 영향력을 미치고 있는지를 끊임없이 확인하는 노력과 구체적이고 실제적인 대안이 필요하다. 모든 교회는 성경적인 교회론에 입각하여 모인 교회와 흩어진 교회의 사역의 균형과 조화가 필요하다.

MONDAY CHRISTIAN

3

WHERE IS YOUR GOD?

재물인가, 죄물인가

그리스도인에게 돈은
어떤 의미가 있는가?

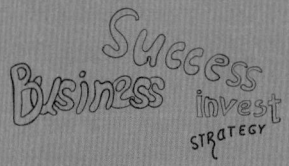

MONDAY CHRISTIAN

많은 사람들이 직업을 '돈벌이'라 할 만큼
우리의 일상은 돈과 밀접한 관계가 있다.
돈을 잘 관리해야 할 의무가
그리스도인들에게 있다.

자본주의란 이윤추구를 목적으로 자본이 지배하는 경제체제를 의미한다. 우리는 지금 자본주의 세상에서 살면서, 물질만능과 같은 재물의 강력한 힘을 경험하고 있다. 돈이 가장 힘이 센 것처럼 보인다. 그래서 많은 사람들은 부자가 되고 싶어한다. 돈을 통해 더 인정받고 영향력 있는 삶을 살고 싶은 것이다.

하지만, 부자가 되고 싶다고 모두 부자가 되는 것은 아니다. 부자가 되는 것은 쉽지 않으며, 오히려 사람들은 돈의 노예로 재물에 종속되어 살아간다. 어쩌면 자본주의 사회란 재물에 노예가 된 사회인지 모른다.

그리스도인도 자본주의 사회에서 살고 있기 때문에 재물에 대한 이해가 필요하다. 그리스도인들이 믿음으로 살기 때문에, 이 땅에서 돈과 무관한 것이 아니다.

2008년 세계 금융위기가 닥쳐왔을 때, 그리스도인 가운데 파생상품이 무엇인지도 모른 채 은행 직원이 제시하는 대로 투자했다가 평생 모은 대부분의 재산을 잃은 사례들이 많았다. 금융 시장에 대해 알지 못하면, 이 시대를 지혜롭게 살아갈 수가 없다.

따라서 무조건 믿음으로 살기만 하면, 하나님께서 내게 필요한 모든 것을 저절로 채워 주실 것이라는 생각은 바른 믿음이 아니다.

하나님께서 복을 주시면, 무조건 부자가 될 수 있다는 믿음은 성경적인 생각이 아니다. 돈에 대한 바른 이해가 없다면, 부자가 되어도 주님의 뜻대로 관리할 수 없기 때문이다. 그래서 돈에 대한 성경적인 이해가 필요하다.

우리들은 하루도 돈을 떠나서는 살 수가 없다. 날마다 돈이 필요하고, 돈에 대해 생각해야 하고, 돈에 대해 이야기한다. 돈은 신앙인에게도 매우 중요한 주제다. 문제는 돈에 대한 관심과 신앙생활을 별개의 것으로 생각하거나 구체적이고 실제적인 성경적 기준을 갖고 있지 않다는 것이다. 재물을 신앙생활과 결코 분리시켜 생각할 수 없다. 그럼 그리스도들은 재물에 대해 어떤 태도를 가져야 할까?

사람의 가치는
재물에 있지 않다

'잭 웰치의 신화'라는 기사를 본 적이 있다.

경영자 잭 웰치 회장은 2000년도에 1억 8,865만 달러(그 당시 약 2,455억 원)를 회사로부터 받았다. 이는 스톡옵션과 보너스를 포함한 급여 총액으로 미국 기업 역사상 CEO가 받은 최고의 대우였다. 이

금액은 주 5일 근무하는 미국에서 하루 9억 원의 수입에 해당하는 큰 돈이었다. 일생에 한 번도 만져보기 어려운 큰 액수의 금액이 그의 하루 수입이었다. 잭 웰치 회장이 이처럼 대접을 받은 것은 20년간 제너럴일렉트릭(GE)을 이끌며 130억 달러(약 16조 원)였던 주식 시가 총액을 5,000억 달러(약 650조 원)로 끌어올려 제너럴일렉트릭을 세계 최고의 기업으로 키운 공로 때문이다. 잭 웰치가 엄청난 돈을 벌고 있다는 사실만으로도 세인의 주목을 받고 있음을 알 수 있다.

일상적인 삶에서의 돈의 가치

각 나라의 중산층 기준에 대한 기사를 읽어본 적이 있다.

프랑스의 중산층 기준(퐁피두 대통령이 '삶의 질' 〈Qualite De Vie〉에서 정한 프랑스 중산층의 기준)은 첫째, 외국어를 하나 정도는 할 수 있고, 둘째, 직접 즐기는 스포츠가 있으며, 셋째, 다룰 줄 아는 악기가 있고, 넷째, 남들과는 다른 맛을 낼 수 있는 요리를 만들 수 있으며, 다섯째, '공분'에 의연히 참여하며, 여섯째, 약자를 도우며 봉사활동을 꾸준히 하는 계층이라고 한다.

영국의 중산층의 기준(옥스포드 대학에서 제시한 중산층 기준)은 첫째, 페어플레이를 하고, 둘째, 자신의 주장과 신념을 가지며, 셋째, 독선적으로 행동하지 않고, 넷째, 약자를 두둔하고 강자에 대응하며, 다섯째, 불의, 불평, 불법에 의연히 대처하는 계층이다.

미국의 중산층 기준(공립학교에서 가르치는 중산층의 기준)은 첫째, 자신의 주장에 떳떳하고, 둘째, 사회적인 약자를 도와주며, 셋째, 부정과 불법에 저항하고, 넷째, 테이블 위에 정기적으로 받아보는 비평지가 놓여있는 계층이다.

한국은 어떠할까? 한국의 중산층 기준(직장인 대상 설문결과)은 첫째, 부채 없는 아파트 30평 이상을 소유하고, 둘째, 월 급여가 500만 원 이상이며, 셋째, 2,000cc급 중형차를 소유하고, 넷째, 예금액이 1억원 이상이며, 다섯째, 해외여행을 1년에 한 차례 이상 다니는 계층이다.

소위 선진국이라는 몇 나라들과 비교해 볼 때 차이가 많다. 한국의 중산층은 경제적인 측면이 매우 강조되어 있다. 문화적 수준이나 사회적 공의와 책임 그리고 약자에 대한 배려 등은 전혀 언급되어 있지 않다. 그래서 평생을 아파트 평수 넓히는 데에 집중하거나 남보다 좋은 차를 타는 것이 대단히 중요해 보인다. 그런데 이러한 한국 사회에서 그리스도인은 비기독교인들과 어떤 차이가 있는가?

"하나님께서 원하는 인생을 살아가는데 있어서 재물은 어떤 의미가 있을까요?", "부자가 되고자 하는 꿈을 갖는 것이 크리스천에게 문제가 될까요?", "성경은 재물에 대한 어떤 기준과 원리를 가지고 있을까?"

재물이 인생에 미치는 영향은 실로 대단하다. 하지만 일생을 집 평수와 화장실 개수가 늘어가는 것에 집중하고, 외제차를 소유하는 데 주력하다가 갑자기 죽음을 맞이하거나 절망적인 시한부 선고를 받는 것처럼 어리석은 삶도 없다.

요즈음은 그리스도인들이 부자가 되는 것이 문제가 되지 않는다고 대답하는 시대다. 80년과 90년대에는 부자에 대한 거부감이 강했다. 청빈한 삶이 그리스도인들에게 더 잘 어울린다고 생각했기 때문이다. 과거에는 부자가 된다는 것에 대한 거부감과 함께 재물을 불의한 것으로 인식하기도 했다. 성경에도 부자가 하늘나라에 들어가는 것은 낙타가 바늘귀에 들어가는 것보다 어렵다는 말씀이 있다.

그런데 성도들의 재물에 대한 인식에 큰 변화가 일어났다. 성도들에게도 재물은 대단히 중요하다는 생각이다. 성경에 나오는 예수님의 비유 가운데서 돈과 관련된 것이 압도적으로 많다. 그 이유는 그 당시에도 사람들의 최대의 관심이 재물에 있었기 때문이다.

한 통계에 의하면, 성인의 하루 일과 중 60-70%의 시간을 돈과 관련된 생각으로 보내고, 신문 사회면에 실리는 각종 범죄 사건의 90% 이상이 돈과 직접적이거나 간접적으로 관련된 사건이라고 한다. 지금 우리는 돈이 모든 것을 말해 주는 시대를 살아가고 있다. 누구도 돈을 떠나서 살 수 없다.

이러한 돈에 대해 그리스도인은 어떤 자세를 가지고 대처해 나가야 할까?

우리는 십일조를 강조한다. 하지만 십일조의 9배나 더 많은 10의 9에 대해서는 어떻게 관리하고 있는가? 우리는 헌금을 한 이후에도 여전히 10의 9나 8정도의 돈을 가지고 생활한다. 그렇다면 십일조와 헌금을 드리고 난 이후, 내게 있는 돈은 누구의 돈이라고 생각하는가?

대부분의 신앙인은 그것도 하나님의 것이라고 답변한다.

그리스도인은 모든 재물이 하나님의 것이라고 당연하게 생각한다. 그렇지만 "내게 있는 돈을 모두 하나님의 영광을 위해 사용하십니까?" 라는 질문에 분명하게 대답하는 그리스도인은 그리 많지 않다. 왜일까?

나의 모든 것이 하나님의 것이라고 대답했지만, 모든 것을 하나님의 영광을 위해 사용하지는 않는다. 이 같은 질문에 대해 신앙인으로서 명쾌하게 대답하기가 쉽지 않다. 하지만, 이 질문은 모든 그리스도인에게 매우 중요한 질문이다.

우리는 나의 모든 것을 하나님께 드렸고, 십일조는 그것에 대한 표현이다. 10의 9도 하나님의 것이라고 생각하지만, 하나님만을 위해 사용한다고 답변하기는 쉽지 않다.

돈과 신앙은 매우 밀접한 관계가 있다. 돈을 벌거나 사용하는 것을 보면 그의 신앙수준을 알 수 있다. 돈에 대한 성경적인 기준이 바로 세워지지 않으면, 신앙생활에 많은 문제를 발생시킨다.

우리는 십일조에 대한 설교는 많이 듣지만, 나머지 10의 9에 대해서는 9배만큼 강조하지 않는다. 일상생활에서의 돈의 사용에 대해서는 각자가 알아서 해야 하는 것으로 치부되었다. 그러나 이것은 대부분의 성도가 돈의 문제에 대해서 부정적이거나 비성경적 기준을 갖게 되는 원인이다.

한국 교회 성도들의 큰 딜레마는 주님의 뜻대로 돈을 버는 것과 주님의 뜻대로 돈을 사용하는 것이 명확하지 않다는 것이다. 소위 '개같이 벌어서 정승같이 쓰는 것'은 성경적인 생각이 아니다.

돈의 실체를 알라

돈만 있으면 할 수 없는 일이 없다고 말할 정도로 돈을, '만사형통'의 요술지팡이나 아무리 많이 가져도 만족할 수 없는 인간 욕심의 심연(深淵)이라고 말한다.

돈은 단순히 경제사회 속에서 화폐교환의 도구를 넘어서 사람들에게 정신적으로 영적으로 영향을 미치는 신봉의 대상이 되었다. 그렇기 때문에 어떤 사람들에게는 돈이 신적인 존재가 되고 있다. 세상의 그 어떤 무엇보다도 강력한 힘을 가진 절대적 존재가 되었다.

먼저, 돈이 가지고 있는 특징을 바로 알아야 하나님의 뜻 안에서 물질을 유용하게 잘 사용할 수 있는 지혜가 생길 것이다.

1. 돈에는 양면성이 있다

돈에 대한 논의를 할 때마다 그리스도인이 자유롭지 못한 이유는, 돈에 대한 성경의 부정적인 언급 때문이다. 실제로 돈으로 인해 야기되는 문제가 매우 심각하다. 모든 악한 모양과 부정적인 영향이 돈과 연관이 있다. 하지만 돈의 부정적인 측면뿐만 아니라 하나님의 복으로서 재물을 언급하는 성경 본문도 있다. 성경은 돈의 양면성을 너무도 잘 보여준다.

1) 하나님의 복으로서의 재물

"성읍에서도 복을 받고 들에서도 복을 받을 것이며 네 몸의 자녀와 네 토지의 소산과 네 짐승의 새끼와 소와 양의 새끼가 복을 받을 것이며 네 광주리와 떡 반죽 그릇이 복을 받을 것이며 네가 들어와도 복을 받고 나가도 복을 받을 것이니라"(신 28:3-6).

하나님께서 주시는 복은 총체적인 복이라 할 수 있다. 영적인 복과 함께 물질의 복 또한 허락하신다.

성경의 수 많은 인물들은 하나님께서 주시는 물질의 복을 받았다. 아브라함이 그랬고, 이삭이 그랬고, 야곱이 그랬고, 요셉이 그랬다.

신명기 28장은 하나님께서 주신 물질의 복을 포함한 실제적인 복을 말씀하고 있다. "성읍에서도 복을 받고, 들에서도 복을 받는다"는 것은 일상생활의 일터에서 하나님께서 복을 주신다는 말씀이다.

"네 몸의 자녀와 토지의 소산과 짐승의 새끼와 소와 양의 새끼가 복을 받는다"는 것은 건강하게 그리고 낙태하지 않고 출산하도록 복 주신다는 것이다. "네 광주리와 떡 반죽 그릇이 복을 받는다"는 것은 먹을 것에도 복을 주신다는 것이다. 네가 어디에 있든지 하나님께서 복을 주시겠다고 약속하시는 것이다.

신명기 28:3-6의 말씀을 보면, 하나님께서 주시는 복은 우리의 삶의 모든 현장에서 실제적으로 누릴 수 있는 복임을 발견하게 된다. 하나님께서 우리에게 필요한 복이 무엇인지 아시며, 실제로 그것들을 주시기를 원하신다.

하지만 재물에 대한 부정적인 언급도 있다.

2) 유혹으로서의 재물

"부하려 하는 자들은 시험과 올무와 여러 가지 어리석고 해로운 욕심에 떨어지나니 곧 사람으로 파멸과 멸망에 빠지게 하는 것이라 돈을 사랑함이 일만 악의 뿌리가 되나니 이것을 탐내는 자들은 미혹을 받아 믿음에서 떠나 많은 근심으로써 자기를 찔렀도다"(딤전 6:9-10).

물질은 하나님께서 주시는 복이기도 하지만, 사실은 그 반대로 멸망의 길로 인도하는 강력한 유혹이 되기도 한다. 그래서 부하려

하는 자들은 결국 파멸과 멸망에 빠질 수 있다고 경고하기도 한다. 부자가 되고 싶은 마음은 비그리스도인만이 아니라 그리스도인도 마찬가지다.

그런데 성경은 부자가 되려고 하면, 파멸과 멸망의 길로 빠지게 된다고 경고의 메시지를 전하고 있다.

예수님도 부자가 천국에 들어가는 것이 마치 낙타가 바늘귀로 들어가는 것보다 어렵다고 하셨다. 현대를 살아가는 사람들 사이에서 재물로 인해 끊임없이 범죄가 발생하는 것을 볼 수 있다.

사도 바울은 골로새 교회를 향하여 탐심은 우상숭배라고 경고했다(골 3:5). 이 시대의 그리스도인에게 재물은 신앙생활의 최대의 걸림돌이 되고 있다.

그렇다면 부자는 의롭게 살 수 없는 것일까? 부자가 된다는 것 자체가 불의한 삶이라 말할 수 있을까? 하나님께서는 그렇게 말씀하시지 않는다.

성경에 등장하는 욥은 당대에 최고의 부자였지만, 하나님 앞에서 의로운 자로 인정받았다. 다윗은 주변의 부족들에게 조공을 받을 정도로 강력한 나라를 세웠으며 경제적으로 부유했지만 하나님과 동행하는 사람이었다.

디모데전서 6:9의 부자가 되고자 한다는 의미는 그 다음 절의 "돈을 사랑함이 일만 악의 뿌리가 되나니 이것을 탐내는 자들은 미혹을 받아 믿음에서 떠나 많은 근심으로써 자기를 찔렀도다"(딤전 6:10)라는 말씀과 함께 생각해 보아야 한다.

부자가 되는 것이 불의한 것이 아니라 돈을 사랑함이 믿음에서 떠나게 하는 것이다. 하나님보다 돈을 더욱 사랑하는 사람은 결코 믿음으로 살아갈 수 없음을 경고하는 것이다.

재물이 하나님께서 주시는 복이 되기도 하고, 멸망의 길로 가는 강력한 유혹이 되기도 한다면, 그리스도인은 하나님이 주신 재물인지, 유혹의 재물인지 어떻게 분별할 수 있을까?

3) 재물은 하나님께서 주시는 복인가, 아니면 멸망의 길로 이끄는 유혹인가

기독실업인회(CBMC)에서 사역을 하면서 상담을 많이 해왔다. 크리스천 기업인은 중요한 선택의 갈림길에 놓일 때가 많다. 회사에서 새로운 프로젝트를 진행하려고 하는데, 이 프로젝트가 주님의 뜻인지 아니면 욕심으로 말미암는 유혹인지 분별이 되지 않는 것이다. 또는 기업합병(M&A)을 하려고 하는데 이것이 주님의 뜻인지, 아닌지를 분별하기가 어렵다.

일터 현장에서는 하루에도 수없이 많은 선택의 기로에 서게 된다. 특히 재물과 관련된 선택은 기업의 존망을 결정하기도 하는 중요한 일이다. 그런 다양한 선택의 기로에서 하나님의 뜻을 분별하는 것이 매우 중요하다. 그런데 그 분별이 쉽지 않다. 하나님의 뜻인지 아니면 유혹으로 말미암는 멸망의 길인지를 분별하는 방법은 무엇일까?

신명기 28:1-2은 이에 대해 이렇게 답변해 준다.

> "네가 네 하나님 여호와의 말씀을 삼가 듣고 내가 오늘 네게 명령하는 그의 모든 명령을 지켜 행하면 네 하나님 여호와께서 너를 세계 모든 민족 위에 뛰어나게 하실 것이라 네가 네 하나님 여호와의 말씀을 청종하면 이 모든 복이 네게 임하며 네게 이르리니."

하나님의 말씀을 온전히 따르고자 하면, 하나님께서 이 모든 복을 주시겠다고 말씀하시는 것이다.

하나님께서는 모든 피조세계를 사람을 위해 만드셨다. 그러나 인간의 불순종은 그 모든 복을 훼손하는 결과를 초래한 것이다. 그리고 지금은 우리 안에 있는 죄성이 하나님과의 관계를 훼손하고 있다.

만일 우리가 하나님께 순종하는 삶을 우선적으로 살 수 있다면, 하나님께서 우리에게 필요한 것들을 주실 것이다. 물질적인 복도 그 가운데 하나다. 하나님께서 주신 복을 받기 위해서 그리스도인은 가장 먼저 하나님의 말씀을 청종하며 살아야 한다.

그렇게 할 때, 신명기 28:8의 "여호와께서 명령하사 네 창고와 네 손으로 하는 모든 일에 복을 내리시고 네 하나님 여호와께서 네게 주시는 땅에서 네게 복을 주실 것이며"라는 말씀처럼 하나님께서 주신 복을 넉넉히 누리게 될 것이다.

또한 하나님이 주신 복으로서의 재물과 유혹으로부터 오는 재물을 분별하는 데 있어서 중요한 것은, 재물의 많고 적음이 아니라 재물에 대한 자세이다. 재물을 얻게 되는 과정 속에서 재물을 향한 마음의 동기가 어디에 있으며, 재물에 대한 성경적인 기준을 가지고 하나님의 말씀대로 살고자 하는가에 따라 구별된다. 재물이 많은 것만이 복이 아니며, 더 나은 인생이 아니기 때문이다.

다윗은 노년에 자신에게 주신 모든 것이 주님으로 말미암았다고 고백했다(대상 29:14-15).

2. 재물은 유용하다

재물은 그리스도인에게 반드시 필요한가?

1) 돈은 유용하다

"잔치는 희락을 위하여 베푸는 것이요 포도주는 생명을 기쁘게 하는 것이나 돈은 범사에 이용되느니라"(전 10:19).

성경은 돈이 범사에 유용하게 사용되어야 한다고 한다. 이 구절의 영어번역을 보면 "money is the answer for everything"(NIV)이다. 이 구절을 해석하면 "돈이 모든 일에 해답이다."는 의미로, 돈이 삶의 모든 일에 있어서 매우 유용한 수단임을 알게 한다.

돈은 그 자체로는 중립적이다. 돈은 원래 그 목적 자체가 물건의 교환수단이나 지불수단의 경제 활동을 위해 만들어졌다. 그 이후 가치를 측정하거나 가치를 저장할 때에도 돈이 유용하게 되었다. 전도서 10:19 말씀을 통해서도 하나님께서는 돈을 사회 구조 안에서 사람들이 유용하게 사용하도록 하기 위해 만드셨음을 알 수 있다. 자본주의 사회에서 살아가려면 돈이 없으면 매우 곤란하다.

그러므로 어느 유명한 승려가 말했던 '무소유'의 개념은 실제적으로 세상을 살아가는 데 있어서 존재하지 않는다. 누구에게도 무소유란 가능하지 않으며, 실제로 그렇게 살아갈 수 없다. 물론 남보다 검소하게, 가장 기본적인 소유에 만족하며 살 수 있을지는 몰라도 그것을 '무소유'라고 말할 수는 없다. 성경은 돈이 사회생활을 할 때에 반드시 필요한 도구이며, 사람들이 살아가는 데 매우 유용한 수단이라고 분명히 밝힌다.

2) 재물의 많고 적음이 의로움의 기준이 아니다

"지혜로운 자의 재물은 그의 면류관이요 미련한 자의 소유는 다만 미련한 것이니라"(잠 14:24).

하지만, 돈의 많고 적음은 축복과 행복의 기준이 될 수 없다. 의로움의 기준도 될 수 없다. 그렇기 때문에 돈의 많고 적음이 한 사람의 인격이나 행복을 설명해 주지 않는다.

그러나 실제적인 삶의 현장에서는 돈의 많고 적음이 중요한 삶의 척도가 된다. 자본주의 사회는 자본과 소비가 매우 중요하다. 보다 많은 돈을 가진 사람이 보다 많이 소비하고, 남들보다 더 과시할 수 있는 사회이므로 더 영향력 있게 보인다. 또한 교회 내에서 말씀의 잘못된 해석으로 '기복신앙'이 뿌리내리게 되어, 재물이 많은 사람이 가난한 사람보다 하나님의 복을 더 많이 받은 것처럼 잘못 이해하고 있는 사람들도 있다.

그러나 성경은 재물의 소유보다는, 재물을 어떻게 사용하는가에 따라 그것이 인생의 면류관이 될 수도 있고, 미련한 인생이 될 수도 있다고 한다. 하나님께서는 우리에게 주어진 재물이 우리 인생의 면류관이 되기를 원하신다. 재물을 잘 사용하는 것이 재물의 소유보다 더 중요하다.

예수님은 달란트 비유(마 25장)를 통해 우리에게 맡긴 재물을 지혜롭고 충성스러운 청지기처럼 관리하기를 원하신다. 달란트가 많고 적음은 그 사람의 의로움의 척도가 되지 않는다. 맡겨 주신 달란트를 어떻게 관리하는지가 주인이신 하나님의 관심이다. 하나님께서는 우리에게 맡겨주신 재물을 지혜롭게 잘 관리하길 원하신다. 자신에게 맡겨진 재물을 잘 관리하는 것은 하나님께서 우리에게 주신 복을 누리는 삶이며, 하나님께서 더 큰 물질의 복을 허락하시는 복의 통로라 할 수 있다.

3. 재물은 강력한 영향력을 발휘한다

"한 사람이 두 주인을 섬기지 못할 것이니 혹 이를 미워하고 저를 사랑하거나 혹 이를 중히 여기고 저를 경히 여김이라 너희가 하나님과 재물을 겸하여 섬기지 못하느니라"(마 6:24).

예수님께서 하나님을 섬기는 일과 재물을 섬기는 일이 양립할 수 없다고 분명히 말씀하셨다. 이 말씀은 재물이 유용한 도구를 넘어서 사람들의 섬김의 대상으로 바뀔 수 있다는 경계의 말씀이다. 마치 한 사람이 두 주인을 섬기지 못함과 같이, 돈은 어느 순간에 사람을 지배하는 '주인'이 되어 버릴 수 있음을 깨닫게 하시는 말씀이다.

예수님은 재물을 하나님과 동등한 위치에 두신다. 오직 예수님만이 이렇게 말씀하실 수 있다. 감히 누가 재물을 하나님과 동등하게 놓을 수 있겠는가? 재물이 하나님과 동일하게 주인으로 섬김을 받을 수 있다는 것은 누구도 돈을 통제할 능력이 없다는 것이다. 예수님께서는 재물이 무엇과도 비교할 수 없는 강력한 힘이 있다는 것을 주목하라고 말씀하시는 것이다. 그렇기 때문에 주님 안에 있는 우리도, 돈의 강력한 유혹과 영향력에 대해 알고 그것에 종속되지 않도록 깨어있어야 한다.

또한 그리스도인이 주목해야 할 것은 누구도 재물에 대해 자유롭지 않다는 것이다. 신앙이 좋은 사람이라도 예외일 수 없다. 심지어 목회자라고 해도 돈에서 자유로울 수 없다. 우리는 신앙이 좋은 목회자나 선교사는 일반 성도보다 돈에 대해 더 자유로울 것이라고 착각한다. 그러나 누구도 재물의 유혹으로부터 자유롭지 않으며, 재물은 평생 동안 깨어있지 않으면 언제든지 우리를 넘어뜨릴 수 있는 강력한 힘을 가진 유혹의 대상이다.

또한 성경적 기준을 갖고 있지 않으면, 재물로 인해 멸망의 길에 들어서게 된다. 물질에 대한 분명한 성경적 기준이 없으면 그 유혹에 흔들릴 수밖에 없다. 우리가 하나님을 섬기지 않으면 돈에 종속될 수밖에 없는 죄성을 가지고 있다는 것을 잊지 말아야 한다. 돈의 노예로 살지 않는 유일한 방법은, 하나님의 뜻을 좇아 사는 것이다. 하나님의 뜻을 떠난 상태에서 돈에 대해 깨끗한 삶을 산다는 것은 불가능하기 때문이다.

"부자의 재물은 그의 견고한 성이라 그가 높은 성벽같이 여기느니라"(잠 18:11).

유럽을 여행하다 보면 지역마다 큰 성을 보게 된다. 큰 성을 세운 이유는 적으로부터의 침략을 막기 위해서이기도 하지만, 일단은 감히 누구도 쉽게 넘볼 수 없는 위용을 과시하기 위해서였다. 견고한 성은 보는 이로 하여금 머리를 조아리게 하는 위력이 있다. 성주는 보다 견고한 성을 쌓아 자신의 힘을 과시하며 영향력을 드러내기를 원했다.

현대의 부자들이 그와 같다. 성경은 부자의 재물을 견고한 성으로 비유했다. 재물은 높은 성벽처럼 세상 가운데 권세 가진 존재로 우뚝 서있다고 할 수 있다.

부자의 돈은 권력으로 나타난다. 권력은 타인을 제어할 수 있는 힘을 의미한다. 돈은 실제적이고 가시적인 힘을 드러낸다. 또한 돈을 가진 자는 즉각적으로 힘을 발휘할 수 있다. 그렇기 때문에 일반적인 사람들은 돈을 가짐으로 권세, 곧 힘을 갖기 원한다. 또한 그 돈을 가짐으로 나라는 존재를 과시하기를 원하며, 나의 힘과 영향력을 드러내고 싶어한다. 돈을 가진 자는 외모와 학력 또는 사회적 지위와 관계없이 강력한 힘을 드러낸다. 모든 사람들은 이 같은 이유 때문에 돈을 추구하고 돈의 권세를 갖고 싶어하며 결국에는 그 권세에 종속되고 마는 것이다.

자본주의 사회는 할 수만 있으면 보이는 것과 보이지 않는 것 모두를 사고 팔 수 있는 사회다. 그래서 사람들은 돈으로 모든 것을 할 수 있다고 착각한다. 물질만능사회라는 말까지 생기게 되었다. 이 같은 사회에서 재물은 강력한 우상이 된다. 물질은 전지전능한 신과 같은 존재가 되어 모든 것을 할 수 있다고 착각하게 만든다. 그래서 사람들이 물질을 신봉하게 되었다. 그리스도인이 깨어 있지 않으면, 누구나 이 재물의 힘에 사로잡히게 된다.

4. 재물은 세상적인 성공의 기준이 된다

"이는 내가 악인의 형통함을 보고 오만한 자를 질투하였음이로다……볼지어다 이들은 악인들이라도 항상 평안하고 재물은 더욱 불어나도다"(시 73:3, 12).

　물질만능주의 사회 속에서는 재물의 많음이 성공의 크기와 정비례한다. 시편 73편의 말씀은 현재 우리가 살고 있는 시대를 정확하게 보여준다. 시편 73편은 아삽의 시 중에 하나다. 시편 기자인 아삽은 악인들이 형통하는 세상을 보면서 하나님께 하소연했다. 악한 자들과 오만한 자들의 형통함을 이해할 수 없었던 것이다. 그들은 항상 평안하고 재물도 원하는 것보다 더욱 불어나는 것을 보지만, 의롭게 살고자 하는 사람들은 재난으로 인해 고통을 받고 있었다.
　가진 자와 없는 자로 양극화되는 불합리한 이 시대와 너무도 흡사하다. 아삽은 하나님의 백성인 의인들보다 악인들의 삶이 더 평안하고 재물의 풍족함을 누리는 세상을 적나라하게 보여준다.
　시편 기자가 살았던 시대도 우리의 삶과 같이 부가 성공의 기준이 되고, 의로운 자가 재난으로 인해 고통받는 일이 있었다. 시편 기자인 아삽은 의롭게 살기를 원하지만, 재난으로 인해 고통받을 수밖에 없는 부조리한 세상에 직면해 있었다. 반면에 악인들에게는 재물의 풍족함과 평안함이 넘쳐 보이는 것이 이해되지 않았다. 그러나 그가 성소에 들어갔다가 하나님의 뜻을 발견하고는 이와 같이 고백한다.

　"주께서 참으로 그들을 미끄러운 곳에 두시며 파멸에 던지시

니 그들이 어찌하여 그리 갑자기 황폐되었는가 놀랄 정도로
그들은 전멸하였나이다"(시 73:18-19).

아삽의 고백을 통해 재물의 풍족함을 누리는 삶이 반드시 하나님의 복을 누리는 삶이 아님을 알 수 있다. 이 세상에 살면서 재물에 대해 자유롭지는 않지만, 재물로 나와 이웃을 평가하는 잘못된 기준을 갖지 않도록 해야 한다.

1) 돈은 모든 것을 평가하는 가치판단의 기준이다

이 시대는 그리스도인과 비그리스도인 모두를 막론하고 돈이 가치판단의 기준이 되는 사회다. 돈이 모든 것을 평가하고, 가치판단의 기준이 되어가는 이 세상 가운데 그리스도인 또한 물질의 영향력 아래에서 자유롭지 못한 것이 사실이다.

많은 사람들은 자신이 받는 연봉으로 자신의 가치를 평가하곤 한다. 연봉이 적으면 자신의 가치가 낮은 것이고 연봉이 높으면 높은 만큼 자신을 대단한 존재로 믿는 착각에 빠지기 쉽다. 또한 남들보다 좋은 차를 타고 좋은 집에서 살아야 자신의 품격이 올라간다고 느끼는 시대다. 모든 것이 돈으로 평가되고 돈으로 인해 가치가 매겨지는 시대다. 돈이 많으면 성공한 사람으로 대접을 받고 돈이 없으면 실패한 사람인 것처럼 인식된다. 모든 성도들은 다시 한 번 스스로에게 되묻기 바란다.

나를 평가하는 기준이 하나님께 있는가? 아니면 물질의 소유

정도에 있는가?

2) 돈을 통해 자기를 발견한다

> "만일 너희 회당에 금 가락지를 끼고 아름다운 옷을 입은 사람이 들어오고 또 남루한 옷을 입은 가난한 사람이 들어올 때에 너희가 아름다운 옷을 입은 자를 눈여겨보고 말하되 여기 좋은 자리에 앉으소서 하고 또 가난한 자에게 말하되 너는 거기 서 있든지 내 발등상 아래에 앉으라 하면 너희끼리 서로 차별하며 악한 생각으로 판단하는 자가 되는 것이 아니냐"(약 2:2-4).

초대 교회에서도 재물의 소유로 사람을 판단하는 일이 있었다. 교회 예배당 안에서조차 금 가락지를 끼고 아름다운 옷을 입은 사람들은 남루한 옷을 입은 가난한 사람보다 더 대우를 받았다. 부자들은 예배당에서도 다른 사람들의 시선을 한 몸에 받으며, 좋은 자리에 앉는 특권까지 누렸다.

성경 말씀은 물질로 사람을 차별하는 교회 내의 모습들에 대해 '악한 생각'이라고 분명하게 지적한다. 현재 한국 교회에서는 예배당 안에서의 차별뿐 아니라 예배당으로 인한 차별도 문제가 심각하다. 언제부터인가 대형 교회가 등장하면서 예배당이 점점 커지고 화려해지기 시작했다.

우리가 주목해야 할 것은 중세 가톨릭의 타락도 이와 비슷하게 나타났다. 유럽의 여러 도시를 방문하게 되면 웅장한 성당을 쉽게 볼 수 있다. 그 당시에 내로라 하는 도시마다 서로를 비교하며 더 크고 화려하게 성당을 짓고자 노력했던 결과였다. 더 웅대하고 멋있는 성당은 보다 많은 사람들의 재물과 헌신을 요구하게 되었다. 수십 년에 걸쳐 공사가 진행되었으며, 많은 사람들의 희생이 뒤따랐다. 그러한 결과로 지어진 성당에 가보면, 주일에도 몇 십 명 되지 않는 노인들만 예배드리는 것을 보게 된다.

무엇을 위해 그런 성당이 필요했는지 묻지 않을 수 없다. 화려한 예배당은 가난한 자들이 가까이 하기에는 매우 부담스럽다. 가난한 사람들은 화려한 예배당을 짓는 데 도움이 되지 않으며 또한 그러한 예배당을 원치도 않는다.

당장 해결해야 할 것들이 너무도 많은데 무엇을 위해 그리고 누구를 위해 그렇게 웅장하고 화려한 예배당을 짓는지 이해할 수 없는 일이다.

우리는 하나님을 위해 예배당이 필요한지, 아니면 그 누구를 위해 예배당을 성전이라는 왜곡된 이름으로 짓는 것인지를 분별할 수 있어야 한다. 초대 교회는 헌신된 성도의 집에서 교회가 모였다. 앞서 언급했던 것처럼 교회는 성전이 아니라 그리스도 예수 안에서 거룩해진 성도들을 의미한다.

3) 돈은 자기 과신의 수단이 된다

자기를 평가할 때도 돈을 기준으로 하는 시대가 되었다. 사람들은 보다 많은 돈을 갖게 되는 것이 보다 나은 존재가 되는 것으로 착각하게 되었다. 돈은 자기를 과시하는 대표적인 것이 되었다.

돈이 많게 되면 주위 사람들의 주목을 받게 되고 스스로 자신을 대단한 존재로 착각하게 된다. 돈으로 자신이 원하는 방향으로 자신의 이미지를 극대화시키려고 한다. 그리고 자신을 더 상품화하려고 노력한다. 보다 높은 가치를 받기 위해 최선을 다한다. 그렇게 해서 얻게 된 연봉이 곧 자신의 표현이다. 연봉이 높아지면 자신이 받는 연봉을 통해 내가 누구인지를 다른 사람에게 드러내고 싶어한다. 자신의 높은 연봉을 통해 자신이 성공한 사람임을 보여주고 싶기 때문이다.

이러한 자기표현 방식은 성공의 기준이 보다 많은 돈을 가진 것으로 결정된다는 서로 간의 암묵적 동의하에 이루어진다고 볼 수 있다.

5. 재물의 권세 배후에는 사탄이 존재한다

"마귀가 또 예수를 이끌고 올라가서 순식간에 천하만국을 보이며 이르되 이 모든 권위와 그 영광을 내가 네게 주리라 이것은 내게 넘겨 준 것이므로 내가 원하는 자에게 주노라 그러므로 네가 만일 내게 절하면 다 네 것이 되리라"(눅 4:5-7).

우리가 반드시 알아야 하는 것은 재물의 권세의 배후에는 사탄이 있다는 것이다. 이것이 얼마나 중요한 사실인지를 주목해야 한다. 재물은 본질적으로 하나님이 우리에게 주신 선하고 유용한 도구임에 틀림없지만, 사탄은 재물을 통해 숭배받기를 원한다.

인간의 욕심과 죄악은 하나님께서 인간의 필요를 채워주시기 위해 주신 재물을 신격화하여 우상화시키고 재물의 권세에 종속된 삶을 살아가게 만들었다. 사탄은 재물을 통해 이 시대를 다스리고자 한다.

예수님께서는 공생애사역을 시작하시기 전에 광야에서 40일간 금식기도하셨다. 이때 사탄은 재물의 권세를 가지고 예수님을 시험했다. 사탄은 예수님을 시험할 때 이 땅의 모든 권위와 영광을 예수님께 넘겨주겠다고 유혹했다. 이 유혹의 핵심은 이 땅에서의 모든 권위와 그 영광에 있다. 이 땅의 권위와 영광은 권력, 재물 등으로 해석할 수 있다. 지금도 사탄은 권력과 재물을 사용하여 자신을 숭배하게 한다. 크리스천은 이 배후에 사탄의 역사가 있다는 사실을 잊지 말고 항상 깨어있어야 한다.

1) 돈의 권세에는 영적인 힘이 있다

돈은 일반적으로 가치중립적이라 말한다. 그러나 돈이 갖고 있는 힘은 중립적이지 않음을 명심해야 한다. 돈의 권력은 선이나 악한 것 중에 하나를 지향하고 그래서 돈을 추구하게 되면 사람들도 돈이 지향하는 것을 따라가게 된다. 사탄은 돈의 권세를 힘입어 하나님 대신 숭배받기를 원한다. 사람들이 돈의 권세를 누리고 싶어

한다면 반드시 사탄에게 종속되게 되며, 종말은 비참해질 수밖에 없는 이유가 여기에 있다.

2) 마귀는 어떠한 존재인가

마귀는 그리스도인을 넘어뜨리고자 유혹하는 인격적인 존재다. 유혹하는 존재라는 것은 커뮤니케이션이 가능하다는 것이다.

본문의 마귀는 예수님을 유혹하고 있다. 마귀는 필요에 따라 언제든지 우리를 유혹할 수 있는 존재다. 우리를 파멸로 이끌기 위해 속삭이는 사탄의 속삭임을 분별할 수 있어야 한다. 우리가 하나님의 편에 서 있지 못하면, 사탄의 유혹으로부터 벗어날 수 없다.

신앙생활을 하고 있다고 생각하면서도 사탄의 속삭임을 알지 못하면 하나님의 뜻대로 산다고 할 수 없다. 사탄은 끊임없이 삼킬 자를 찾는 우는 사자와 같다.

또한 사탄은 순식간에 천하만국의 영광을 보여줄 수 있는 능력 있는 존재다. 사탄은 내가 대적하여 승리할 수 있는 대상이 아니다. 그리스도인 가운데 의롭게 살고자 노력하지만, 계속해서 실패하는 자신의 모습으로 자괴감을 고백하는 경우가 있다.

그런데 우리가 알아야 할 것은 어떤 사람도 자신의 노력으로 마귀와 싸워 이길 수 없다는 것이다. 사탄에게 승리하신 주님과 동행하지 않는다면, 누구도 사탄과 대적하여 이길 수 없기 때문이다.

내가 있는 그 곳에서 무엇보다도 먼저 예수님의 주님 되심을 인정하고, 수시로 그분의 임재와 역사를 경험해야 한다.

사탄은 돈의 권세를 가지고, 사람들이 자신을 숭배하도록 만든다. 사람들은 돈의 권세를 가지게 되면, 더 나은 삶을 기대하며 보다 많은 부의 추구를 위해 전력 질주한다. 이것은 무지개를 잡으려고 쫓는 아이들과 같다. 아무리 빨리 달리고 더 가까이 가려 해도 무지개는 손에 잡히지 않는다.

그리스도인은 '돈'의 관리인이다

이제 그리스도인들에게 재물이 어떤 의미가 있는지 함께 정리해 보겠다.

1. 재물은 하나님께서 주시는 복이 되어야 한다

> "하나님이 그들에게 복을 주시며 하나님이 그들에게 이르시되 생육하고 번성하여 땅에 충만하라, 땅을 정복하라, 바다의 물고기와 하늘의 새와 땅에 움직이는 모든 생물을 다스리라"
> (창 1:28).

하나님께서 자신의 형상과 모양대로 만든 인간에게 복의 내용을 선포하신다. 땅을 정복하고 모든 생물을 다스리라는 하나님의 말씀은 재물을 포함한 총체적이며 포괄적인 복을 언급하신 것이다.

일은 하나님께서 명령하신 것이며, 우리는 일을 통해 하나님께서 주시는 복을 누릴 수 있다. 우리가 일을 통해 얻게 되는 재물은 하나님의 말씀에 순종함으로 주어지는 것이어야 한다.

2. 재물의 소유권이 하나님께 있음을 인정하라

그리스도인은 날마다 주 되심을 인정하는 삶을 살아가야 한다. 사탄이 주는 세상의 유혹과 세상의 정욕을 좇는 삶을 살아가는 것이 아니라 하나님의 말씀을 날마다 깊게 묵상하며 하나님의 인도하심 가운데 하나님께서 주신 뜻을 날마다 좇는 삶을 살아가야 한다.

그러기 위해서는 먼저 재물의 소유권이 누구에게 있는지 확실히 아는 것이 매우 중요하다. 만일 재물의 소유권이 나에게 있다면, 결코 신앙인으로 구별될 수 없기 때문이다. 날마다 일용할 양식을 주셨음을 감사하듯이 날마다 재물의 소유권이 하나님께 있으며 하나님께서 우리에게 주시는 복임을 인정해야 한다.

그리고 우리는 스스로 재물의 유혹을 이겨낼 수 없는 연약한 존재임을 날마다 인식하고 하나님께 기도해야 한다. 우리의 기도는 하나님께서 주시는 재물의 복에 대한 감사의 기도이며, 전적으로 자신의 소유를 포기하는 기도여야 한다.

3. 그리스도인들은 청지기로서의 책임이 있다

"충성되고 지혜 있는 종이 되어 주인에게 그 집 사람들을 맡아 때를 따라 양식을 나눠 줄 자가 누구냐"(마 24:45).

하나님께서 재물을 우리에게 맡기셨다는 사실을 인정할 때, 바로 '청지기'의 삶을 시작할 수 있다. 청지기란 곧 주인의 것을 맡아서 주인의 뜻대로 관리하는 사람을 의미한다. 충성되고 지혜 있는 종은 주인이 맡긴 일을 분별하여 주인의 뜻대로 관리해야 한다. 그리스도인은 재물을 하나님께서 우리에게 맡기신 것임을 인정하고 충성되고 지혜롭게 재물을 잘 관리해야 한다.

이러한 삶이 청지기로서의 그리스도인의 삶이다. 그래야만 재물의 배후에 있는 사탄의 유혹에 넘어지지 않는다. 그리고 재물을 잘 관리할 수 있게 되면 하나님의 뜻 안에서 재물을 유용하게 사용할 수 있는 지혜를 얻게 된다.

돈은 나에게 맡겨진 재물이며, 하나님께서는 나에게 맡겨진 재물에 대해 청지기 자세로 관리하기를 원하신다. 우리는 청지기이므로 돈을 벌 때와 쓸 때 주인이 원하시는 것이 무엇인지 알아야 한다. 돈을 쓸 때 우리는 각자의 기준에 따라 선택한다. 그 선택이 하나님의 뜻에 맞는지 아닌지를 분별할 수 있어야 한다.

21세기는 복잡한 금융 시장이 자본을 지배하고 있다. 앞으로도 금융 시장은 점점 더 복잡해지고 더 중요해질 것이다. 금융에 대한 무지는 그리스도인이 신앙적으로 경제적 활동을 제대로 할 수 없다는 것을 의미한다.

모인 교회가 자본주의 시대를 사는 그리스도인의 경제 활동에 대해 책임감을 가지고 바른 기준과 원리를 제시해야 할 때다. 성도가 각자 자기의 기준에 따라 경제적 활동을 하게 된다면 신앙인으로서의 구별된 삶을 살기가 어려울 것이다.

4. 재물에 자족할 줄 알아야 한다

> "내가 궁핍하므로 말하는 것이 아니니라 어떠한 형편에든지 나는 자족하기를 배웠노니 나는 비천에 처할 줄도 알고 풍부에 처할 줄도 알아 모든 일 곧 배부름과 배고픔과 풍부와 궁핍에도 처할 줄 아는 일체의 비결을 배웠노라"(빌 4:11-12).

그리스도인의 삶은 재물의 많고 적음에 따라 만족함이 달라지는 삶이 아니다. 그리스도인은 재물에 대해서 자족하는 삶을 살아가야 한다. 궁핍할 때든지 부할 때든지 어떠한 상황 가운데서도 마음의 중심이 흔들리지 않고 하나님께서 주신 것에 대해 감사하며 족하다는 마음의 여유를 가지는 삶을 살아야 한다.

우리의 불평과 불만은 비교함으로 자신의 모습을 보기 때문이다. 과거 경제적으로 어려운 시절에 비해 우리의 의식주생활은 매우 부유해졌다. 그렇지만 그리스도인도 자족하기가 어렵다. 그 이유는 신앙인조차 하나님 안에서 자신을 발견하는 것이 아니라 이웃과 비교하며 나를 보기 때문이다.

사도 바울은 복음사역을 하는 과정에서 빌립보 교회의 후원을 받았다. 그렇지만 사도 바울은 주님 안에서 배부름과 배고픔에 대해 어떻게 처신해야 하는지도 배웠던 것이다.

우리의 인생 여정에서 어떤 형편에 놓이든지, 우리는 주님 안에서 감당하는 법을 배워야 한다. 믿음으로 사는 사람이라면 재물에 대해서 언제든지 자족하는 삶을 드러내야 한다.

이 시대는 복음에 대해 듣기를 원하지 않고 복음에 따라 사는 사람들을 보기 원한다. 교회는 이웃 사랑을 가르치는 곳이 아니라 이웃 사랑을 보여주는 곳이어야 한다. 모든 교회가 하나님께서 주신 재물로 이웃을 사랑하고 하나님의 영광을 드러내는 일로 유명해지기를 기도한다.

MONDAY CHRISTIAN
WHERE IS YOUR GOD?

MONDAY CHRISTIAN

4

그리스도인의 재테크

그리스도인은 재물을
어떻게 관리해야 하는가?

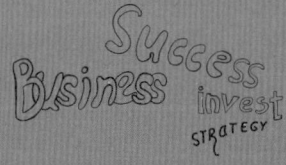

MONDAY CHRISTIAN

흔히 재태크 하면
재산을 증식하는 방법만 생각하기 쉬운데
진정한 재테크는
돈을 어떻게 관리해야 하는지를 아는 것이다.

돈은 경제 활동에 꼭 필요한 도구다. 우리는 경제 활동을 떠나 살 수 없기에 돈에 대해 바르게 이해하는 것이 매우 중요하다. 그리스도인은 반드시 성경적인 재물관에 대해 알아야 한다. 그렇다면 성경에서는 돈을 벌거나 쓸 때에 어떤 기준과 원리를 제시하고 있을까? 일상적인 삶에서의 돈 사용에 대한 성경적인 가르침이 풍부하지 않기 때문에 우리는 돈에 대한 이야기를 많이 하지 않는다. 대부분의 그리스도인이 돈에 대해 자유롭지 못하고 돈에 대한 성경적인 지식이 매우 부족하다. 각기 자기 소견에 옳다고 생각하는 대로 생활하기도 한다.

현대는 금융 시스템이나 금융 상품 등 금융 지식이 매우 복잡하고도 어렵다. 그러므로 그리스도인은 누구보다도 더 금융 시장에 대해 알고 그것들을 하나님의 뜻대로 사용할 수 있어야 한다. 탐욕에 사로잡힌 사람들로 인해 경제 활동이 왜곡되고 그로 인해 가난한 자와 약자는 경제적인 피해의 부조리에서 벗어나지 못하고 있다. 만일 하나님께 헌신된 금융 전문가가 하나님의 뜻대로 금융 시장에서 중요한 역할을 감당하고 경제 방향에 영향을 미칠 수만 있다면 가진 자의 횡포를 막고 하나님의 뜻이 이 사회에서 이루어지도록 쓰임받을 수 있을 것이다.

미국은 금융 교육국을 신설해서 학생들에게 금융 교육을 하는 것을 제도화했다. 자본주의 사회에서는 금융이 미치는 영향력이 점점 커지기 때문에 국가적 차원에서 대안을 세운 것이다. 그리스도인도 자본주의 사회의 영향력 아래 있다. 그러므로 자본주의 금융 시장을 알고 하나님의 일꾼으로서 역할을 감당해야 한다.

자본주의 사회에서는 저축, 소비, 기부, 투자 등 기본적인 금융에 대한 교육이 필요하다. 한국 사람이 영어를 모르면 영국에서 살기가 매우 불편할 것이다. 마찬가지로 자본주의 사회에서 자본의 시스템과 흐름 그리고 금융 시장과 관련된 내용을 모른다면 제대로 살 수가 없다. 금융 지식이 미흡하고 왜곡되어 있다면 자본주의 사회를 살아가면서 하나님과 무관하게 고통받으며 피해를 볼 수밖에 없다. 모든 그리스도인은 성경적 기준에 따른 재물관을 바르게 이해해야 한다. 금융 환경은 끊임없이 변화되고 있다. 그리스도인도 급변하는 이 시대에서 성경적인 기준과 원리를 터득하여 이 땅의 삶에서 구별된 삶을 살아야 한다.

그리스도인은 자본주의 사회에서 일어나는 금융 범죄 사건들의 피해에서 면제되거나 예외자가 아니다. 순진하거나 무지하기 때문에 지금도 많은 그리스도인이 재물로 인해 고통을 받고 있다. 펀드 신드럼이 불 때 때론 그리스도인도 동참하여 큰 피해를 보기도 하고 은퇴 자금을 잘못된 투자로 날려 버리기도 한다. 탐심에 사로잡힌 것이 아니라 무지하기 때문에 바른 판단을 할 수 없는 경우들이 많다.

의사가 환자의 질병의 상태에 대해 제대로 설명해 주고 어떻게 해야 나을 수 있는지를 제안해야 하는 것처럼 모인 교회도 성도들이 재물로 인해 잘못된 길로 가지 않도록 도움을 주고 실제적으로 바른 대안을 세울 수 있는 선한 영향력을 미쳐야 한다. 은행이나 헤지펀드에서 일하는 사람들 가운데 윤리적 기준보다도 오직 더 많은 돈을 벌기 위해 혈안이 되어 있는 사람들도 많다. 어린 양과 같은 성도들이 이리떼가 판을 치는 자본주의 사회에서 뱀과 같이 지혜롭고 비둘기처럼 순결하게 살 수 있도록 재테크에 대한 성경적 기준과 원리를 알아야 한다.

돈을 어떻게 벌 것인가

그리스도인과 비그리스도인은 돈을 벌 때 어떤 차이가 있을까? 우리는 불신자들과 분명한 차이가 있어야 한다. 그런데 구체적으로 어떤 차이가 있는지를 말하기가 쉽지 않다. 윤리적으로 바르게 벌어야 한다는 것쯤은 알고 있지만 실제로는 이렇게 살기가 어렵다. 돈을 버는 일이 모든 그리스도인에게 현실적으로 매우 중요하기 때문에 우리는 성경적 기준을 바로 세워 신앙인으로서 구별되어야 한다.

1. 돈 버는 목적이 분명해야 한다

그리스도인은 돈 버는 목적이 분명해야 한다. 먹고 살기 위해서만 돈을 번다면 그것은 신앙인의 구별된 모습이 아니다. 그리스도인은 돈 버는 목적도 '하나님의 영광'을 위해서 돈을 벌어야 한다. 이것이 세상에 속한 사람들과 분명하게 구별되는 점이다. 세상 사람들은 궁극적으로 자신의 만족과 유익을 위해 돈을 버는 경우가 많다. 그렇지만 그리스도인이라면 돈을 버는 목적도 하나님의 뜻 안에 있어야 한다. 그런 의미에서 돈을 버는 목적과 일을 하는 목적은 같은 맥락에서 생각해 보아야 한다.

하나님의 영광을 위해 돈을 번다는 것이 무슨 의미인가

교회에서 신앙이 좋은 장로님과 집사님은 하나님의 영광을 위해 돈을 벌어야 한다고 고백한다. 그렇다면 하나님의 영광을 위해 돈을 번다는 의미는 무엇인가? 언제부터인가 모인 교회에서 나누는 많은 이야기들이 추상적인 개념이 되었다. 그래서 구체적으로 삶의 현장에서 어떤 의미가 있는지를 분별하기가 쉽지 않다. 하나님의 영광을 위해 돈을 번다는 의미를 삶의 현장에서 어떻게 이해하고 적용해야 할까?

하나님의 영광을 위해 돈을 번다는 것은 하나님을 높이며 하나님의 뜻대로 돈을 버는 것이다. 그리스도인으로서 하나님 앞에서 지혜롭고 충성된 종의 모습으로 돈을 벌어야 한다는 것이다. 이것은 곧 청지기의 삶을 말한다. 청지기는 주인의 뜻대로 주인이 맡긴 일을 관리하는 사람이다. 모든 그리스도인은 청지기이며 청지기 의식을 가지고 살아가야 한다. 청지기 의식 없이 사는 삶은 하나님 앞에서 신앙인으로 산다고 할 수 없다.

청지기 의식

청지기 의식이란 3가지 중요한 신앙고백을 할 수 있어야 한다.

첫째, "내 인생에 주인이 있다."는 고백이다. 신앙인과 비신앙인을 구분하는 가장 중요한 것이 바로 '나의 삶의 주인이 누구인가?' 이다. 크리스천이 되는 순간 인생의 주인이 바뀐다. 신앙의 성장은 삶의 모든 영역에서 주인 되신 하나님을 알아가고 그 하나님과 동행하는 삶이다.

청지기 삶이란 가정과 모인 교회와 일터의 모든 영역에서 주인이 하나님이심을 고백하는 삶이다. 교회와 가정에서뿐 아니라 일터에서도 주인이 바뀌어야 한다. 많은 그리스도인이 일터에서는 청지기로 살지 않는다. 일터에서는 하나님을 주인으로 인정하지 않기 때문이다. 일터에서도 신앙인으로 구별되어야 하고, 구별된 삶을 살기 위해서는 주인이신 하나님을 인정하는 청지기가 되어야 한다.

일터의 현장에서 주인이신 하나님을 인정하고 동행한다면 반드시 하나님의 역사를 경험하게 된다. 일터의 현장에서 하나님께서 역사하시는 간증이 없다면 신앙인이라고 하기가 곤란하다. 안타깝게도 일터의 현장에서 하나님께서 역사하신 간증이 없이도 열심히 신앙생활하고 있는 사람들을 많이 보게 된다.

하나님께서 내 인생의 주인이신지를 알 수 있는 쉬운 방법이 있다. 자동차나 집을 구입했을 때 주인이신 하나님께 결제받았는지를 생각해 보면 된다. 많은 경우에 내 돈이기 때문에 내가 주인인 것처럼 결정하지는 않았는지? 실제 삶의 현장에서는 주인이 나인지, 하나님이신지 분명하게 차이가 나기 마련이다. 하나님께서 기뻐하시는 삶은 하나님을 주인으로 인정하는 삶일 때만이 가능하다.

둘째, "주인이 맡기신 일이 있다."는 고백을 할 수 있어야 한다. 신앙생활은 삶의 현장에서 하나님께서 맡기신 일을 하나님의 뜻대로 순종하여 살아가는 삶이다. 이러한 신앙고백이 있을 때 우리에게 주어진 재물이 나의 소유가 아니라 하나님께서 맡기신 재물이며 하나님이 주신 복임을 깨닫고 믿음의 삶을 살아갈 수 있게 된다. 일터에서의 신앙생활은 하나님께서 맡기신 일을 알고 내게 주어진 일들을 주님께 하듯 하는 삶이다. 가정에서도 남편으로서, 또는 아내로서 하나님께서 맡기신 일을 분별하고 하나님께서 보실 때 바른 신앙인의 모습으로 사는 것이다.

모인 교회에서도 하나님께서 나를 왜 이 신앙 공동체로 부르셨는지, 이 지역교회에서 무슨 일을 요구하시는지를 알고 하나님의 충성스런 일꾼으로 살아가는 것이 청지기 삶이다. 안타까운 것은 하나님께서 무엇을 요구하시는지, 무엇을 맡기셨는지 분별치 못하고 나름대로 열심히 신앙생활을 하고 있다고 생각하는 것이다. 청지기 의식을 가지고 있지 않다면 신앙인의 성숙한 삶의 모습을 기대할 수 없다.

 재물에 대해서도 바른 이해가 필요하다. 달란트 비유에서와 같이, 주님께서 내게 맡기신 재물에 대해 주인의 뜻을 잘 분별하여 잘 관리해야 한다. 주님께서 맡기신 재물은 이 땅에서 살 동안 필요하다. 인생의 여정에서 돈을 벌 때와 쓸 때, 주님의 뜻을 아는 것은 신앙인으로서 매우 중요하다. 많이 벌어서 좋은 일에 써야 하는 것이 아니라, 주님의 뜻대로 벌고 주님의 뜻대로 쓰는 법을 알아야 한다.

 셋째, "주인이 결산하실 때가 있다."는 고백을 해야 한다. 그리스도인은 언제나 결산하시는 하나님 앞에 서야 한다. 하나님께서 선악 간의 모든 것을 결산하실 때가 있기 때문이다. 우리가 이 땅의 삶을 마감하는 그 날에 주님 앞에 설 뿐만 아니라 사실은 어느 때나 주님 앞에 서 있는 자신의 모습을 보아야 한다. 세상 사람들의 판단보다 중요한 것은 하나님께서 나의 인생을 어떻게 보시는지를 알아야 한다. 재물에 대해서도 마찬가지다. 내게 맡기신 재물에 대해서 하나님께서 판단하고 계신다. 성경적 기준에 따라 나의 재테크를 분별할 수 있어야 한다.

 주인이신 하나님께서 나의 삶을 결산하신다는 사실을 잊고 산다면 비신앙인과 마찬가지로 끊임없이 보다 많은 부를 얻기 위해 허우적대거나 부자가 되어 있지 않은 자신의 모습을 한탄하며 살게 될 것이다. 이 땅에서의 삶을 하나님의 안목으로 볼 수 있어야 한다.

2. 돈 버는 목표가 분명해야 한다

"너희는 욕심을 내어도 얻지 못하여 살인하며 시기하여도 능히 취하지 못하므로 다투고 싸우는도다 너희가 얻지 못함은 구하지 아니하기 때문이요 구하여도 받지 못함은 정욕으로 쓰려고 잘못 구하기 때문이라"(약 4:2-3).

돈을 벌고자 하는 목적이 분명한가? 돈을 버는 목적이 분명해야 그 목적에 맞는 목표를 세울 수 있다. 돈을 벌고자 하는 목표를 세우는 사람들은 많지만 목적이 분명하지 않기 때문에 자신의 욕망에 사로잡히게 된다. 돈을 벌고자 하는 목표를 가지고 부르짖지만 구하여도 받지 못하는 것은 이미 잘못된 목적을 가지고 있기 때문이다. 먼저 돈을 벌어야 하는 목적을 분명히 하고 그에 따른 목표를 세우기 바란다.

언젠가 기독실업인회(CBMC)의 지회모임에서 '성경적인 재물관'에 대해 강의가 끝났을 때 이런 질문을 받게 되었다.

"그리스도인 실업인은 어떻게 목표를 세워야 합니까? 일반 기업인도 목표를 세우고 나름 최선을 다하는데 신앙인은 어떤 차이가 있어야 합니까?"

기업의 규모가 커지고 조직화될수록 반드시 분명한 목표가 필요하다. 그런데 신앙인과 비신앙인은 목표를 세울 때 어떤 차이가 있는가? 돈을 버는 목표를 세울 때 신앙인과 비신앙인은 분명한 차이가 나타난다. 목표를 세울 때 잊지 말아야 할 중요한 점은 청지기 의식을 가지고 성경적 기준을 적용하는 것이다.

신앙인은 보다 많은 돈을 버는 것보다 중요한 것이 하나님께서 기뻐하시고 원하시는 것이 무엇인지를 분별하는 것이다. 만일 그리스도인 기업인이라 하면서 직원들과 거래처 등 사회적 책임을 고려하지 않고 나의 욕망만을 위하여 목표를 세우고 그것을 성취하려고 노력한다면 그것은 신앙인으로서 구별된 삶이 될 수 없다. 하나님 앞에서 어떻게 목표를 세워야 할지를 기도하며 목표를 세울 때에도 하나님의 간섭하심을 경험해야 한다.

또한 목표를 세울 때 믿음으로 고백해야 할 것이 있다. 하나님께서 내게 필요한 것을 채울 것을 믿음으로 바라보아야 한다. "땅과 거기에 충만한 것과 세계와 그 가운데에 사는 자들은 다 여호와의 것이로다"(시 24:1). 믿음의 사람 다윗의 신앙고백이다. 모든 것이 하나님의 것임을 인정했기 때문에 그의 인생에는 언제나 하나님의 역사하심이 넘쳐났다.

목적에 맞는 목표를 세운다면 우리는 담대함을 가지고 그것을 이루실 수 있는 하나님께 간절히 기도할 수 있다. 그리고 목표를 세우고 나아갈 때에 하나님께서 동행하시고 역사하심에 대한 간증이 있게 된다. 목표를 세우는 과정과 그것을 이루어 가는 과정에서 하나님께 지혜와 능력을 구하며 하나님의 간섭하심에 대한 간증이 반드시 있어야 한다. 돈을 버는 목표를 세우는 과정도 청지기 삶을 살아가는 과정이어야 한다.

3. 돈 버는 방법을 신중하게 선택해야 한다

신앙인은 돈 버는 방법에서도 구별되어야 한다. 그리스도인은 세상의 법과 윤리에 반하는 일은 당연히 해서는 안 되고 더 나아가 성경적 원리에 입각하여 기독교 윤리의 실천을 통한 돈벌이가 되어야 한다. 기독교 윤리의 실천을 위한 몇 가지 중요 핵심들을 설명하고자 한다.

첫째, 기독교 윤리적 관점에서 돈을 벌 때에 '많이 버는 것보다 중요한 것은 하나님께서 보실 때에 합당한 방법으로 돈을 벌고 있는가?'이다. 돈을 버는 방법도 하나님의 영광을 위한 목적에 합당한가가 중요하다. 즉 '얼마를 버는 것'보다 중요한 것이 '어떻게 벌 것인가?'이다. 부조리가 만연한 시장경제에서 윤리적으로 바르게 경쟁을 이겨나가기가 어렵다. 그래서 많은 그리스도인이 윤리적으로 구별되지 못하고 무너지고 있다.

기독실업인의 신앙고백 가운데 빼 놓을 수 없는 것이 바로 '어떻게 버는가?'에 대한 간증이다. 하나님의 뜻대로 벌기 위해서는 내려놓아야 할 것이 많다. 기꺼이 포기해야 하는 것들이 있기 마련이다. 절세란 이름으로 행해지는 많은 탈법이 있다. 부조리가 만연하여 정직하게 일터에서 살아가기가 어렵다고 할 때일수록 믿음의 길을 선택해야 한다.

둘째, 돈을 벌기 위해서 어떤 것이든 하겠다는 생각은 버려야 한다. 단순히 어떻게 해서든 돈을 벌겠다는 생각만을 가지고 돈을 번다면 기독교 윤리에 반하는 일들을 할 수도 있다. 돈을 벌기 위해 비윤리적인 행위를 마다하지 않는 사람들이 많다. 세상적 판단에서 보면 그것이 드러나지 않는다면 성공적인 삶일 수 있다. 그러나 크리스천은 무슨 일로 돈을 벌어야 하는지를 분별할 수 있어야 한다. 나의 사업이 번성할수록 하나님께 더욱 영광이 되는 일이어야 한다.

예를 들어, 먹거리와 관련된 비즈니스를 할 때 비즈니스가 잘되면 될수록 보다 많은 사람의 건강에 도움이 되어야 한다. 우리 주변에는 잘못된 먹거리 사업으로 번성하면 할수록 많은 사람들의 건강에 위협이 되는 일들이 있다. 그리스도인은 비즈니스를 할 때 이러한 기준에 대해 하나님 앞에서 분별할 수 있는 지혜가 필요하다.

셋째, '빨리, 많이, 쉽게'의 유혹을 이겨야 한다. 하나님의 창조질서는 일반적으로 '빨리, 많이, 쉽게' 이루어지지 않는다. 반드시 좋은 결과를 위해서는 울며 씨 뿌리는 과정이 필요하다. 사탄은 '빨리, 많이, 쉽게' 돈을 벌 수 있다고 유혹한다. 우리 주변에서 이렇게 속삭이는 사람들이 있다면 그 사람은 사기꾼이거나 잘못된 동기와 방법으로 비즈니스를 하려는 사람임에 틀림없다. 그리스도인들은 '빨리, 많이, 쉽게' 돈을 벌고 싶어하는 욕망을 내려놓고 성실하게 돈을 벌어야 하는 사명이 있다.

돈은 얼마를 가지고 있는가보다 가지고 있는 돈을 어떻게 관리할 것인가가 더 중요하다. 아무리 많은 돈을 가지고 있다 해도 잘못 관리하면 어느 순간에 그 돈은 먼지처럼 사라지게 될 것이다. 이와 마찬가지로 돈 버는 과정이 기독교 윤리적 관점에서 명확하지 않고 분명한 값 지불이 없다면 그 속에서 번 돈은 관리가 되지 않는다.

복권을 사본 일이 있는가

예를 들어, 복권을 사서 몇 십억 원에 해당하는 1등에 당첨됐다고 한다면 그 순간에는 세상의 어떤 사람보다 행복한 사람이 된 듯하지만 그렇게 얻게 된 돈은 관리하기가 쉽지 않다. 그 이유는 돈은 관리하는 능력이 반드시 필요하기 때문이다. 윤리적으로 문제가 없을지라도 정당한 값 지불 없이 얻어진 돈이라면 그 돈을 제대로 관리할 수 있는 능력을 갖추고 있지 않기 때문이다.

한 연구결과에 의하면 미국에서 복권 1등 당첨자 중 97퍼센트가 파산이나 이혼, 자살을 경험했다고 하며 단지 3퍼센트만이 복권 당첨 전의 삶보다 더 윤택한 삶을 살았다고 보고했다. 복권 당첨자 중에 윤택한 삶을 누린 소수의 사람들은 당첨된 돈을 자신만을 위해 사용하지 않고, 이웃을 위해 기부하는 일에 나섰던 사람들이다. 복권을 통해 큰돈을 벌 수 있다는 생각을 가지고 그것을 바라는 삶은 성경적이지 못하다. 복권을 통해 인생역전을 기대하라는 광고는 마귀의 속삭임이라는 사실을 잊지 말아야 한다. 앞서 이야기했던 것처럼 돈은 내가 통제할 수 있는 대상이 아니다. 내가 잘 관리할 수 있는 범위를 넘어선 모든 재물은 반드시 재앙으로 다가온다. 돈은 내가 관리할 수 있는 만큼만 주어지는 것이, 하나님이 주신 복이라는 사실을 알아야 한다.

일터의 현장에서 기독교 윤리가
무너지는 이유는 무엇 때문일까

기독교 윤리에 합당하게 돈을 벌어야 한다는 사실을 알고 있지만, 실제 일터의 현장에서는 적용하기가 어렵다. 떳떳하지 못한 일들의 유혹으로부터 자유롭지 못한 일들이 생기게 된다. 신앙인으로서 구별된 삶을 살기 원하고 그리스도 예수 안에서 승리의 간증이 넘쳐 나기를 원하는데 계속해서 무너지는 이유는 무엇일까? 일터의 현장에서 윤리적으로 승리하지 못하는 몇 가지 이유를 살펴보자.

"남들도 다 그래"

OECD 국가들 가운데 한국의 청렴도는 매우 심각한 수준이다. 한국은 정직한 사람이 살기가 쉽지 않은 나라다. 과거보다 많이 나아졌다고 하지만 아직도 비윤리적인 방법들이 사회에 만연하다. 그리스도인이 윤리적으로 무너지는 이유는, 돈 버는 방법에서 남들이 하는 대로 따라가기 때문이다. 좁은 길로 가기를 원치 않는 것이다. 좁은 길은 대가가 너무 크기 때문이다.

만일 크리스천이 남들과 같이 하지 않고 성경적 방법을 끝까지 고수한다면 반드시 하나님의 도우심을 경험할 것이다. 그렇지만 이렇게 사는 크리스천은 많지 않다. 그래서 우리는 세상의 소금과 빛이 되어 사는 크리스천이 되기가 어렵다.

남들도 다 그렇게 하기 때문에 그리스도인도 그 길을 따르기도

한다. 그리스도인 기업가가 넓은 길로 간다면 결코 하나님의 역사하심에 대한 간증이 있을 수 없다. 하나님께서 원하시는 길은 좁은 길이다. 쉽게 갈 수 있는 길이 아니기에 모든 사람들이 선택할 수 있는 길이 아니다. 그러나 오직 그리스도인은 하나님께서 원하시는 좁은 길로 가야 한다.

"이 정도쯤은"

돈 버는 분명한 기준이 모호해지고 있다. 돈 버는 방법에 있어서 자신이 기준이 되어버렸다. 기독교 윤리의 명확한 기준 안에서 돈을 버는 것이 아니라 스스로 적당한 선을 만들어 자신의 비윤리적이고 비성경적인 돈 벌이의 방법들을 합리화시킨다. 하나님께서 인정하시는 기준보다 '이 정도쯤은 괜찮겠지.' 하며 자신의 기준을 합리화시킨다.

그리스도인은 세상보다 더 높은 윤리적 기준을 가지고 있다. 하나님 앞에서 부끄러움이 없는 모습을 추구해야 한다. 이것이 거룩한 삶이며 하나님께서 보시기에 합당한 경건한 삶이다. 그런데 모인 교회 안에서도 주님이 원하시는 기준이 무너지고 있다. 성경적 기준이 아니라 자신의 소견에 옳은 대로 판단하는 경향이 있다. 모인 교회 안에서조차 그런 일들이 늘어가고 있다. 특히 불투명한 재정 사용은 사탄이 역사할 수 있는 틈을 주는 것이다. 모인 교회의 재정 사용에서 이 정도쯤은 괜찮다고 여긴다면 하나님께서 기뻐하시는 경건함이 무너지고 있다고 보면 된다. 이런 모습으로 어떻게 세상에서 소금과 빛으로 드러날 수 있겠는가?

"어쩔 수 없어"

만연된 부조리의 세계에서 성경적 윤리의 기준을 적용하기가 불가능해 보일 때가 있다. 청소 용역회사를 운영하는 모 집사님은 몸에 유해한 제품을 사용하고 싶지 않았지만 가격을 낮추기 위해서 어쩔 수 없이 저렴한 유독 화학물질이 내재된 세척제를 사용했다. 무해한 제품을 사용할 경우 몇 배의 가격 상승으로 경쟁력을 유지할 수 없기 때문이다. 비즈니스의 현장에서 좋은 제품으로 저렴한 가격을 유지할 수 있다면 떳떳하게 경쟁력을 높일 수 있을 텐데 현실에서는 그런 방법을 찾기가 어렵다.

이럴 경우 우리는 "어쩔 수 없어."라고 하며 하나님께서 원하시는 방법을 포기할 때가 있다. 이것은 신앙인의 구별된 삶이 아니다. 하나님께서는 우리의 상황을 알고 계시며 우리의 일터에서도 역사하기를 원하신다.

돈을 버는 방법에서 위의 세 가지 접근은 신앙인으로서 구별된 삶을 살지 못하게 하는 이유다. 일터 현장에서의 구별된 삶은 순교적 자세를 가질 때만이 가능하다. 누구나 할 수 있는 방법이라면 예수님께서 경고하신 넓은 길로 가는 것이다. 그리스도인은 남들이 가지 않지만, 주님께서 원하시는 좁은 길을 선택해야 한다. 그리고 그 과정에서 하나님의 도우심을 경험해야 한다. 일터에서의 제자의 삶에는 주님의 뜻대로 십자가를 지는 자세가 필요하다.

4. 돈 버는 과정에서도 주님께 의뢰해야 한다

"너는 마음을 다하여 여호와를 신뢰하고 네 명철을 의지하지 말라 너는 범사에 그를 인정하라 그리하면 네 길을 지도하시리라"(잠 3:5-6).

그리스도인들은 돈 버는 모든 과정에서 살아계신 하나님을 경험해야 한다. 이것이 그리스도인의 구별된 삶의 모습이다. 돈 벌기 어렵지만 그 과정에서 하나님께 의뢰하고 하나님의 도우심을 경험하는 삶이 신앙인의 특권이다. 일터의 현장에서 구별된 그리스도인을 보기가 쉽지 않은 것은, 일터의 현장에서 하나님과 동행하지 않기 때문이다. 하나님과 동행하기를 원한다면 마음을 다하여 하나님을 신뢰하고 하나님이 인도하신다는 믿음이 필요하다. 그리고 실제로 하나님께서 역사하시는 간증들이 있어야 한다.

잠언 기자는 일터의 모든 일에서 하나님을 인정하고 하나님께서 지도하시는 것을 경험할 것을 강권한다. 돈을 버는 과정에서 하나님의 역사에 대한 간증이 넘쳐야 한다. 그리스도인들은 자신의 지식과 경험에 의지하지 말고 마음을 다하여 오직 하나님만을 신뢰하는 삶을 살아야 한다.

직장사역훈련센터에서는 다니엘 기도문을 만들어 성도들이 하루 세 번 하나님께 기도하는 시간을 갖도록 강권했다. 일터의 현장에서 하나님을 인정하고 하나님과 동행하는 삶을 훈련하기 위해서였다. 출근과 함께 하나님께 기도하면서 오늘 해야 할 일들을 하나님께 의뢰함으로 시작하고, 점심식사를 하고 와서는 오후의 일과 가운데 하나님과 어떻게 동행할지를 하나님께 기도함으로 시작하고, 퇴근하기 전에는 하루를 주님 앞에서 돌이켜 보고 집에서 마무리를 어떻게 할 것인가를 기도하도록 했다. 하루 세 번 기도하는 삶을 적용하기 시작하자 일터의 현장에서 변화가 일어나기 시작했다.

한 여자 집사님 경우에는 발령받은 지사의 성과가 좋지 않은 심각한 상태였는데, 하루 세 번 하나님께 기도하며 일한 이후 눈에 띄게 좋은 결과가 나타나게 되었다. 여러 팀장들이 어떻게 그런 변화가 생기게 되었는지를 물을 때마다 그들이 신앙인이든 아니든 관계없이 하루 세 번 기도하기 시작한 이후에 일어난 하나님의 역사라고 고백했다. 모든 크리스천은 일터에서 하나님께서 역사하신 간증이 넘쳐나야 한다.

5. 돈 버는 역량을 키워라

"하나님이 그들에게 복을 주시며 하나님이 그들에게 이르시되 생육하고 번성하여 땅에 충만하라, 땅을 정복하라, 바다의 물고기와 하늘의 새와 땅에 움직이는 모든 생물을 다스리라 하시니라"(창 1:28).

하나님께서는 우리에게 생육하고 번성하여 땅에 충만하고 땅을 정복하며 이 땅의 모든 생명체를 다스릴 수 있는 능력과 특권을 주셨다. 우리가 일할 수 있는 것은 하나님께서 주신 능력과 특권 때문이다. 모든 사람들이 일할 수 있는 능력과 특권을 부여받았지만, 부르심이 다르며 각기 다른 능력을 부여받았다. 예수님께서는 달란트 비유에서 다섯 달란트와 두 달란트 그리고 한 달란트 받은 사람을 예로 설명해 주셨다.

우리는 다섯 달란트와 두 달란트 받은 청지기와 같은 자세로 날마다 자신에게 주신 능력을 개발하여 주인의 뜻대로 살아가야 한다. 하나님께서 내게 주신 능력을 개발하면서 하나님께서 우리를 통해 원하시는 결과를 얻도록 기도해야 한다. 또한 우리에게 주신 모든 것이 하나님께서 맡기신 것들임을 인정하며 하나님께 위임받은 청지기적 사명을 잘 감당해 나가야 한다.

돈을 어떻게 쓸 것인가

1. 청지기적 자세로 지출하라

돈을 버는 것만큼 돈을 쓰는 일도 중요하다. 돈을 벌 때의 목적과 방법, 과정 등이 중요했던 것처럼 돈을 지출할 때에도 돈을 쓰는 목적과 방법 그리고 결과를 살펴보아야 한다. 그리스도인은 어떻게 돈을 사용해야 할까? 하나님께서 이 세상에서 살아갈 동안만 내게 맡기신 돈이라는 청지기 자세를 가지고 지출하는 것이 중요하다. 돈을 지출하는 것을 보면 하나님의 충성스럽고 지혜로운 청지기로 살고 있는지를 알 수 있다.

청지기적 자세로 지출하는지를 어떻게 분별할 수 있을까? 청지기적 자세로 돈을 지출하는 분별을 위해 몇 가지 제안을 하고자 한다.

1) 필수인가? 사치인가

사람들은 돈을 사용함으로 자신을 드러내고 싶어한다. 이를 과시적 소비라고 할 수 있다. 꼭 필요하지 않더라도 남들에게 신분과시용으로 보여주기 위해 구입하거나 아니면 보다 비싼 것을 구입하려고 한다. 과시적 소비는 사치이며 하나님께서 기뻐하시는 삶이 아니다. 자가용이나, 의류 그리고 가방, 액세서리를 구입할 때에 신앙인들은 이것이 반드시 필요한 것인지 아닌지를 분별할 수 있어야 한다.

2) 특별행사인가? 일상적인 행사인가

그리스도인은 모든 지출에서 검소해야 한다. 그러나 결혼기념일이나 생일 등의 가족 행사나 특별한 의미를 부여하는 날에는 예외적인 면이 있을 수 있다. 우리의 가족과 이웃을 위한 특별행사인지, 아니면 일상생활에서의 과소비인지를 구별할 필요가 있다. 이스라엘 민족은 초막절이나 유월절 등의 민족적인 절기에는 축제와 같이 즐겼다.

3) 재능과 직업에 관계된 지출인가? 체면과 신분유지를 위한 지출인가

스포츠와 예술 분야 그리고 전문직업의 영역에서는 수준에 따라 요구되는 도구가 다를 경우가 많다. 예를 들어, 바이올린은 값이 싸다고 좋은 것이 아니고 자신의 수준에 따라 필요로 하는 악기가 다르다. 격에 맞지 않는 고가의 도구를 구입함으로 체면과 신분을 과시하려는 것이 아니라 필요에 따른 지출을 할 수 있어야 한다.

4) 다른 사람에게 덕이 되는가

자가용이나 의류 그리고 가방 등은 누구에게나 필요한 시대가 되었다. 그런데 그리스도인 가운데서도 소위 명품을 구입했다고 자랑하거나 고가의 제품을 은근히 과시하는 것은 타인에게 은근히 상처를 주거나 실족하게 하는 미숙한 신앙인의 모습이다. 청지기 자세로 지출을 한다면 나의 소비가 타인에게 걸림돌이 되어서는 안 된다. 주님께서 맡기신 재물로 주님의 영광이 드러나게 하기 위해서는 남을 배려하거나 다른 사람들의 유익이 드러나도록 해야 한다.

5) 이웃을 위해 사용하고 있는가

그리스도인 삶의 특징은 이웃을 사랑하는 것으로 나타나야 한다. 나의 지출에서 이웃을 위한 몫이 없다면 그것은 바람직한 신앙인의 모습이 아니다. 모든 그리스도인은 구제사역에 대해 적극적이어야 하며 사회적 책임을 져야 한다. 금액의 많고 적음이 아니라 이웃을 섬기고 사랑하는 삶의 표현으로 이웃을 위한 구제활동에 참여해야 한다. 사랑하는 이웃이 없다면 그리스도인의 삶의 특징을 포기한 것과 같다.

6) 하나님 나라에 도움이 되는가

이 땅에서 사는 날 동안 필요한 재물이 영혼 구원을 위한 전도나 하나님 나라의 확장을 위한 선교를 위해 사용되어야 한다. 할 수 있으면 헌금과 후원뿐 아니라 전도를 위해 나의 돈을 매달 일정액 정해 놓고 그 돈을 어떻게 사용할 것인지 기도하는 방법도 좋다. 매달 정해진 금액을 전도나 하나님 나라의 확장을 위해 직접적으로 사용하고자 한다면 하나님의 역사를 경험할 수 있는 기회를 얻게 된다. 매달 정해진 액수를 사용하려면 기도하게 되며 구체적으로 대상을 찾거나 전도를 위한 방법을 모색할 수밖에 없기 때문이다.

기업의 현장에 사목으로 나가게 되면 받게 되는 사례금이 있다. 그 사례금의 십 분의 일은 내가 나가는 기업의 직원들을 위한 전도기금으로 사용하기로 결심했다. 매달 그 금액만큼을 어떻게 하든지 전도를 위해 사용하려면, 다양한 방법을 찾게 되고 그런 과정에서 하나님의 임재를 경험하게 된다. 직원들을 상담할 때에 작은 선물을 준비하여 전달하거나 결혼기념일과 생일에도 개별적인 선물을 준비하여 다가갈 수 있게 된다. 복음을 전하고자 하는 마음과 함께 실제적으로 재물도 지혜도 동원하는 것이다.

위의 여러 사항들은 청지기 자세로 지출하는 삶에 대한 지혜를 얻도록 구체적인 기준을 제시한 것이다. 청지기 자세로 지출하는 삶을 배워간다면 재테크를 통해 하나님의 선한 영향력을 확인하는 축복을 누릴 수 있다. 우리가 그리스도인으로서 하나님께서 기뻐하시는 재테크 방법들을 알아가면 갈수록 우리의 이웃들에게 덕이 되고 선한 열매를 풍성히 얻게 될 것이다. 이 땅에서의 삶이 모든 것인 양 자신의 욕심만을 위해 살지 않도록 깨어있어야겠다.

2. 자신에게 맞는 돈 관리 노하우가 있어야 한다

우리가 때로 실수하는 것은 내게 맞지 않는 돈 관리 방법을 사용하기 때문이다. 각 사람이 다르게 지음받았고 연령에 따라 수입과 지출 등 돈 관리 방법이 다르기 때문에 크리스천들은 자신에게 맞는 돈 관리의 노하우(know-how)를 알아야 한다. 재테크에 대한 방법들이 많지만 신앙인으로서 내게 맞는 방법을 분별할 수 있어야 한다. 예를 들어, 가계부를 적지 않는다고 구박하는 남편으로 인해 스트레스를 받는 아내는 오히려 남편이 가계부를 적게 하고 자신은 자신에게 맞는 좋은 방법을 선택해야 한다.

　재물 관리의 방법을 제대로 하는 것은 신앙인의 기본자세일 뿐 아니라 자녀 양육에도 매우 중요하다. 성경적 재물관과 재물관리의 지혜를 실천할 때만이 자녀들도 성경적 재물관을 형성할 수 있기 때문이다. 또한 노년의 기간이 길어지기 때문에 자녀에게 부담이 되지 않도록 노년을 위한 대비가 필요하다. 주님이 부르시는 날까지 누구에게도 경제적인 부담이 되지 않고 살 수 있도록 기도하며 준비하는 지혜로운 청지기가 되어야 한다.

　대학생 시절, 책을 구입해야 하는데 필요한 돈을 마련하기가 어려울 때가 있었다. 그래서 하나님께 기도했다. 하나님께서는 그 금액을 정확하게 채워주셨다. 이것은 재물을 통해 역사하시는 하나님의 손길을 경험한 첫 번째 사례였다.

　이후 하나님께 기도하기 시작했다. "누군가가 재물이 필요하여 주님께 기도할 때에 그것을 채워주는 삶을 살 수 있도록 인도해 주십시오." 하나님께서는 신실하게 기도에 응답하시는 분이시다. 일생 동안 누구에게 손 벌리지 않고 도움을 필요로 하는 사람들을 돕는 삶을 살 수 있게 하셨다.

　이제는 늘어나는 노년을 위해 기도하고 있다. "주님이 부르시는 그 날까지 이 땅에 살 동안 누구에게도 경제적 부담을 주지 않고 살게 하시고, 오히려 누군가에게 항상 도움이 되는 인생이 되기를 원합니다."라는 기도제목을 가지고 있다. 하나님께서 이 기도에 대해서도 응답하시리라 확신한다. 일생 동안 어떻게 돈 관리를 할 것인지 연령대로 구분하여 재테크에 대한 지혜를 갖는 것이 필요하다. 20대와 30대의 재테크가 다르고 40대와 50대의 재테크가 다른 시대에 살고 있기 때문이다. 영국은 현재 인구 가운데 천만이 백 세까지 살게 된다고 한다. 지혜로운 재물관리는 특별한 사람의 몫이 아니라 우리 모두의 책임이다.

3. 계획 소비를 해야 한다

과소비와 충동구매를 하지 않기 위해서는 소비할 때 계획적으로 해야 한다. 맥그리거의 행동지연법칙에 따르면 "최대한 사지 말고 버티라. 사지 않을 수 없을 때 사라."라는 규칙이 나온다. 이 규칙을 보면 우리가 사는 물건들의 대부분이 사지 않아도 될 것임을 알게 해준다.

사람에 따라서는 꼭 필요한 물건을 구입하기보다 충동구매를 하는 경우가 있다. 특히 홈 쇼핑과 같은 TV 프로그램을 통해 구입하는 경우에는 유혹에 빠져들기 쉽다. 진정으로 필요한 것은 시간이 지나도 필요하다는 생각이 줄어들지 않는다. 한 번 더 생각하고 구입하는 지혜가 필요하다. 계획 소비를 위해서는 필요한 물품에 대한 리스트를 만들어 점검하면서 구매하는 습관을 길러야 한다. 또한 계획 소비를 한다면 현찰을 가지고 살 수 있을 때의 유익을 누릴 수 있다. 카드로 구입할 때의 위험을 알아야 하고 충동구매에 대한 대안이 필요하다.

4. 저축의 중요성을 인식하라

저축을 해야만 하는 이유는 무엇인가? 물가상승이 저축의 이자율을 넘어서는 시기에는 저축보다 투자를 위한 지혜가 필요하다. 저축의 중요성에 투자 개념을 함께 넣어 생각해 보기 바란다. 저축(투자)은 우리의 삶 속에서 반드시 필요한 습관이라 할 수 있다. 우리는 저축을 통해서 충동구매의 욕구에서 미리 벗어날 수 있는 출구를 준비하게 된다. 또한 저축을 통해서 우리는 계획적인 돈 관리를 할 수 있게 된다. 저축의 유익은 너무나도 많다. 그 중에서 중요한 몇 가지 항목을 제시하고자 한다.

첫째, 저축은 우리의 삶 속에서 급하게 목돈이 필요할 때 아주 유용한 안전장치가 된다. 우리는 예기치 못한 크고 작은 일들을 경험하게 된다. 그리고 그 일들 중에는 목돈이 필요한 경우가 생기게 된다. 이러한 갑작스러운 일이 생겼을 때 저축은 큰 도움이 된다. 저축을 통해 불가피하게 발생할 수 있는 상황들에 적절하게 대처할 수 있다. 만약 저축하지 않고 재정적으로 위기 상황에 닥치게 되면 빚을 질 수밖에 없다.

사람들은 보험을 위급할 때의 안전장치라고 한다. 그러므로 위급한 상황을 위해 보험이라는 대안을 찾을 수 있다. 그렇지만 보험은 저축보다 안전한 방법이라고 할 수 없다. 보험은 가입할 때에는 넓은 문으로 안내하지만 보상을 받으려고 할 때에는 매우 협소한 문을 통과해야 하는 곤란한 경우를 많이 경험하게 된다.

둘째, 저축하는 습관은 우리 스스로 재물을 잘 관리할 수 있는 환경을 만들어 주는 것과 같다. 먼저 저축하게 되면 충동구매로 재물을 쓰기 전에 안전하게 비축하는 지혜를 얻게 되고 우선순위에 따라 돈을 사용할 수 있는 지혜를 얻게 된다. 돈은 지출에 앞서 어디에 써야 하는지에 대한 분별이 필요하다. 저축하는 사람은 지출을 위해 내가 가진 금액에 맞게 적절하게 분배할 수 있다. 이러한 수고를 통해 보다 불필요한 지출을 막고 지혜롭게 지출하는 방법을 배워갈 수 있다.

셋째, 저축은 인생 여정에서 목돈이 필요한 시기에 적절한 대안이 된다. 자녀가 출생하고 양육을 시작할 때, 집을 구입하려고 할 때, 자녀가 대학에 진학하려 할 때 그리고 자녀의 결혼 지원금 등 인생에는 큰돈이 필요한 시기가 있다. 적정한 금액이 준비되어 있지 않다면 빚을 지게 되거나 그 동안 모은 재산을 사용한다. 연령대에 따라 필요한 금액과 그에 대한 대안을 세우는 지혜가 필요하다. 특히 점점 길어지는 노년의 시기를 위해서 저축을 통한 재테크는 반드시 필요하다. 10년, 20년 뒤를 내다보는 지혜가 없다면, 재난이 갑작스럽게 닥친다고 생각하게 된다. 따라서 앞으로 닥치게 될 상황에 미리 예비하는 것은 지혜로운 행동이다.

5. 빚지지 말라

빚이 늘게 되면 어떤 결과가 생길까? 앞에서도 언급했듯이 돈에는 막강한 힘이 있다. 하나님께서 인간에게 돈을 주신 목적은 돈을 유용한 도구로 사용하게 하기 위함이었지만, 타락한 이후 인간은 돈에 종속된 삶을 살아가게 되었다.

이러한 물질에 종속된 삶을 살지 않기 위해 신앙인은 빚지지 않는 삶을 살아야 한다. 빚지고 사는 인생은 결코 돈으로부터 자유로운 삶을 살 수 없다. 사탄은 물질을 통해서 우리를 유혹하고 물질의 막강한 영향력을 사용해서 신앙인까지도 재물에 종속된 삶으로 내몰고 있다. 빚이 늘게 될 때의 참담한 결과를 생각해 보자.

1) 빚이 늘면 재물에 종속된다

빚이 늘어갈수록 물질에 더욱 종속된 비참한 삶이 된다. 물질의 빚은 또 다른 새로운 빚을 낳고 빚더미 속에서 허우적거리는 인생을 살게 한다. 그러므로 지혜가 필요하며 이를 위해 기도해야 한다. 비록 가진 돈이 적어서 풍족한 삶을 살아가지 못한다 해도 빚지지 않고 살 수 있도록 기도해야 한다. 빚지지 않는 삶을 살 때만이 자족하면서 살아갈 수 있다.

2) 빚이 늘면 효율적인 재물관리가 안 된다

빚이 늘면 매달 일정하게 들어오는 수입을 제대로 관리할 수 없는 상황에 빠져든다. 빚이 늘어간다는 것은 그 빚에 대한 이자도 늘어간다는 것을 의미한다. 매달 들어오는 수입이 빚에 대한 원금과 이자를 지불하는 데 먼저 쓰이게 되어서 저축과 같은 재물관리를 할 수 없는 상황에 놓이게 된다.

3) 빚이 늘면 대인관계가 무너진다

빚이 늘어갈수록 대인관계가 더 피폐해진다. 누구나 빚이 많은 사람을 만나기 부담스러워한다. 빚이 많은 사람을 가까운 친구로 두기 원하는 사람은 없다.

사람들은 빚이 많은 사람과의 만남을 기피하게 되므로 빚이 점점 많아지는 사람은 당연히 대인관계가 무너지게 된다. 사업을 하다가 갑자기 빚더미에 앉게 되면, 대인관계가 크게 손상을 입게 된다. 빚이 늘면 사람도 잃게 된다.

4) 빚이 늘면 신용카드 관리가 어려워진다

신용카드는 빚이 느는 사람에게는 족쇄와 같다. 신용카드는 빚 없이 재테크하는 경우에 관리되는 것이지 빚이 느는 사람에게는 신용을 잃게 되는 결과를 낳게 된다. 신용카드를 사용하여 빚을 갚는 방법은 근본적인 해결책이 되지 않기 때문에 부메랑처럼 더 큰 화를 가져오게 된다.

5) 오랜 시간 빚이 해결되지 않으면 가정이 무너진다

현대 사회에서 이혼률 증가는 경제적 이유가 크다고 한다. 늘어나는 빚은 정상적인 경제 활동을 불가능하게 만든다. 부부의 신뢰를 무너뜨리고 자녀 양육의 대안을 갖기가 어렵게 된다. 빚으로 인한 경제적인 어려움이 지속된다면 가정은 경제적으로 파산하게 되고 마침내는 붕괴된다.

6) 빚이 늘면 비전이 사라진다

비전은 나를 향한 하나님의 뜻이나 계획이다. 비전을 따라 사는 인생이 가장 풍성한 삶이다. 그리스도인은 반드시 비전을 알고 비전을 따라 믿음으로 살아야 한다. 그런데 빚에 노예가 되면 비전의 삶을 살기가 어렵다. 돈에 종속되기 때문이다. 날마다 조여오는 빚으로 하나님께 집중하기 어렵다. 하나님께서는 우리에게 주신 비전을 이루게 하시기 위해서 물질의 복을 주신다. 그리고 우리는 하나님이 주신 물질은 우리의 것이 아니라 하나님의 소유임을 기억해야 한다.

또한 우리의 물질이 하나님께서 맡기신 것임을 알고 청지기적 사명으로 물질을 잘 관리하면서 하나님이 주신 비전을 이루어 드리는 삶으로 나아가야 한다. 만약 우리가 빚 때문에 허덕인다면 하나님께서 주신 비전을 잘 감당할 수 있는 믿음과 마음의 여유가 사라질 수 있다.

이미 빚이 있는 사람들은 빚의 노예적 삶에서 속히 벗어날 수 있도록 하나님께 기도해야 한다. 하나님은 내가 빚으로부터 벗어날 수 있도록 인도하신다.

신앙생활의 특권은 과거에 매이지 않고 현재와 미래의 삶을 인도하시고 간섭하시는 하나님의 도우시는 역사를 경험하는 삶이다. 하나님께 재물관리의 지혜를 구하라. 하나님의 역사하심에 대한 간증을 경험할 수 있을 것이다.

6. 돈 지출에 대한 좋은 습관을 가져라

돈을 사용하는 것을 보면 각자 나름대로의 규칙을 가지고 있다. 왜냐하면 습관을 따라 돈을 사용하기 때문이다. 그래서 돈을 쓸 때 좋은 습관을 가지고 쓰느냐 아니면 나쁜 습관을 가지고 쓰느냐의 차이는 모든 사람에게 매우 중요하다. 재물관리를 잘하기 위해서는 나에게 있는 좋은 소비 습관과 나쁜 소비 습관을 알아야 한다.

한 세미나에서 그룹을 지어 돈 쓰는 좋은 습관과 나쁜 습관을 한 사람씩 발표하게 했다.

나쁜 습관에서 가장 많이 나온 것은 충동구매였으며, 구체적인 예로서는 홈쇼핑 방송이었다. 꼭 필요하지 않지만, 쇼호스트의 말재주에 현혹되어 1분이 남지 않은 시간에 전화를 거는 자신을 발견한다는 것이다. 배가 고플 때 쇼핑을 가면 필요하지 않은 것까지도 사는 경향이 있다고 한다. 백화점 세일 때는 필요한 목록을 가지고 가야지 그렇지 않으면 필요치 않은 것을 사는 어리석음을 행한다고 한다. 필요하지도 않는데 세일할 때 싸게 산다는 유혹에 넘어가는 경우가 많다고 했다.

좋은 습관을 가진 사람들은 값싸게 살 수 있는 정보가 인터넷에 넘쳐난다고 했다. 예전에 발품을 팔면 좀 더 실용적이고 싼 물건을 구입할 수 있었던 것과 마찬가지로, 지금도 인터넷의 정보 시장에는 값싸게 구입할 수 있는 것이 많다. 할부를 통한 구매보다는 현찰로 구입한다면 보다 저렴하게 구입할 수 있는 방법들도 넘쳐난다. 계획을 가지고 구매하는 습관을 가지면 꼭 필요한 물건을 적당한 시기에 구입하는 것이 가능하다.

　재물 관리의 습관을 고쳐나가는 것은 우리 몸의 체질을 변화시키는 것과 비슷하다. 습관적으로 먹었던 음식이 몸에 해로운 음식이었다면 반드시 만성질환이나 암에 걸리게 된다. 우리가 먹는 음식이 우리의 몸을 만들기 때문이다. 돈을 사용하는 것도 같은 원리다. 돈 사용에 대한 잘못된 습관이 있다면 결국은 돈으로 인해 고통을 받거나 곤란한 상황에 빠져들게 마련이다. 충동적 지출이나 미래를 위한 계획이 없고 현재의 재테크가 잘못되었다면 인과응보의 결과에 직면하게 된다.

　내 몸에 좋은 음식을 분별할 수 있다면, 좋은 음식으로 내 몸을 건강하게 할 수 있다. 재테크도 마찬가지다. 내게 맞는 재테크 방법을 알고 개발해 나가야 한다. 그리스도인은 하나님께서 맡겨 주신 재물에 대한 지혜로운 재테크가 필요하다. 재물을 통해 하나님께 영광을 돌리는 그리스도인이 많아진다면, 이 사회는 보다 건강해질 것이다.

MONDAY CHRISTIAN

5

WHERE IS YOUR GOD?

일터 문화, 마주하기 VS 등돌리기

그리스도인은 일터에서
어떻게 살아야 하는가?

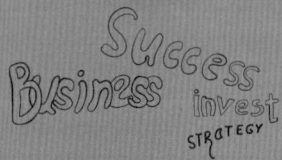

MONDAY CHRISTIAN

그리스도인은 세상 속의 일터에서
많은 갈등에 직면하게 된다.
따라서 세상 문화에 적응하면서
어떻게 구별된 삶을
살아가야 할지가 중요하다.

일터 문화와의
충돌을 대비하라

　어느 신우회를 방문했을 때의 일이다. 회사의 중간 관리자의 고백이다. 그리스도인 신입사원을 볼 때마다 그들이 앞으로 회사에 적응하면서 겪게 될 많은 일들로 인해 마음이 아프다고 했다. 회식자리에서는 어떻게 대응할 것인지, 직장상사와의 갈등은 어떻게 해결할 것인지, 회사 내의 부조리와 거래처와의 관계에서 일어나는 그리스도인으로서는 떳떳하지 않은 여러 가지 일들에 대해서는 어떻게 해결해 나갈지 안타까운 것이다. 자신이 겪었던 갈등과 혼란을 그들도 동일하게 밟아 갈 텐데 과연 이들은 어떻게 감당할 것인가? 그런데 문제는 자신이 해줄 수 있는 것이 없다는 것이다. 무엇을 어떻게 해야 할지 아직도 대안이 분명하지 않다고 했다.
　이것이 일터의 현실이라면 교회는 이러한 문제들에 대해 어떻게 해야 할까? 주님께서는 이러한 현실에 대해 교회에 무엇을 원하실까? 모이기를 힘쓰는 교회에서 흩어진 이후의 일터에서의 삶에 대해 무엇을 해야 할까?
　다음과 같은 질문에 우리는 어떻게 반응하는가?
　"술은 먹어도 괜찮은가? 담배는 피어도 괜찮은가? 회사동료 집들이 모임 중에 크리스천으로서 고스톱을 쳐도 좋은가? 극단에 소속된 크리스천 배우가 무당 배역을 해도 좋은가? 크리스천으로서 노출이 심한 옷을 입고 회사에 출근해도 되는가? 인테리어 회사를 운영하는데 절에서 공사를 요청한다면 공사를 해야 하는가?"

위의 질문들은 일상적인 삶에서 누구나 부딪히는 여러 가지 일들 가운데 성경적 기준을 찾기 위한 사례로 정리해 본 것이다.

많은 교회에서 이런 질문을 던졌을 때, 다양한 답변이 나왔다. 어느 교회에서도 동일한 답변으로 통일된 일이 없었다. 이유는 그리스도인이 위의 질문에 대해 각기 자기 소견에 옳은 대로 반응하기 때문이고, 신앙의 수준에 따라 주어진 다양한 상황에 따라 달리 이해될 수 있는 부분이 있기 때문이다.

그렇다면 성경적인 기준은 없는 것일까? 일터에서 겪게 되는 문화적 갈등에 대한 성경적 답변을 함께 찾아보도록 하자.

누구나 경험할 수 있는 일상적인 삶의 문제들에 대해 성경적 기준이 명확하게 제시되지 않는다면, 우리는 이 땅에서 구별된 삶을 살기가 곤란하다. 일상의 삶의 영역에서 날마다 경험할 수 있는 모든 것에 대해 성경적 기준을 세울 수 있을 때, 우리는 구별된 삶을 살 수 있는 것이다.

삶의 현장에는 다양한 문화가 존재한다. 특히 일터 현장에 나가면 신앙 양심에 거리끼는 부분들도 더러 있다. 대표적인 것이 "회식자리에서 술을 먹어야 할까? 말아야 할까?"하는 문제다. "전도하기 위해 약간의 술을 먹어야 하지 않겠느냐?"라는 답변으로부터 "한 번도 술을 먹은 일이 없다."는 답변까지 동일한 질문에 다양하게 반응이 있었다.

이뿐 아니라 신앙생활을 시작한 지 일 년도 되지 않은 초신자로서 돼지머리에 절하지 말아야 한다는 것은 알게 되었지만, 이전에는 고사가 있을 때마다 돼지머리에 엎드려 절했으니 이제는 어떻게 처신해야 할까? 이런 문제에 대해 교회에서는 누구와 나누어야 하며, 실제적 대안은 무엇일까?

그리스도인은 일터에서 부딪힐 수밖에 없는 문화적 갈등들에 대해 성경적 기준이 불분명할 때 직장 문화의 소용돌이에 휘말리는 경우가 많았다. 그렇다면 누가 이런 실제적인 문제에 대해 성경적인 기준을 제시해 주어야 할까? 현재의 상황은 모든 그리스도인이 각자 알아서 대처해야 하는 안타까운 현실이다. 교회가 이런 문제들에 대해 구체적이고 실제적인 대안을 제시하지 않는다면, 일터의 현장에서의 구별된 삶은 쉽지 않은 것이 사실이다.

일터 문화를 이해하라

일터에서 직면하게 되는 문화와 그에 따른 신앙 양심의 갈등을 해결하기 위한 성경적 기준을 찾기 위해서는 세상적 문화와 윤리에 대한 의미를 아는 것이 중요하다. 지금부터 세상적 문화와 윤리의 의미와 그 특성을 살펴보도록 하자.

1. 일터 윤리란

먼저 윤리란 무슨 뜻인가? 사전적 의미는 "'사람이 마땅히 행하거나 지켜야 할 도리. 즉, 실제의 도덕규범이 되는 원리"다. 윤리는 절대적이며 기준점이다.

그 특징을 몇 가지로 정리하면 다음과 같다.

첫째, 윤리는 사람이 준수해야 할 행동 준칙이라 할 수 있다.

둘째, 그렇기 때문에 해야 할 것과 하지 말아야 할 선악에 대한 구분이 분명하다.

셋째, 이는 옳고 그른 것에 대한 분명한 구별의 기능을 요구한다.

정리하자면 윤리는 선악에 대한 구분, 옳고 그른 것에 대한 분명한 기준이라 할 수 있다. 예를 들어, 변호사는 변호사 윤리를 지켜야 한다. 상담사에게도 상담 윤리가 있다. 두 업종 모두 고객의 비밀보장, 즉 고객이 제공한 정보를 누설해서는 안 된다는 분명한 기준이 있다. 또한 광고에는 광고 윤리가 있다. 광고는 불특정 다수에게 알리는 내용이기에 유해한 내용이나 거짓된 내용, 과장되거나 근거가 불명확하다면 광고 윤리에 저촉된다.

윤리는 일반적으로 상대적인 것이 아니다. 왜냐하면 윤리는 기준이기 때문이다. 이렇듯 윤리는 무엇을 해야 하는지 그리고 무엇을 해서는 안 되는지 그 분명한 기준을 제시한다.

그리스도인에게도 윤리가 있다. 십계명과 같이 성경에서 가르치고 있는 삶의 준칙이 바로 그것인데, 이는 모든 신앙인들의 공통되는 삶의 기준이다. 상황에 따라 좌지우지되거나 내가 최종적으로 판단하는 것이라면 그것은 성경적인 윤리가 아니다. 성경에서 제시하는 십계명과 같은 윤리를 항존법이라 하는데 이는 언제나 동일한 위력과 기준이 되는 것이다.

2. 문화의 사전적 의미

문화란 "인간 사회가 자연 상태에서 벗어나 일정한 목적 또는 생활, 이상을 실현하려는 활동의 과정 및 그 과정에서 이룩해 낸 물질적·정신적 소득의 총칭을 일컫는다. 특히 학문·예술·종교·도덕 등의 정신적 소득을 가리킨다."라고 사전에 기록되어 있다.

문화는 몇 가지 특징이 있다.

첫째, 문화는 특정 지역과 시대에 살고 있는 사람들이 공유하는 의식과 생활양식이다. 그리고 그것은 계속해서 변화되어 간다. 예를 들어, 상투는 조선시대에 한반도에서 공유되었던 성인 남성의 생활양식이었다. 그러나 지금 현재 한국의 어느 지역에서도 그것을 성인 남성의 보편적인 생활양식으로 받아들이진 않는다.

둘째, 문화는 집단 내의 구성원의 선호에 따라 다양하게 나타난다. 예를 들어, 한국인은 한복이라는 의복 문화를 가지고 있지만 어느 누구도 동일한 한복을 선호하지는 않는다. 각 사람의 기호에 따라 디자인과 색상이 다양하게 표출된다. 김치는 한국인이 공유하는 음식 문화다. 그런데 지역에 따라, 가정에 따라 김치를 담그는 방법도 다르고 맛도 다르다. 우리는 이것을 전혀 이상하게 받아들이지 않고 당연하게 생각한다.

문화는 이와 같이 큰 집단 안의 구성원의 기호에 따라 프리즘과 같이 다양하게 표출된다. 문화는 획일적이지 않고 다양성을 가진다. 커피만 해도 문화적 다양성을 살펴볼 수 있다. 같은 커피인데 에스프레소, 카푸치노 등 원두커피에서 나온 다양한 기호들이 겹쳐져 있는 것을 볼 수 있다. 사실 근원은 동일한 커피지만 문화로 발전하면서 다양한 기호들이 커피라는 동일한 맥락에서 다르게 표현되고 전개되는 것을 관찰할 수 있다.

셋째, 문화는 시대에 따라 변화한다. 특히 현대에 와서는 급변하고 있다. 도시화의 과정과 대중매체의 발달은 보다 많은 사람들의 빈번한 교류와 매스컴의 영향으로 새로운 문화를 끊임없이 창출한다. 우리는 문화의 혼돈 시대에 살고 있는지 모른다. 그럼에도 불구하고 다수에게 강력하게 영향을 미치는 문화는 존재한다.

넷째, 문화는 지역에 따라 다르게 나타난다. 문화는 지역색이 뚜렷하다. 그 범위가 크게는 대륙 그리고 국가의 개념이지만 협의적으로는 한 국가 내에서의 지역색으로 나눌 수도 있고, 가족 단위로도 구분된다. 예를 들어, 우리나라의 경우 김치를 담그는데 뭘 넣느냐에 따라 지역 문화색이 뚜렷이 구분된다. 지방 특유의 선호와 기호가 그대로 드러나는 것을 목격하게 된다.

문화가 중요한 이유는 "'왜?'라는 질문을 필요로 하지 않기 때문이다. 우리는 인도 사람들에게 "왜 식사 때 오른 손을 사용합니까?", "왜 카레를 주로 먹습니까?"라고 묻지 않는다. 이것은 우리에게 "왜 식사 때에 젓가락을 사용합니까?", "왜 김치를 즐겨 먹습니까?"라고 묻는 것과 같기 때문이다.

문화는 그 구성원의 삶에 스며들어 가장 강력한 영향력을 드러낸다. 교회가 문화를 알고 기독교 문화와 반기독교 문화를 이해해야 하는 이유가 여기에 있다. 무엇보다 강력한 영향을 미치는 것이 문화인데, 한국은 기독교의 영향력이 확대되었음에도 불구하고 기독교 문화의 정착은 매우 미흡하다.

불신자가 그리스도인이 될 때 문화적 충격을 받는 나라가 우리나라다. 기독교가 성도들의 일상의 삶에 뿌리를 내리지 못하고 있기 때문이다.

한국은 삶의 구석구석을 살펴보면 여전히 유교의식과 불교적 생활양식이 뿌리내려 있다. 신앙생활은 삶의 모든 영역에서 하나님 나라의 백성으로 살아가는 삶이다. 기독교 문화는 선택이 아니라 모든 그리스도인의 삶의 현장에서 그리스도인으로서 묻어나는 삶의 모습이다.

3. 한국 사회와 기독교 윤리와의 관계

앞에서 살펴보았듯이 문화는 상대적인데 반해 윤리는 절대적이다. 일상생활의 영역에서 문화는 우리의 의식을 사로잡는 가장 강력한 힘이라 할 수 있다. 그렇다 보니 자연스럽게 문화적 표현들을 하게 되는데, 이에 반해 윤리는 의지적인 요소가 다분하다.

특정 장소나 특별한 시기에 나타나는 문화가 윤리보다 광의적인 대중성을 지니게 되는 것은 불가피해 보인다. 문화는 윤리보다는 특정 지역과 공동체에 적용되는 보다 광범위한 공감대라 할 수 있다. 상대적인 성격을 가지는 문화는 통상 윤리보다는 큰 영역으로 이해할 수 있다.

한국의 문화는 유교적인 성향이 강하다. 유교사상은 삼국시대 이래로 수용되기 시작하여 조선시대에 이르러 국교로서 나라의 통치제도와 이념으로 자리 잡았다.

유교적 가치관은 조상숭배사상과 남녀유별, 장유유서, 신분제도에 의한 상하계층 의식 등을 통해 나타난다. 서열을 강조하는 유교적인 영향으로 아직도 한국사회에서는 다소 경직된 상명하복의 분위기가 은연중에 강조되고 있다.

또한 미신적인 요소도 문화의 특성에 한 몫한다. 고사가 대표적인 예다. 영화를 시작할 때 또는 건설회사가 공사를 시작할 때, 심지어 우주선을 쏘아 올릴 때도 고사는 중대한 의식으로 자리매김하고 있다. 이외에도 여가로서 놀이 문화, 음주 문화 등이 한국 문화의 독특한 한 전형으로 자리하고 있다.

기독교의 급속한 성장에도 불구하고 기독교 문화는 한국 사회에 뿌리를 내리고 있는 유교적 의식을 극복하지 못하고 일상생활의 영역에서는 여전히 갈등 구조로 나타나고 있다. 직장 내에서 강요되는 반기독교 문화에 대해 그리스도인의 입지는 미약하고 또한 성경적인 마땅한 대안이 궁색하기 때문에 많은 그리스도인은 혼란과 갈등 속에 내몰려 있다. 일터에서도 하나님의 나라가 임함으로 기독교 문화가 확산될 수 있도록 성경적 기준을 바로 세울 필요가 있다.

4. 기독교 윤리가 일터 문화를 만났을 때

한국은 '술을 권하는 사회'라고들 한다. 말단 사원인 그리스도인이 일터에서 상사가 술을 권할 때 "저는 술을 안 합니다."라고 했다가는 분위기가 갑자기 냉랭해지거나 아니면 험악해지기까지 한다. 그리스도인은 그 순간부터 일터에서 냉혹한 현실에 직면하게 된다. 즐거운 회식 문화가 나로 인해 이상해지거나 아니면 그때부터 원치 않는 왕따를 당하게 된다.

한국에서는 유교적인 의식이 문화의 바탕에 깔려 있기 때문에 위계질서가 매우 중요하다. 그래서 회식자리에서 윗사람이 주는 술잔을 거부하는 것은 단순히 술을 거부하는 것이 아니라 윗사람의 권위를 무시하는 것으로 해석된다. 일터에서 직장상사가 술을 권할 때 술잔을 거부하는 일은 일반적으로 용납되기 어려운 현실이다. 술 문화는 변화되어 가기 때문에 과거에 비해 점점 배려해 주기도 하지만 아직도 지역에 따라서는 경직되어 있는 것을 부인할 수 없다.

서양 문화에서는 조직의 책임자가 술을 권할 때, 간단하게 "노! 쌩큐!"라고 말할 수 있다. 자신의 의사표시가 분명하면 누구도 그에게 술을 강권하지 않는다. 거듭해서 강요한다면 주변의 누구도 그런 상황을 이해할 수 없을 것이며 그런 무례한 강요는 고소를 당할 것을 각오할 때 일어날 수 있다.

그러나 한국적 상황에서는 회사의 사장이 부하직원에게 강제로 술을 권하여 먹게 하거나 아니면 술에 취한 직장상사가 부하직원의 머리에 술을 붓는 행동을 해도 그것은 용납될 수 있다. 만일 이 일로 부하직원이 직장상사를 고소한다면 그것은 사회적인 웃음거리가 될 것이다. 문화적 차이는 이와 같이 전혀 다르게 이해되고 반응하게 한다.

요즘은 수평적인 문화를 지향하기는 하지만 권한과 책임의 계층적인 구조로 인해 수직적인 성향을 벗어나기가 쉽지 않다. 여기에다 한국 특유의 유교적인 색채가 더해지면 일터의 문화는 그 자체가 강압적인 위계질서의 성격으로 비약되어 나타난다고 볼 수 있다.

술 문제는 그렇다 해도 굿 또는 고사에 이르게 되면, 일터 문화는 기독교 윤리와 필연적으로 갈등을 일으키게 된다. 앞에서 본 것처럼 이것이 구조적으로 다소 강압적이기 때문에 문제의 심각성은 더해지게 된다.

이와 같이 술과 회식 그리고 강요되는 고사 문화 등에 직면하는 그리스도인은 업무적 스트레스 외에도 문화적 갈등으로 더욱 힘든 일터의 현실로 내몰리게 되어 있다.

모인 교회에서는 일터에서의 그리스도인의 갈등에 대해 공감대가 형성되어 있지 않고 구체적인 논의가 없기 때문에 직업인 그리스도인은 고립된 입장에 놓여 있다. 일터에서 부딪히는 문화적 갈등에 대해 성경적 대안을 구체적으로 세우지 못한 그리스도인은 자기 소견에 옳은 대로 대응하면서 하나님의 역사하심과 인도하심을 경험하기보다는 실제적으로 상처와 상실감에 괴로워하는 것이 현실이다.

일터에서의 문화적 갈등에 대해 교회가 성경적 지침을 적절히 제시하지 못한다면 일터에서의 그리스도인은 신앙적 갈등으로 이중적 삶이 고착되는 위기 상황에 놓이게 된다. 이런 상황에서 우리는 성경에서 기준을 발견하고 우리의 일터 문화에 대한 성경적 대안을 분명히 하여 하나님께서 기뻐하시는 문화를 일터에 뿌리 내리는 역할을 감당해야 할 것이다.

신앙생활은 삶의 모든 과정에서 성화가 일어나야 한다. 문화적 생활에서도 성화의 여정이 지속되는 것이다. 현대인은 문화적 영향을 이전 시대의 어떤 사람들보다도 많이 받고 살아간다. 그 중에 하나가 텔레비전과 같은 매스컴의 영향이다. 문화적 영향력은 스마트폰이 등장하면서 더욱 강력해졌다. 특히 일터에서 우리가 피해갈 수 없는 문화적 갈등에 대해 함께 생각해 보기를 원한다.

세 개의
문화관

1. 격리적 문화관

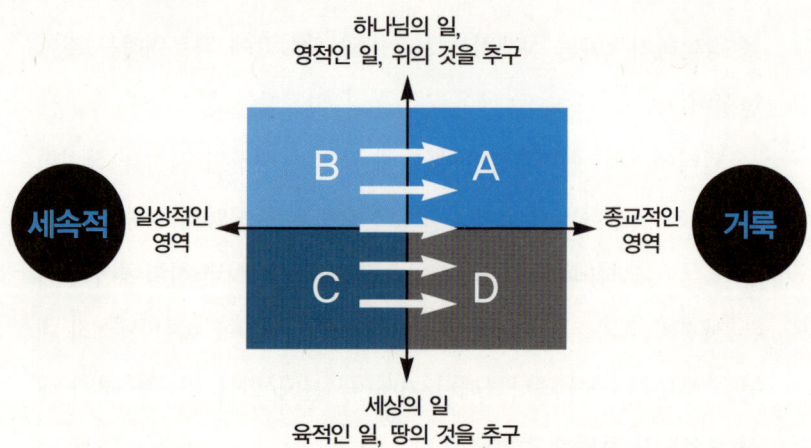

격리적 문화관에서는 세상을 거룩한 영역과 세속적 영역으로 구분하고 종교적 영역을 통해서 거룩을 추구하려 한다. 이원론적인 문화관을 기초한다고 할 수 있다. 일상적인 영역은 세속적이며 죄악된 것으로 보고 종교적인 영역은 거룩하고 선한 것으로 보는 문화관이다.

격리적 문화관으로 세상을 이해하게 되면 신앙생활이 왜곡되어진다. 일상적인 영역에서 하나님과 동행하는 삶을 포기하고 종교적인 영역의 삶을 지향하기 때문이다.

직업인 그리스도인은 하루 대부분의 시간을 일터에서 보내게 되는데, 일터에서 하는 모든 직업 활동을 세속적인 것으로 생각한다면 어떻게 구별된 삶을 살 수 있겠는가? 신우회 활동을 하는 그리스도인 가운데 신우회 활동이 바로 일터에서 하는 하나님의 일로 이해하는 경향이 있다. 세상 속에서 하나님의 일을 위한 구별된 활동으로 이해하고 열심히 행하는 것이다. 또는 신앙생활의 표현이 하루 업무를 시작할 때에 기도하고 시작하는 것으로 나타나는 경우도 있다.

신앙생활은 삶의 모든 영역에서 주님의 통치를 경험하는 삶이다. 비록 일터에 있을지라도 하나님과 동행하는 삶을 추구해야 한다. 나의 일터에서 하나님의 임재를 경험해야 하는 것이다. 그렇기 때문에 격리적 문화관으로 일터의 삶을 이해하면 건강한 크리스천의 삶을 살아가기 힘들다.

한국 교회에는 격리적 문화관에 물들어 있는 교회가 있다. 이러한 관점에서 보면 세상의 모든 정치, 경제, 문화, 예술에 관여하는 것 자체가 '부패된 영역'에서 시간을 낭비하는 것으로 보기 때문에 그리스도인의 문화적 책임이 단순히 개인의 도덕성을 지키고 깨끗한 삶을 사는 윤리적인 측면에 국한된 것이라고 본다. 격리적 문화관에 따르면 극단적인 개인적 경건주의나 금욕주의에 빠지게 하는 왜곡된 신앙관을 갖게 한다.

2. 동화적 문화관

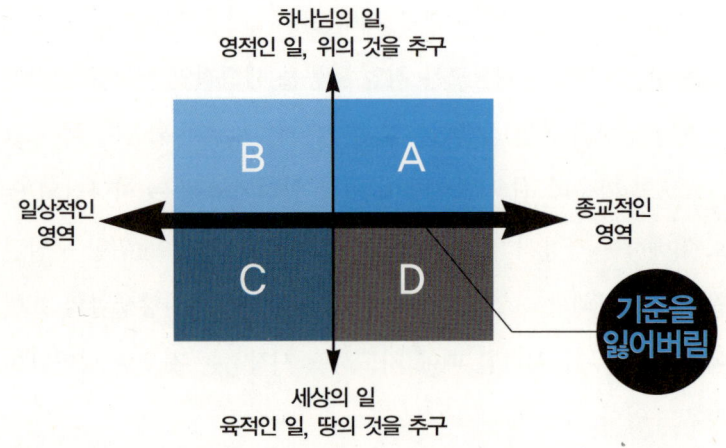

동화적 문화관은 예수님께서도 이 땅에 사실 동안 세상의 죄인들과 동일하게 먹고 마셨으며 세상과 격리되지 않은 삶을 살았다는 것을 근거해서 그리스도인의 현세적 삶을 적극적인 자세로 임해야 한다고 본다. 종교적 영역과 일상적 영역을 구분하는 것을 왜곡되었다고 인식하므로 이 같은 구분을 무시하거나 거부한다. 그러나 동화적 문화관에 빠지게 되면 그리스도인의 삶과 비그리스도인의 삶의 명확한 기준을 잃어버리게 된다. 그러나 일상적인 삶에서 구별된 삶이란 무엇이며, 어떻게 살아야 하는지에 대한 기준이 필요하다. 단지 윤리적으로 바른 삶을 추구하는 것이 그리스도인의 구별된 삶이 아니며 일터에서도 최선을 다하는 삶이 신앙생활이 아니기 때문이다. 동화적 문화관은 일상적인 삶의 영역에서 구별된 삶을 위해 인본주의적 가치관을 받아들이게 된다. 그래서 사람의 존엄성이 문화적 가치판단의 기준이 되어 버린다.

　동화적 문화관은 세상 속에서 살아야 하는 그리스도인의 당위성을 강조하다 보니 아예 세상과 동화되는 변질된 그리스도인의 삶의 모습을 양성하게 만든다. 동화적 문화관의 소유자는 하나님 나라에 대한 소망도 있고 교회생활에서도 무엇 하나 빠지지 않는다. 하지만 일상의 문화 행위에서는 비그리스도인과 구분되지 않고, 세상의 구조적인 모순과 비기독교적인 문화적 관행들을 무비판적으로 용인하며, 그러면서 그 내재된 죄성에 오염되고 혼돈에 빠져서 결국은 인본주의로 전락하게 만든다.

3. 개혁적 문화관

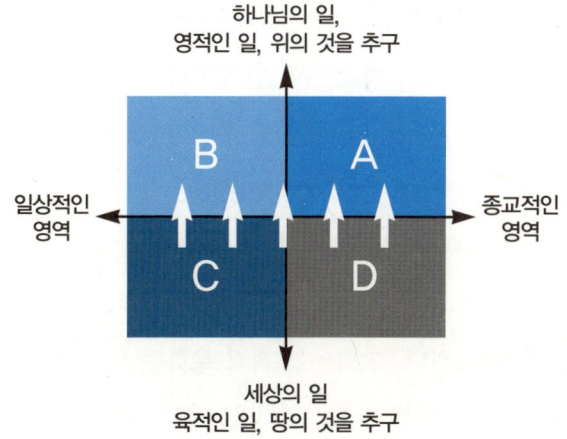

"한 나병환자가 나아와 절하며 이르되 주여 원하시면 저를 깨끗하게 하실 수 있나이다 하거늘 예수께서 손을 내밀어 그에게 대시며 이르시되 내가 원하노니 깨끗함을 받으라 하시니 즉시 그의 나병이 깨끗하여진지라"(마 8:2-3).

이 사건은 예수님이 산에 올라가 무리들에게 천국 백성의 삶에 대해 가르치신 이후 산에서 내려오실 때에 일어났다. 무리들과 함께 예수님이 산에서 내려오셨기 때문에 나병환자가 예수님께 가까이 가려면 많은 사람들 사이를 지나갈 수밖에 없었다. 예수님은 나병환자에게 손을 내밀어 그의 몸에 손을 대시고 깨끗할 것을 말씀하셨다. 병을 낫게 하시는 예수님의 방법이 다양하시지만 왜 몸에 손을 대셔야 했을까? 그것은 나병환자가 무리들 가운데 있었기 때문이다. 율법에 의하면 나병환자가 무리 가운데 들어오면 돌로 쳐서 죽이도록 했다. 예수님은 나병환자에게 손을 대심으로 그가 깨끗하게 되었음을 가시적으로 보여주시기 원하셨다. 이와 같이 예수님이 있는 모든 곳에서는 병 고침이 일어나고 하나님의 통치가 가시적으로 나타났다. 문화의 영역에서도 주님의 역사하심에 따라 변화가 일어나야 하는데, 그것을 개혁적 문화관이라 한다. 하나님의 역사하심과 통치를 통해 문화의 회복이 일어난다고 보는 것이다.

그리스도인이 삶의 현장에서 문화적 기준을 갖기 위해서는 개혁적 문화관이 필요하다. 교회는 개혁적 문화관에 입각하여 사회적 문제를 보고 일터의 현장에서 일어나는 많은 문화적 갈등에 대해 명확한 성경적 기준을 제시해 주어야 한다. 한국의 많은 도시는 교회의 십자가를 보기가 어렵지 않다. 한국에서 기독교는 20세기 후반에 대단히 부흥했다. 그러나 삶의 현장은 여전히 유교적인 의식이나 불교적 생활양식에서 변화되지 않고 살아가는 사람들이 많다. 대표적인 것이 일터에서의 회식 문화다. 명절 때 가족이 모였을 때에도 고스톱과 같은 놀이 문화로 인한 갈등이 있다.

불교는 사찰 음식과 불교의 영성이라는 이름으로 도시로 침투하기 시작했다. 먹거리는 성경에서 매우 중요하게 다루는 문제이지만 그리스도인들은 먹거리와 신앙생활이 아무 관계 없듯이 생각한다. 만성질환의 확산은 많은 사람들이 사찰 음식과 같은 먹거리를 찾게 했고, 불교는 템플스테이와 같은 불교 문화의 확산을 위해 지속적인 노력을 기울이고 있다. 그러나 사찰 음식은 건강한 음식이 아니라는 사실을 알아야 한다. 소위 5신채라 하여, 사찰에서는 마늘, 파, 달래, 부추, 양파 등을 먹지 않는다. 맛과 향이 강한 5신채는 맛을 내게 하고 면역력을 높이며 정력을 강하게 하기 때문에 공동체생활과 수양에 도움이 되지 않는다고 보는 것이다. 그러나 5신채는 하나님께서 주신 먹거리이며 이것들을 적절하게 먹으면 생활에 활력을 주고 건강한 몸으로 장수하는 데 도움이 된다.

> "그러므로 너희는 이렇게 기도하라 하늘에 계신 우리 아버지여 이름이 거룩히 여김을 받으시오며 나라가 임하시오며 뜻이 하늘에서 이루어진 것같이 땅에서도 이루어지이다"(마 6:9-10).

예수님은 우리의 모든 삶의 현장에서 주님의 나라가 임하도록 기도할 것을 명령하셨다.

주기도문의 말씀을 근거로 그리스도인은 세 가지 사명을 가지고 세상을 변혁하는 사람들이 되어야 한다. 그리스도인은 문화에 대해 하나님의 대리 통치 위임을 받은 존재이므로 적극적인 삶의 자세를 가져야 한다.

이러한 개혁적 문화 명령은 창세기 1:28에 잘 나타나 있다. "하나님이 그들에게 복을 주시며 하나님이 그들에게 이르시되 생육하고 번성하여 땅에 충만하라, 땅을 정복하라, 바다의 물고기와 공중의 새와 땅에 움직이는 모든 생물을 다스리라."

그렇기 때문에 그리스도인은 문화에 대한 분명한 책임과 사명을 가지고 살아가야 한다.

일터에서 살아남기

1. 일터는 내 운명이다

"내가 너희에게 쓴 편지에 음행하는 자들을 사귀지 말라 하였

> 거니와 이 말은 이 세상의 음행하는 자들이나 탐하는 자들이나 속여 빼앗는 자들이나 우상숭배하는 자들을 도무지 사귀지 말라 하는 것이 아니니 만일 그리하려면 너희가 세상 밖으로 나가야 할 것이라 이제 내가 너희에게 쓴 것은 만일 어떤 형제라 일컫는 자가 음행하거나 탐욕을 부리거나 우상숭배를 하거나 모욕하거나 술 취하거나 속여 빼앗거든 사귀지도 말고 그런 자와는 함께 먹지도 말라 함이라"(고전 5:9-11).

고린도 교회에 심각한 문제가 발생했다.

성도 가운데 한 사람이 아버지의 아내(계모)를 자신의 아내로 취하는 사건이 발생한 것이다. 사도 바울은 이 같은 음행을 저지른 자에 대해 출교를 명했다. 그러나 이것은 형제라 일컫는 성도들의 공동체에 적용되는 일이지, 세상 사람들 가운데 음행하는 자들을 사귀지 말라고 명령한 것이 아님을 강조한다. 세상에 있는 음행하는 자들과 탐심에 사로잡힌 사람들, 속여 빼앗는 사람들이나 우상숭배하는 사람들이 있는 이 세상을 떠나서는 살아갈 수 없기 때문이다.

우리가 있는 일터가 이와 같다. 욕망을 따라 사는 사람들과 거짓과 술수를 사용하는 사람들, 우상숭배에 물든 사람들이 있는 곳이 바로 우리의 일터다.

우리는 이 같은 일터를 떠나서 살 수 없는 존재다. 곧 그리스도인들은 세상 속에서 살아가는 존재가 되어야 한다. 비록 세상은 죄악된 곳이지만 그 세상 속에서 그리스도인으로 살아가야 하는 것이 그리스도인의 분명한 사명이다.

2. 일터 문화에서 돋보이라

그리스도인은 이 세상에서 살아야 하지만 반드시 세상의 소금과 빛으로 살아야 한다. 세상의 소금과 빛으로 살기 위해서는 단순히 인내와 노력으로는 불가능하다.

그리스도인은 이 땅에서 스스로의 노력으로는 결코 빛이 되지 못한다. 어떤 사람도 빛으로 드러나지 못한다. 참 빛은 오직 예수 그리스도만이 가능하다. 예수님이 우리를 세상의 빛이라 말씀하신 것은 우리가 그리스도 안에서 죽고 부활의 주님이 내 안에서 사실 때만이 가능하다.

오직 주님이 역사하실 때만이 신앙인으로 구별된다. 모든 그리스도인은 세상의 소금과 빛의 정체성을 가지고 살아야 한다. 세상의 빛의 역할은 구체적으로 착한 행실로 나타난다. 내가 있는 일터에서 착한 행실로 드러나지 않는다면, 그것은 신앙인의 참모습이 아니다.

그리스도인은 세상에서 살아가야 하지만 반드시 세상과 구별되어야 한다. 이것이 예수님께서 가르쳐주신 신앙인의 구별된 삶이다. 문화는 일터의 현장에서 나타나는 삶의 모습이다. 그리스도인은 일터에서 하나님께서 원하시는 구별된 문화를 드러내야 한다.

그리스도인의 소금과 빛의 역할은 모든 삶의 현장에서 구별된 문화로 나타나야 한다.

3. 일터 문화의 물을 바꾸라

"또 비유를 들어 이르시되 천국은 마치 사람이 자기 밭에 갖다 심은 겨자씨 한 알 같으니 이는 모든 씨보다 작은 것이로되 자란 후에는 풀보다 커서 나무가 되매 공중의 새들이 와서 그 가지에 깃들이느니라 또 비유로 말씀하시되 천국은 마치 여자가 가루 서 말 속에 갖다 넣어 전부 부풀게 한 누룩과 같으니라"
(마 13:31-33).

우리는 일터에서 구별을 넘어 영향력을 끼칠 수 있어야 한다. 크리스천의 삶의 궁극적인 목표는 세상을 변화시키는 변혁자로서의 삶을 사는 것이다. 마태복음 13장의 말씀처럼 작은 겨자씨 한 알이 자라 나무가 되어 새들이 쉴 만한 나무가 되듯이 크리스천의 삶도 세상 속에서 성숙한 신앙을 통해 많은 사람들을 주님께로 인도하며 삶의 현장을 하나님께서 기뻐하시는 곳으로 회복하는 사명을 잘 감당해 나가야 한다. 또한 누룩이 눈에 보이지 않아도 전체를 부풀게 하는 것처럼 세상 가운데 선한 영향력을 미치는 사람들이 되어야 한다.

MONDAY CHRISTIAN

6

WHERE IS YOUR GOD?

다니엘의 일터 문화 바꾸기

다니엘은 바벨론 문화 속에서
어떻게 생존할 수 있었을까?

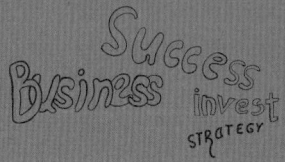

MONDAY CHRISTIAN

다니엘은 바벨론으로 끌려갔지만
그곳에서 승리하는 신앙인의 삶을 살았다.
다니엘은 율법에서 정한 부정한 음식을 거부함으로
신앙인으로 구별되기를 원했다.
율법에서 금하는 것은 먹지 않겠다고
신앙적 결단을 내리게 되었는데,
이것은 단순히 음식을 거부하는 것만을 의미하지 않고
특권을 포기하는 것이었다.
다니엘이 바벨론 문화에 적응했지만
구별된 삶을 살 수 있었던 이유는
하나님께서 주신 지혜가 있었기 때문이다.

다니엘의 바벨론 생존기

다니엘의 생존기(다니엘 1장)

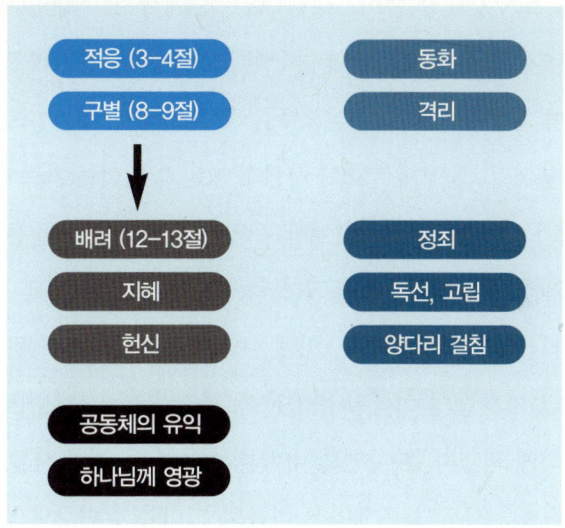

1) 적응

그리스도인은 이 땅 위에서 어떻게 살아야 할까? 세상은 심각할 정도로 부조리하고 두 사람 이상 모인 곳에서는 갈등과 다툼이 있다. 세상은 빈부갈등과 고통, 부정, 착취, 불평등, 불의 등 악의 세력으로 오염되어 있다. 이 같은 세상에서 그리스도인은 어떻게 구별된 신앙생활을 할 수 있을까? 세상의 소금과 빛으로 사는 삶은 실제로 가능할까? 이러한 세상에서의 구별된 삶을 위해 성경이 제시하는 것은 무엇일까?

　북쪽 이스라엘과 남쪽 유다가 망하고 바벨론에 볼모로 끌려가게 된 다니엘과 세 친구들을 보면서 이에 대한 해답을 갖기를 원한다. 그들은 이방신들을 섬기는 나라에서 하나님을 믿는 믿음의 삶을 포기하지 않고 승리하며 살았던 신앙인들이었다.

　바벨론 왕 느부갓네살은 이스라엘 자손 중에서 왕족과 귀족의 자제 가운데 흠이 없고 용모가 아름다우며 모든 지혜를 통찰하고 지식에 통달하며 학문에 익숙하여 앞으로 왕궁에 세울 수 있는 소년들을 데려오게 했고, 그들에게 갈대아 사람의 학문과 언어를 가르치게 했다. 다니엘과 세 친구가 고위직에까지 오른 것을 보면 이들은 갈대아의 언어와 학문에 탁월했으며 그 곳의 문화에 잘 적응했다.

　그런데 다니엘과 세 친구들은 바벨론에 동화되도록 강요된 문화에 직면했고 자신들의 이름이 바벨론식으로 바뀌는 창씨개명의 치욕을 경험하게 되었다. 다니엘의 바벨론식 이름은 '벨드사살'이다. 다니엘과 세 친구의 창씨개명된 이름의 의미를 살펴보면 바벨론에서 다니엘과 세 친구들이 처한 상황이 어떠했는지를 짐작하게 된다.

다니엘(하나님은 나의 심판자이시다) → 벨드사살(벨이 가장 아끼는 방백)

하나냐(여호와는 인자하시다) → 사드락(월신의 권세)

미사엘(하나님과 같은 이가 누구인가) → 메삭(아쿠신 같은 분이 어디 있으랴)

아사랴(여호와는 나의 구원이시다) → 아벳느고(느고 신의 종)

이러한 창씨개명은 다니엘과 세 친구의 정체성을 위협하는 일이었을 것이다. 다니엘과 세 친구가 갈대아 사람들의 학문과 언어를 익히고 바벨론식 이름으로 자신들의 이름을 바꾼 것은 자신들의 선택이 아닌 강압적인 요구였다. 그들에게는 선택의 여지가 없었다. 신앙을 포기하지 않는다면 이러한 상황은 매우 고통스럽고 혼란스럽게 다가왔을 것이다.

일제강점기 때에 한국인들은 창씨개명을 강요당했다. 일본식 이름을 사용하지 않으면 배급이 중단되었고 자녀들은 학교에 다닐 수 없었다. 기차표를 살 때에도 일본식 이름으로 개명한 증명서가 필요했다. 한국인의 삶의 모습을 없애려는 시도였다. 언어와 이름이 없어지고 일본 역사 중심의 교육을 받게 되면 한국인의 정체성을 잃어버리는 것은 시간 문제처럼 보였다.

이뿐 아니라, 다니엘과 세 친구들이 배웠던 갈대아의 학문은 점성술, 점술, 주술, 마술 등이었다. 다니엘과 세 친구가 이 가운데 있었다.

"박수장 벨드사살아 네 안에는 거룩한 신들의 영이 있은즉 어떤 은밀한 것이라도 네게는 어려울 것이 없는 줄을 내가 아노니 내 꿈에 본 환상의 해석을 내게 말하라……왕의 나라에 거룩한 신들의 영이 있는 사람이 있으니 곧 왕의 부친 때에 있던 자로서 명철과 총명과 지혜가 신들의 지혜와 같은 자니이다 왕의 부친 느부갓네살 왕이 그를 세워 박수와 술객과 갈대아 술사와 점쟁이의 어른을 삼으셨으니"(단 4:9, 5:11).

　다니엘은 박수장(Chief of magicians)이라는 지위에 있었으며(단 4:9; 5:11), 지금의 상식으로는 이해할 수 없는 역할을 감당했다. 박수장이란 박수와 술객과 갈대아 술사와 점쟁이의 책임자를 의미한다. 다시 말해서 무당들의 지도자로 삼았다. 다니엘은 바벨론의 종교 제의 교육을 받았으며 그 일을 감당했다. 창조주 하나님을 섬기는 다니엘이 우상 신들을 섬기는 종교적 제의를 감당하는 일의 책임자였던 것이다. 다니엘뿐 아니라 세 친구들도 바벨론의 신들을 섬기는 제의를 감당하는 일들을 했다. 느부갓네살 왕은 조직적이고 체계적으로 이스라엘 민족이 하나님 섬기는 일을 포기하게 하고 그들의 선민의식을 무너뜨리고자 했다. 결국은 이스라엘 자손들이 바벨론에 동화되어 이스라엘 민족의 정체성을 포기하게 하려는 정책이었다.

　바벨론에 끌려 간 이스라엘 자손들도 동일한 상황에 놓여 있었다. 이러한 바벨론의 압박과 탄압은 바벨론에서의 삶이 쉽지 않았다는 것을 충분히 짐작하게 한다. 그러나 다니엘과 세 친구는 하나님의 백성으로서 그 문화에 잘 적응해 나갔다. 다니엘이 후에 총리가 되고 그의 세 친구들도 높은 관직에 올랐던 것을 보면 그들이 바벨론의 언어와 학문에 정통하였다는 것을 짐작하게 한다. 그러나 이러한 적응 과정은 자신도 모르게 동화되기 쉽다. '동화'는 '적응'과 다른 의미이다.

2) 동화

동화란 '본래의 성질이나 성격이 다르던 것이 서로 같게 되는 것'을 의미한다. 그리스도인이 일터의 현장에 적응할 때에 신앙인으로서의 차이가 드러나지 않고 비신앙인처럼 살아가는 것을 의미한다. 점심식사 시간에 식사 기도하는 모습을 통해 그가 그리스도인이라는 것을 알 수도 있지만 일하는 현장에서는 특히 구별할 수 없는 것이 현실이다. 일터에서 그리스도인의 정체성과 구별된 삶이 나타나지 않는다면 이것은 동화되었기 때문이다. 일터에서는 비그리스도인과 차이 없이 지내다가 주일에 모인 교회에서 예배와 신앙활동을 통해 신앙생활이 드러난다면 신앙인의 구별된 삶이라 할 수 없다. 보통 이를 '잠수 그리스도인'이라고 한다.

월요일부터 토요일까지 잠수 상태이기 때문에 누구도 그가 그리스도인인지 모르는 것이다. 주일에만 교회에서 그리스도인으로 활동하는 것이다. 안타깝게도 어떤 그리스도인은 이러한 생활이 정상이라고 생각하기도 한다. 주일에는 성가대와 주일학교 봉사로 최선을 다하지만 일터에서는 그리스도인의 구별된 삶이 드러나지 않는다. 동화되면 그리스도인의 정체성이 혼란에 빠지며 신앙인으로서 어떻게 살아야 할지 분별할 수 없게 된다. 그리스도인이 일터에서 하나님의 자녀의 권세를 포기하고 비그리스도인과 동일한 직장인의 모습으로 살아간다면 이것은 사탄에 속고 사는 것이다. 사탄은 모든 그리스도인이 이중적 삶을 살도록 간교한 전략을 사용한다. 주일성수가 신앙생활의 핵심인 줄 알고 주일의 신앙활동만을 집중한다면 이것은 사탄의 전략이지 하나님께서 원하시는 신앙생활이 아니다.

일터에서의 구별된 삶을 알지 못하면, 삶의 방향성을 잃고 남들과 동일한 경쟁의 소용돌이에 휘말려 살게 된다. 신앙인은 비그리스도인과의 경쟁에서 항상 불리한 입장에 있다. 기독교 윤리를 준수하면서 경쟁에서 승리한다는 것이 매우 어렵기 때문이다. 정상적인 방법으로 생존하기 어려워 타협과 술수를 사용하는 경우가 많은데, 만일 신앙인이라면 분명하게 선을 긋고 구별되어야 한다. 구별된 삶이 쉽지 않기 때문에 그리스도인들은 언제나 세상의 문화에 동화되는 위기에 직면해 있다.

다니엘은 바벨론의 학문과 언어를 배우고 이름이 바벨론식으로 개명되면서 충분히 동화되는 위기에 직면했다. 이스라엘 자손의 정체성과 그들만의 언어와 학문을 잃어버릴 수 있는 상황으로 내몰렸기 때문이다. 그러나 누구보다도 탁월하게 바벨론 문화에 적응했던 다니엘은 동화되지 않고 마음의 결단을 내리고 구별되는 삶을 선택했다.

3) 구별

"다니엘은 뜻을 정하여 왕의 음식과 그가 마시는 포도주로 자기를 더럽히지 아니하리라 하고 자기를 더럽히지 아니하도록 환관장에게 구하니"(단 1:8).

다니엘과 세 친구는 볼모로 끌려 와 있었으며 자유롭게 선택할 수 있는 상황이 아니라 강요된 사회 속에 살고 있었지만 하나님을 믿는 신앙인으로서 구별된 삶을 살기를 원했다. 바벨론의 학문과 언어를 배우는 일은 선택의 여지가 없었지만, 느부갓네살 왕이 지정한 바벨론의 부정한 음식에 대해서는 구별되기 위해 결단했다. 왕이 지정한 음식은 부정한 동물이거나 우상에게 드려졌던 제물이거나 피가 뿌려진 율법에 저촉된 음식이었을 것이다. 다니엘은 율법에서 정한 부정한 음식을 거부함으로 신앙인으로 구별되기를 원했다. 율법에서 금하는 것은 먹지 않겠다고 신앙적 결단을 내리게 되었는데, 이것은 단순히 음식을 거부하는 것만을 의미하는 것이 아니라 특권을 포기하는 것이었다.

느부갓네살 왕이 지정한 식사자리는 유다뿐만 아니라 다른 나라에서도 선택된 왕족과 귀족의 자제들이 동참하는 곳이기 때문에 그런 자리에서 벗어나는 것은 출세를 포기하는 것과 같은 의미다. 그 식사자리는 친분을 쌓고 정보를 나누며 미래를 위한 연줄이 형성되는 곳이기 때문이다.

모든 그리스도인은 일터의 현장에 적응해야 한다. 일터의 현장에 적응하는 과정에서 하나님께서 기뻐하시지 않는 일들에 끊임없이 직면하게 된다. 동화되어 신앙인으로서 영향력 없고 맛을 잃은 소금이 되지 않으려면 대가를 지불해야 한다. 그리스도의 고난에 동참하지 않고서 구별될 수 있는 방법은 없다. 구별을 위한 값 지불이 없다면 누구라도 동화될 수밖에 없다. 모든 그리스도인은 구별된 삶을 살아야 하며 거룩을 추구하는 과정에는 반드시 십자가를 지는 일이 뒤따라야 한다. 이것이 그리스도인의 모습이며 하나님께서 요구하시는 성화의 과정이다.

나는 삶의 현장에서 구별된 삶을 살기 위해서 무엇을 하고 있는가? 실제 일터에서 구별된 삶은 쉽지 않다. 계란으로 바위 치기와 같이 너무도 분명한 한계 상황에 부딪힌다. 우리가 노력해서 얻게 되는 것이라면 그것은 굳이 믿음의 삶이라고 말할 필요가 없다. 믿음의 삶은 눈에 보이는 상황에 의지하지 않고 보이지 않지만 역사하시는 하나님만을 바라보는 삶이다.

그래서 구별된 삶을 살기 위해서는 하나님의 도우심이 반드시 필요하다. 하나님의 도우심 없이는 거대한 문화의 흐름 속에서 구별된 삶을 살아갈 수 없다. 구별된 삶을 살아가는 것은 바로 하나님의 도우심을 경험하는 간증의 삶을 살아가는 것을 말한다. 신앙 생활은 자신의 인내와 극기를 통해 최선을 다하는 삶이 아니라 하나님의 도우심을 구하는 삶이다. 바로 이러한 삶을 통해서만이 세상의 문화에 동화되지 않고 구별된 삶을 살아갈 수 있다.

다니엘과 세 친구는 구별을 위한 결단을 하고 하나님의 도우심을 경험했다. 하나님께서는 그들에게 지혜를 주셨으며 또한 그들의 결정에 대해 놀라운 결과로 역사하셨다. 다니엘과 세 친구는 하나님께서 그들과 동행하심을 간증할 수 있었다. 신앙인의 삶에는 하나님의 뜻에 따르고자 하는 결단과 하나님의 도우심에 대한 간증이 있어야 한다.

4) 격리

　세상 문화 속에서 구별된 삶을 살아가기보다는 그 문화에 휩쓸려 동화되거나 문화로부터 격리된 삶을 살아갈 때가 많다. 동화되지 않으려 하지만 구별된 삶의 방향성을 찾지 못하고 결국은 일터의 사람들과 조직으로부터 격리된 모습으로 살아가는 직업인들이 있다. 격리되는 것이 결코 편한 것은 아니다. 많은 것을 포기해야 격리될 수 있다.

　한국 사람들은 둘 이상이 자리를 잡으면 고스톱을 할 수 있다고 한다. 한국인들의 대표적인 놀이 문화다. 그런데 그리스도인이기 때문에 언제나 고스톱자리에 동참하지 않는다면 때로는 단절되는 아픔이 있다. 하지만 함께 하지 않는 자리에서는 선한 영향력을 미치기 어렵다. 회식자리에서도 마찬가지다. 술을 중심으로 하는 회식자리라 해도 신앙 때문에 거부한다면 일터에서 왕따가 되기 쉽다. 이런 삶의 모습으로는 직장생활을 지속하기가 여간 어려운 것이 아니다. 회식의 목적이 조직의 단합이나 성과를 달성한 결과에 대한 자축의 의미가 있거나, 누군가를 축하하기 위한 것이라면 그리스도인이 단지 술 때문에 분위기를 깨는 것은 현명하지 않은 처신이다.

　격리되는 삶으로는 선한 영향력을 미칠 수가 없다. 격리를 위한 나의 희생이 있었지만 조직이나 일터의 사람들 전체에는 도움이 되지 않는다. 격리되는 모습으로는 세상에서 소금과 빛으로 드러나는 삶이라 말하기 곤란하다. 또한 구별된 삶이라고 말하기도 적합하지 않을 때가 많다. 격리된 삶은 안티그리스도인이나 기독교에 배타적인 사람들을 양성하기도 한다. 때로는 격리될 수밖에 없을지라도 일반적으로 격리되는 것이 복음에 합당한 모습은 아니다.

다니엘은 바벨론 문화 속에서 격리된 삶을 살아가지 않았다. 다니엘 1장의 이 사건은 다니엘의 십대에 일어난 일이었다. 어린 나이에도 불구하고 격리된 삶을 살지 않고 구별된 삶을 살 수 있었던 것은 다니엘이 어린 시절부터 신앙교육을 제대로 받아왔기 때문이다. 다니엘의 모습을 통해서 주일학교 신앙교육의 중요성을 다시 한 번 생각해 보게 된다. 또한 가정에서의 교육도 매우 중요하고 필요하다.

5) 하나님의 도우심의 눈높이 경험 : 배려

그리스도인으로서 문화에 적응하되 구별된 삶을 살아가기 위해서는 가장 먼저 배려가 필요하다.

> "청하오니 당신의 종들을 열흘 동안 시험하여 채식을 주어 먹게 하고 물을 주어 마시게 한 후에 당신 앞에서 우리의 얼굴과 왕의 음식을 먹는 소년들의 얼굴을 비교하여 보아서 당신이 보는 대로 종들에게 행하소서 하매"(단 1:12-13).

다니엘의 바벨론생활은 긴장과 갈등의 연속이었다. 새로운 언어 습득을 위한 노력과 이방 문화의 적응 그리고 학습하는 과정에서 신앙인의 삶을 잃지 않기 위해 무진 애를 써야 했을 것이다. 우리가 일터에서 구별된 삶을 살기 위해 치러야 할 많은 일들이 다니엘에게도 있었다. 다니엘은 구별된 삶을 결단하고 세 친구들과 함께 환관장에게 요청할 때 자신들의 생각만을 주장하면서 나아가지 않았다. 그는 환관장의 입장을 배려하며 환관장이 난처해지지 않도록 하기 위해서 열흘 동안 채식만 먹게 해달라고 간곡히 부탁했다. 단순히 제사드린 음식을 먹지 않겠다고 격리된 대응을 한 것이 아니라 타인의 입장을 배려하여 윈-윈할 수 있는 대안을 찾게 된 것이다. 다니엘처럼 그리스도인들은 불신자의 입장을 배려해야 한다. 회사 회식자리에서 술을 거부하기 위해 돌출 행동을 한다면 전체 분위기를 깰 수 있다. 이 같은 행동은 다니엘의 처신을 고려해 볼 때에 지혜로운 방법이 아니다. 신앙인으로서 우리의 입장을 주장할 때에는 적어도 남의 입장을 배려하고 믿지 않는 불신자의 입장에 서는 현명함이 필요하다.

술 이야기가 나오면 신실한 그리스도인들은 매우 곤혹스러웠던 과거의 회식자리에 대해 털어놓는다. 결코 유쾌하지 않았고 생각하고 싶지도 않은 사건들도 있다. 때론 그 가운데서도 하나님의 도우심과 역사하심에 대한 간증이 있다. '술을 권하는 사회'인 한국에서 그리스도인에게 술자리는 자유롭지 못한 곳이다. 그러나 요즘 젊은 그리스도인들은 거의 개의치 않고 자기 소견에 옳은 대로 대처하는 분위기다. 회식자리에서 술을 거부감 없이 먹으며 어울리는 것이다. 문제는 이런 어울리는 삶에서는 구별된 모습을 보기가 어렵거나 아니면 신앙적인 갈등조차도 없다는 것이다. 그렇다고 회식이 있을 때 격리되는 모습으로는 일터의 생활을 지탱하기가 힘들다. 동화되기를 원치 않지만 달리 대안이 없기 때문에 격리되는 쪽을 택한 신앙인들이다. 과연 동화되지 않기 위해서는 격리되는 생활을 선택해야만 할까?

술을 먹는 회식자리가 매우 불편했던 그리스도인이 있었다. 회사는 성과를 달성할 때마다 회식을 했는데, 사장은 모든 직원들이 예외 없이 회식자리에 동참하기를 원했다. 회사는 팀웍을 위해서는 회식이 좋은 방법이며 달리 새로운 시도를 해볼 필요를 느끼지 못했다. 술을 취할 때까지 마시는 술 문화는 그리스도인에게는 매우 불편하고 그리스도인의 구별된 삶을 위협하는 상황을 만들기 때문에 신실한 그리스도인은 회식자리에서 분명한 거부 의사를 밝히는 것이 중요하다고 생각한다. 그러나 이 같은 거부의 태도는 전체의 분위기를 깨거나 아니면 눈 밖에 나는 행동이기에 직급이 높지 않은 그리스도인에게는 직장생활을 계속하기가 여러 모로 어렵게 만드는 요인이 된다.

이 문제로 갈등을 겪던 그는 하나님께 벗어날 길을 기도하던 중 한 가지 대안을 시도해 보기로 했다. 회식이 닥친 어느 날 부서장을 찾아가서 회식자리에 술 이외의 음료를 놓아도 좋은지를 물어보았다. 그리고 술자리에 미리 가서 자신의 비용으로 음료를 준비했다. 회식이 시작되었을 때 염려했던 것과는 달리 직원들은 필요에 따라 음료를 먹기도 하고 술을 마시기도 했다. 회식이 시작될 때 빈 잔을 들고 '회사의 발전과 사장님을 위하여'를 외칠 때가 있었는데 이제는 그럴 필요가 없어진 것이다. 그 이후 회사에서는 회식 때 술뿐 아니라 음료와 냉수도 비치하기 시작했다. 사실은 아무도 이 같은 새로운 시도를 하지 않았던 것이다. 하나님께 지혜를 구한다면, 회식자리 문제에 다양하게 접근할 수 있다.

양심선언의 방법도 있다. 안수집사가 된 김 부장은 교회에서 올해는 술을 마시지 않고 구별된 신앙인의 자세를 견지하기로 결단했다. 그런데 이제까지 적당히 어울리던 모습 때문에 부딪히게 될 상황으로 마음에 부담이 많았다. 이 문제를 가지고 하나님께 기도하며 어찌할 바를 모르다가 회식 때 공개적으로 선언하며 양해를 구했다.

"올해 안수집사가 되었기에 이젠 짝퉁 그리스도인으로 살지 않고 진실된 그리스도인으로 살기로 결단했으니 술을 마시지 않도록 도와주시기 바랍니다."

몇몇 직원들에게 이미 양해를 구했었기 때문에 대리운전이나 아니면 술을 마시지 않고도 함께 어울릴 수 있는 배려를 받게 되었다. 때로는 하나님 앞에서 먼저 결단하고 하나님의 도우심을 구하며 사람들 앞에서도 공개적인 선언이 필요하다. 회식자리에서도 함께 하시는 하나님의 역사를 경험하는 간증이 있어야 한다.

회사의 CEO라면 스스로 결정하고 행동하는 것이 크게 부담스럽지 않을 수 있다. 그러나 자신이 회사의 CEO가 아니더라도 회식자리에서 술을 마시지 않고 대처하는 여러 방법들이 있다. 회식이 시작되기 전에 회사의 사장이나 임원들을 위해 회식 이후에 집에 모셔다 드리겠다는 제안을 하면, 회식이 끝날 때까지 술을 마시지 않고도 함께 하는 것이 전혀 불편하지 않다. 사장이나 임원이 앞장서서 절대로 술을 못마시도록 보장해 주기 때문이다. 남을 섬기면서 회사의 조직과 공동체에 적극적으로 어울릴 수 있는 좋은 방법이다. 또한 이제는 이 같은 간증을 많이 듣는다.

동안교회에서 〈소명 아카데미〉를 진행했을 때 있었던 한 여자 집사님의 간증을 잊을 수 없다. 교사인 자신의 남편은 1년에 몇 차례 새벽에 귀가한다고 한다. 다른 사람들을 집까지 무사히 인수인계하고 오기 때문이란다. 그리고 전도 초청 주일이 오기 전에 그분들을 한 분씩 집으로 초대해서 복음을 전하거나 전도주일에 교회에 나올 것을 강권하는데 효과가 매우 좋다고 했다. 생각을 바꾸면 곤혹스럽게만 여겨지던 회식자리가 하나님께서 역사하시는 자리가 될 수 있다.

여러 교회에서 〈소명 아카데미〉를 시작한 이후 회식자리에 대한 구체적인 대안들을 제시했다. 실제적인 대안들을 제시했기 때문에 참여하는 성도들에게서 매우 좋은 반응을 얻었다. 그리고 자신의 일터에서도 적용하는 성도들의 간증이 들려왔다. 한 교회의 안수집사인 중소기업 사장님은 이전에는 회식을 다른 회사와 별반 다르지 않게 진행했다. 직원들이 술을 원하니까 술을 제공했고 자신만 술을 마시지 않으면 그만이었다. 그런데 강의를 듣는 중에 하나님께서 지혜를 주셔서 피자파티를 했다고 한다. 실제로 회식 때

피자파티를 하게 되니 소주나 맥주를 찾는 이가 없었다고 한다. 술 없이도 회식이 가능하다는 사실을 보게 된 것이다.

회식자리를 어떻게 하면 좋을지 고민하던 계열사 본부장이신 장로님 한 분이 있었다. 그는 회식 때가 되면 저녁 식사를 직원들과 함께 하고 2차는 노래방에서 직원들과 함께 어울리며 시간을 보낸다고 한다. 젊은 직원들이 즐겨 부르는 노래들은 가사조차 따라하기 쉽지 않고 기껏 자신이 할 수 있는 노래는 몇 십 년 전의 유행했던 가요이거나 찬송가가 대부분이라 어울리기가 힘들었다고 한다. 그럼에도 불구하고 성가대에서 활동했던 터라 탬버린으로 박자를 맞춰주는 것은 어렵지 않았다고 한다.

우리가 믿지 않는 주변의 사람들을 배려한다면 회식은 얼마든지 즐거운 시간으로 바뀔 수 있다. 적어도 갈등을 극대화시키거나 나로 인해 불편한 분위기를 만들지 않을 수 있다. 신앙생활은 삶의 현장에서 하나님께서 기뻐하시는 문화적 변화를 위해서도 영적 싸움을 싸워야 한다. 하나님께서는 일터의 회식자리에서도 함께 하시며 역사하시기를 원하신다.

6) 정죄

군대생활 회식 때의 일이다. 신앙생활을 함께 하던 동료 병사가 회식 때 술을 굉장히 많이 마시는 것을 보고 그에게 정죄의 눈길을 보냈다. 그러나 그는 절제하지 못하고 술을 취하도록 마셨다. 그로 인해 타인에게 피해를 주거나 문제를 일으킨 것은 아니었지만 그도 회식이 끝난 이후에 내게 다가와 잘못을 인정했다. 그러나 나는 그를 이해해 주고 용납해 주지 못했다. 그는 그 이후, 신앙활동에 참여하지 않았고 나와의 관계도 소원해졌다. 만일 그때에 그를 용납하고 정죄하지 않았더라면 그는 더 헌신적인 그리스도인이 되었을 것이다.

나는 격리된 모습을 지탱하기 위해 몸부림을 치면서 그렇지 않고 무너진 다른 신앙인을 정죄했던 것이다. 지금 그 때를 돌이켜 보면 나의 미숙한 신앙으로 실족하게 만든 동료 병사에게 미안한 마음을 금할 수 없다. 술을 마시고, 안 마시고보다 더 중요한 것은 그가 지속적으로 신앙생활을 잘 하도록 돕는 일이었다. 그 당시에는 바른 기준을 갖지 못했다.

격리된 그리스도인은 세상의 문화에 동화되어 가는 신앙인을 정죄한다. 왜냐하면 격리된 그리스도인은 세상의 문화에 동화되는 것을 죄로 간주하기 때문이다. 그래서 이원화된 문화관을 가지게 되기도 하고 바리새인과 같이 왜곡된 거룩을 추구하기도 한다.

정죄는 좋은 대안이 되지 못하며 오히려 대인관계를 손상시킨다. 격리된 그리스도인은 타인을 정죄하기 때문에 원만한 대인관계를 맺기 힘들며 공동체나 세상의 조직에서 불편한 존재가 되고 만다.

7) 하나님의 도우심 : 지혜

문화는 프리즘과 같다고 했다. 문화는 역사의 흐름에 따라 그리고 상황에 따라 다양하게 표현되며 개인의 선호에 따라서도 다르게 나타나기 때문에 세상의 문화 속에서 격리와 독선이 아닌 구별된 삶을 살아가기 위해서는 지혜가 필요하다. 이 지혜는 창의적인 접근과 나 아닌 다른 사람을 배려하고 존중하고자 하는 다양성을 인정할 때에 생긴다. 그리스도인이 삶의 현장에서 하나님께 지혜를 구하며 나아간다면 하나님께로부터 오는 지혜로 말미암아 세상 문화에 적응하면서도 구별될 수 있는 다양한 방법들을 경험할 수 있다.

지혜가 부족하다면 모든 지혜에 풍부한 하나님께 기도하며 하나님께서 역사하시기를 구한다면 오히려 일터의 현장에서 충돌할 수 있는 문화적 현장이 하나님의 역사를 경험하는 간증의 현장이 될 수 있다. 그리스도인은 구별된 삶을 살기 위해 항상 기도하면서 창의적인 방법을 찾고자 노력해야 한다.

8) 독선

신앙의 연수가 오래 되었어도 가까이 하기에는 불편한 사람들이 있다. 그런 신앙인의 특징은 독선과 아집이 강하게 드러나곤 한다. 자신은 옳고 타인은 잘못되었다는 편견으로 남을 판단하고 비판한다. 그리스도인으로서 배려가 아닌 독선의 태도를 가지고 사는 것은 성숙한 신앙인의 모습이 아니다. 독선적인 태도는 세상 문화를 무시하거나 거부함으로 인해 세상에서 고립될 뿐 아니라 자신을 스스로 왕따시킬 뿐이다. 독선적인 태도는 지혜 없는 대처이며 독선은 스스로를 더욱 고립시키는 올가미와 같다. 독선적인 사람은 불편한 대인관계를 계속해서 만들 뿐이다. 그래서 자신이 속해 있는 그룹에 좋지 않은 영향을 미치게 된다.

9) 양다리 걸침

주변에서 가장 흔한 그리스도인의 모습은 양다리 전략을 취하는 것이다. 손해보지 않으려 하고 어떤 상황이든지 이득을 취하려 하면 양다리 전략을 갖게 된다. 기독교 회사에서 회사 야근이 있을 때는 교회가야 한다고 정시 퇴근을 하면서도 해외연수를 가거나 승진과 관련된 때에는 교회의 불출석을 개의치 않고 행하는 사례가 그것이다. 양다리 걸치는 식의 접근은 세상적 처세술이며 이런 모습으로는 선한 영향력을 미칠 수 없고 믿지 않는 사람들로부터 인정받을 수 없다.

그리스도인의 삶의 특징은 언제나 좁은 길로 가야 한다는 것이다. 남들이 가는 길, 누구나 쉽게 갈 수 있는 길, 폭 넓게 열려 있는 길은 일반적으로 하나님을 따르는 믿음의 삶이 아니다. 그리스도인의 삶은 고난의 길을 따르는 손해 보는 길이다. 그리스도인으로 살기를 결단한다면 그리스도로 말미암아 손해를 기꺼이 감수하겠다는 헌신이 필요하다.

10) 자기헌신

헌신은 순교적 자세로 자신의 특권을 포기하는 것이다. 순교적 자세는 예수님의 섬김과 십자가 희생을 자신의 삶의 현장에서 실천하는 삶이다. 자신의 이익을 챙기려는 삶이 아니라 자기희생을 통해 직장 내의 다른 사람을 섬기고 구별된 삶을 살아가는 것이다. 구별되기 위해서는 자기헌신이 필요하다. 우선 나 자신부터 십자가의 희생의 자세가 필요하다. 다니엘은 자기헌신의 삶을 살아갔다. 또한 그는 각종 진수성찬을 마다했을 뿐 아니라 왕에게 좋지 않은 빌미가 될 수 있는 정치적 희생도 감수했다. 신앙을 위해 그가 누릴 특권을 포기한 것이다.

신앙을 위해 자신의 특권을 포기하면 많은 희생과 손해를 감수해야 한다. 교회는 힘써 하나님의 영광을 위해 십자가 희생에 적극적으로 동참하도록 가르쳐야 한다. 이러한 헌신을 가르치지 않거나 또는 실천해 나가도록 지지해 주지 않을 때 우리는 세상과 하나님 사이에서 양다리를 걸치는 뜨겁지도 차지도 않은 삶을 살아가는 불행한 삶이 될 것이다.

11) 공동체의 유익

나의 구별된 삶이 공동체의 유익이 되고 하나님께 영광이 되어야 한다. 세상 문화에 대해 격리적인 방어적 자세를 취하게 된다면 선한 영향력을 끼치기 어렵다. 우리가 속한 공동체의 유익이 하나님의 영광을 드러내는 것에 저해되지 않는다면 다니엘과 세 친구처럼 구별된 삶으로 문화에 적응해야 한다. 또한 더 나아가 문화를 개혁적 관점에서 변화시키는 삶의 결단을 해야 한다.

일터 문화에서 그리스도인으로 살아남기

회식 문화

"하나님께서 지으신 모든 것이 선하매 감사함으로 받으면 버릴 것이 없나니 하나님의 말씀과 기도로 거룩하여짐이라"(딤전 4:4-5).

"그러므로 만일 음식이 내 형제를 실족하게 한다면 나는 영원히 고기를 먹지 아니하여 내 형제를 실족하지 않게 하리라"(고전 8:13).

"고기도 먹지 아니하고 포도주도 마시지 아니하고 무엇이든지 네 형제로 거리끼게 하는 일을 아니함이 아름다우니라"(롬 14:21).

어느 날 은행의 부행장으로 있는 집사님으로부터 전화를 받았다. "회식자리에서 술 한 잔도 신앙인에게는 문제가 됩니까?"라는 내용이었다. 경기도 지점장들과의 회식자리에서 한 잔의 술을 먹었는데, 그 곳에 함께 했던 그리스도인에게 그 일이 거슬리지 않을까 하는 염려가 있었던 것이다. 한 잔의 술로 취한 것도 아니고 실수한 일도 없지만 한국적 상황에서 그리스도인은 술 먹는 것을 금기시하기 때문에 어떻게 하는 것이 신앙적으로 문제가 없는지를 확인하기를 원했던 것이다.

또 다른 상담 사례는 회사 업무상 술자리에 자주 나가는 성도였다. 십여 년 동안 죄책감은 들었지만 어쩔 수 없다고 생각하며 술자리에 참여했었다. 이제 안수집사가 되었으니 이 문제를 해결해 보고자 어렵게 상담을 요청했다. 이럴 경우에 우리는 항상 정해진 답변이 있는 것이 아니라 개인의 상황에 따라 가장 적합한 답변이 무엇인지를 찾는 것이 중요하다.

첫째, 먼저 술에 대한 성경적 이해다. 성경에는 술에 대해 긍정과 부정의 의미가 다 기록되어 있다. 긍정적 의미로는 사람의 마음을 기쁘게 하는 포도주에 대한 언급(시 104:15)과 즐거운 마음으로 포도주를 마실 것을 언급했다(전 9:7). 또한 디모데에게는 병 치료를 위해 포도주를 쓸 것을 사도 바울이 권면했다.

부정적 의미는 창세기 9:20-27에서 술 취함으로 인한 노아의 망령된 행동을 기록했고, 잠언 23:29-34에서는 술 취함이 주는 심각한 문제를 기록했다. 그럼에도 불구하고 예수님의 첫 번째 이적이 가나의 혼인잔치에서 물을 포도주로 만드시는 사건이었다. 술은 비윤리적인 것이 아니라 어떻게 사용되는가에 따라 전혀 다른 의미를 갖는다.

둘째, 한국적 상황에서의 술에 대한 이해다. 한국의 문화적 상황에서는 술을 먹는 것이 개인의 선택이 아니다. 유교적 영향으로 술을 권하는 것은 위계질서의 확인이며 술을 거부하는 것은 아랫사람일 경우에는 윗사람에 대한 무례한 반응으로 이해된다. 한국 사회에서는 술을 권하는 것이 지극히 당연하고 술을 거부하는 것은 조직과 공동체에서 돌출행동에 속한다. 또한 술 취함에 대해 관대하여 술을 먹을 때에는 취할 때까지 먹거나 아니면 방탕한 행동을 행할 때에도 용납되는 분위기다.

그래서 한국의 초대 교회에서는 성도들이 술을 먹지 않는 것이 경건에 유익하다고 판단하여 술을 윤리적 차원에서 금지시켰던 것이다. 즉 한국적 상황에서 교회가 술을 윤리적인 문제로 규정한 것이다.

셋째, 초대 교회에 있었던 우상 제물에 대한 사건이 오늘날의 술에 대한 성경적 기준을 세우는 좋은 예가 된다. 사도 바울은 고린도 교회를 향하여 결론적으로 제안하기를 "만일 음식이 내 형제를 실족하게 한다면 나는 영원히 고기를 먹지 아니하여 내 형제를 실족하지 않게 하리라"(고전 8:13)고 강조했다. 또한 로마 교회를 향해서도 "고기도 먹지 아니하고 포도주도 마시지 아니하고 무엇이든지 네 형제로 거리끼게 하는 일을 아니함이 아름다우니라"(롬 14:21)고 했다.

결론적으로 술에 대한 크리스천의 자세는 회식자리에서 격리되어서는 안 되지만 구별되는 삶을 위해서는 모든 행동에 대해 깨어 있어야 한다는 것이다. 나의 술 한 잔이 연약한 크리스천의 신앙을 흔들리게 할 수 있기 때문에 지혜롭게 술을 거절할 수 있어야 한다. 구별되기 위한 다양한 방법들은 앞서 언급했다. 중요한 것은 나로 인해 회사의 공동체나 조직의 회식 목적이 손상되지 않도록 불신자의 입장에 서서 배려하는 지혜가 필요하다.

넷째, 술뿐만 아니라 직업인으로서의 변화된 삶도 결단해야 한다. 신앙인으로 구별된 삶을 사는 것은 단지 술에 국한되지 않아야 한다.

한국 교회의 성도들은 지나치게 술과 담배로 신앙생활을 판단하는 잘못된 기준을 갖고 있다. 일터에서의 신앙생활은 술뿐만 아니라 업무와 대인관계에서도 하나님 앞에서 부끄럼 없도록 거룩한 삶을 추구해야 한다. 신앙인으로서 말과 행동 그리고 업무에서는 선한 영향력을 드러내지 않으면서 술과 담배에 대해서는 매우 격리된 태도를 갖는다면 불신자들이 볼 때 참 신앙인의 모습이 무엇인지 혼동하게 된다. 업무에서도 신앙인으로서 정직하고 성실할 뿐 아니라 대인관계에서도 그리스도의 향기를 드러내는 삶이 강조되어야 한다.

오락, 애경사 문화

"보라 내가 너희를 보냄이 양을 이리 가운데 보냄과 같도다 그러므로 너희는 뱀같이 지혜롭고 비둘기같이 순결하라"(마 10:16).

구정이나 추석 명절 때 모든 가족이 모이면 누군가로부터 시작하여 고스톱을 한다. 적은 돈이지만 고스톱의 재미를 위해 돈을 걸게 되고 이런 상황에서 어떻게 처신해야 좋을지 난감할 때가 있다. 즐거운 명절날 함께 즐기고자 고스톱하는 분위기에서 그리스도인이 참여하는 것이 좋을까? 그렇지 않으면 참여하지 않는 것이 더 바람직할까?

이런 상황은 아직도 많은 그리스도인 가족들이 명절 때 경험하는 일이다. 이런 상황에서 그리스도인이라면 어떻게 대처해야 좋은지 성경적으로 분별이 필요하지만 우리는 각자 소견에 옳은 대로 대처하고 있다.

고스톱은 놀이 문화다. 한국에서 가장 보편적으로 하는 놀이라고 할 수 있다. 그리스도인은 뱀같이 지혜롭고 비둘기같이 순결한 행동 원리가 필요하다. 그리스도인은 이러한 상황을 거부하기만 할 것이 아니라 실제적인 대안을 제시해야 한다.

첫째, 놀이 문화에는 창의적인 접근이 필요하다. 고스톱을 할 때 재미로 돈을 걸고 하기 원할 때 너무 민감하게 반응할 필요가 없다. 도박의 성격이 아니라면 자유로울 필요가 있으며 함께 즐겁게 시간을 보내는 것이 좋지만 먼저 중요한 제안을 하는 것이 좋다. 가족이 함께 하는 놀이 문화니 고스톱을 하면서 나온 돈은 개인이 소유하는 것이 아니라 모두를 위해 함께 하는 저녁 회식이나 간식으로 사용하는 것이다.

또는 고스톱의 대안으로 가족이 함께 참여할 수 있는 여러 게임

(윷놀이, 장기, 카드놀이, 우노게임, 체스, 볼링게임 등)으로 대처하는 방법이 있다. 이를 위해서는 명절이 아닌 보통 때에도 특기별, 취미별 활동이나 부부동반, 가족동반 행사가 필요하다.

둘째, 회사의 경우에 산행이나 연극, 공연, 영화 관람 또는 놀이동산 등으로 바꾸는 경우도 늘어나야 한다.

셋째, 오락만을 위한 활동을 사회봉사 차원으로 승화시킬 수 있다. 무의탁 노인, 소년소녀 가장, 장애인 등의 기관을 방문하여 봉사하는 것이다. 그렇게 하기 위해서는 월 1회 또는 1년 중 정해진 날에 이 같은 기관을 대상으로 봉사하는 사회봉사단체나 교회 활동 등의 섬김을 활용할 수 있다. 또는 전문 기능을 가진 사람들이 팀웍을 이뤄 동,하계 농어촌 내지는 사회구제 봉사활동을 정례화하는 것도 좋다.

교회는 애경사와 놀이 문화에 대해 열려 있어야 한다. 세상적 방법이 아니라 신앙의 공동체도 할 수 있는 구체적 대안을 찾도록 해야 한다.

기독교 문화가 가정에 뿌리내리지 못하고 있는 한국 상황에서 무비판적으로 행해지는 고스톱을 거부할 것이 아니라 성경적인 대안을 제시해야 한다. 대중 문화에 있어서 방송국이 반기독교적인 프로그램을 만들어 간다면 신실한 크리스천 피디를 통해서 방송이 크리스천 문화로 바뀔 수 있도록 할 수 있다. 세상적인 놀이 문화에서 교회가 주도하는 크리스천 문화를 형성해 가는 작업이 필요하다.

무속 문화

신앙생활을 시작한 지 1년이 지난 초신자가 있다. 그는 직원이 열 명 남짓한 작은 건설회사에 나가는데, 새 사업이 진행될 때마다 사장님은 직원들에게 돼지머리 고사에 참여해 절할 것을 요구한다고 한다. 건설의 현장은 항상 위험에 직면해 있기 때문에 고사를 통해 안전을 기원하는 것이다. 그는 신앙을 갖기 전에는 부담 없이 참여했었는데 교회에 다니며 신앙생활을 알아가면서 이제는 이 문제가 갈등으로 다가오게 되었다. 그가 상담을 요청한 내용은 이런 상황에서 어떻게 해야 하는가였다.

돼지머리 고사에 참여하여 절하는 것은 십계명에 위배되는 것이 맞다. 그리스도인이라면 결코 참여하면 안 되는 것이다. 문제는 신앙생활을 시작한 지 얼마 되지 않은 초신자가 어떻게 이런 상황에서 지혜롭게 대처할 수 있는가를 생각해 보아야 한다. 목회자가 제시하기 전에 이 초신자도 이것이 잘못되어 있다는 것을 알고 있기 때문에 상담을 요청한 것이다. 그에게 정답보다 더 중요한 것은 이후에도 그가 지속적으로 신앙생활을 하고 신앙이 성장하도록 도와주는 것이다.

그는 신앙생활을 시작한 직후에는 돼지머리 고사에 참여했다고 한다. 여전히 어떤 의미인지 잘 모르고 있었기 때문이다. 그런데 이제 명확하게 그것이 성경에 어긋난다는 것을 깨닫게 된 이후에는, 자신의 태도에 대해 스스로도 감당하기 어려운 문제들이 있다는 것이다. 자신이 아직도 신실한 그리스도인으로 훈련되지 않았고, 신앙인으로 보기에는 여러 모로 부족한 상태라고 생각되었던 것이다. 자신이 고사에 참여하지 않는 것은 그리스도인으로서 마땅한 자세임을 알게 되었지만, 자신의 신앙으로는 부담스러웠던 것이다.

실제로 일터의 현장에서 구별된 삶을 산다는 것은 쉽지 않다. 일터에서 안수집사나, 장로의 신분을 밝히면 그 때부터 모든 것을 그런 신앙인의 수준으로 기대하기 때문에 운신의 폭이 좁아지게 마련이다. 단순히 고사에 참여하지 않거나 술 마시는 회식자리에서 구분되는 것만이 아니라 삶의 모든 영역에서 구별되어야 한다는 부담을 감당해야 하기 때문이다.

고사를 지내는 목적은 회사나 단체의 발전을 위해 신에게 제사드리는 무속행위라고 할 수 있다. 지금도 많은 곳에서 무속행위가 행해지고 있다. 심지어 인공위성 발사를 위해서도 고사를 지내는 실정이다.

이러한 무속 문화는 왜 이렇게 널리 확산되게 된 것일까? 그것은 자신이 하고 있는 일들을 신의 도움으로 잘 되게 해달라는 인간적 욕심에서 비롯된 것이라고 할 수 있다.

그리스도인은 고사를 지내는 목적보다 고사를 통한 무속 행위를 용납할 수 없는 것이다. 그래서 신앙의 양심에 위배되는 고사에 참여하기보다 그리스도인으로서 회사를 위해 기도하는 자세가 필요하다. 이와 같은 자세라면 고사에는 참여할 수 없지만 하나님께 기도함으로 회사의 발전을 위하겠다고 책임자에게 정중히 말하는 것이 지혜로운 처신이다. 실제로 회사를 위해 기도제목을 세우고 열심히 기도함으로 하나님의 역사를 경험하는 일들이 있어왔다.

주일성수

웨딩사업을 하는 집사님 한 분이 상담을 요청했다. "웨딩사업은 일요일(주일) 영업을 하지 않는다면 사업 자체가 불가능한데, 저는 사장이기 때문에 주일에 예배도 드리고 신앙훈련도 받을 수 있지만 직원들은 곤란한 상황입니다."라고 했다. "직원 가운데 그리스도인이 있습니까?"라고 묻자, 그분은 "2-3명이 있었지만 지금은 신앙생활을 제대로 하지 못하고 있습니다."라고 대답했다. 아침에 예배를 드리고 일할 것을 제안했지만, 다른 직원들의 눈치와 일요일 업무가 이른 아침부터 시작되기 때문에 쉽지 않은 상황이라는 답변이었다. 그분은 웨딩사업이 단순히 결혼식뿐 아니라 신혼여행 등 복합적인 서비스를 진행하고 있기 때문에 일요일(주일) 영업이 불가피하다고 하소연했다.

경찰서, 병원, 소방서와 같은 공공기관, 버스, 전철 같은 대중교통 수단, 방송국, 백화점, 호텔 등의 일상생활에 필요한 곳에서는 주일에 업무를 해야 하는 사람들이 있다. 서비스업이 점점 늘어갈수록 주일에도 일을 해야 하는 직업인들이 점점 많아지고 있다. 백만이 넘는 청년실업과 가정의 경제적 책임을 위해 직장을 구하는 사람들은 직업을 구하는 것이 매우 중요하다. 어렵게 취업한 직장이 주일에 근무를 요구하게 된다면 신앙을 위해 그 직장을 포기하고 다른 직장으로 옮겨야만 할까?

그리스도인에게 주일성수는 매우 중요하다. "주일성수는 주일을 거룩하게 지키자."라는 것이다. 주일은 공식 예배 참석과 기도와 묵상과 찬송과 성경연구와 전도와 구제 그리고 선한 사업을 통해 하나님께 영광을 돌리고 성도 간의 교제에 힘쓰는 일을 중심으로 해야 한다고 신앙인은 교육받아 왔다. 실제로 건강한 신앙생활을 위해서는 주일성수가 매우 중요하다. 그래서 성도들은 그리스도인으로서 구별된 삶을 살기 위해 주일성수를 철저히 지키고자 노력해 왔다. 신앙을 위해 1주일에 하루는 구별하여 지키고자 했기에 주일성수는 한국 교회의 성장에도 기여했다.

그러나 주일성수를 강조하면서 해결해야 할 중요한 일들이 있다. 그리스도인이 주일성수를 위해 일요일에 일해야 하는 직업을 갖지 않는다면, 사회의 많은 영역은 결코 그리스도인이 들어가지 않을 것이며, 그 곳에서 일을 하는 사람들은 신앙을 갖지 못하는 황당한 결과가 나타날 수 있다. 특히 방송국과 병원, 백화점, 경찰서, 운송업 등 일상생활에 커다란 영향을 미치는 많은 일터가 비그리스도인으로만 구성될 것이며, 그 일터에는 하나님의 나라가 임하도록 헌신된 그리스도인이 없게 될지 모른다.

결국 많은 일터가 비기독교적인 문화에 매몰되어 사회에 더 부정적인 영향을 미칠 수밖에 없게 된다. 매스컴으로 인해 교회에 대한 왜곡된 내용이 전달되는 경우도 사실은 그 일터에 진실한 그리스도인이나 성숙한 그리스도인이 없기 때문이다. 또한 신앙생활을 시작하게 된 어린 그리스도인에게는 주일성수를 위해 직장을 포기하고 다른 직장을 찾아나서라는 결단을 요구할 수 없고 신앙이 어린 그리스도인이 그렇게 포기하는 순종을 선택하기도 쉽지 않다. 그들은 오히려 그런 상황에서 신앙 공동체를 떠나거나 신앙을 저버릴 수도 있기 때문이다.

직업을 포기하고 다른 직업을 얻는다는 것은 누구나 감당할 수 있는 작은 일이 아니다. 신앙을 위해 다른 직장을 구한다는 것이 모든 그리스도인에게 하나님의 뜻이 아니라는 것이다. 사회에 해악을 끼치는 비윤리적인 직업이라면 마땅히 피해야 하지만, 사회를 위해 필수적인 직업들 가운데 주일에 업무를 해야 하는 직업이라면 그리스도인이 어떻게 대처해야 할지 지혜가 필요한 시대다.

병원, 호텔, 백화점, 운송업, 방송국 등에서 일하는 사람들에게도 복음은 필요하고 그 곳에도 하나님의 뜻대로 살아가는 그리스도인이 있어야 하기 때문에 성경적인 대안이 무엇인지 분별할 필요가 있다. 구약 시대의 이방인들은 하나님의 메시지를 들을 기회가 없었고 구원으로부터 소외되어 살았다. 주일에 일해야 하는 직업인들이 이와 같은 상황에 내몰린 것이다. 하나님께서는 모든 곳에 복음이 임하기를 원하시며 복음에서 격리시키는 일을 원치 않으신다. 어떤 이유에서든지 복음과 단절된 상황을 만드는 것은 하나님의 뜻이 아니다. 주일 업무가 있는 그리스도인이라도 할 수만 있으면 주일에 예배를 드리는 방법을 찾아볼 수 있다. 주일 첫 예배를 드리고 일터에 나가든지, 아니면 주일 업무 중에 점심시간을 통해 예배를 드릴 수 있는 방법을 찾는 것이 좋다. 그러나 백화점 같은 일터는 일요일이 매우 분주하기 때문에 그 곳에서 일하는 그리스도인은 월요일에 예배를 드리는 경우도 많이 볼 수 있었다. 주중에 가능한 날에 자신이 속한 지역 교회의 목회자를 초청하여 일터의 현장에서 예배드리는 일을 찾아보는 방법도 있다. 일터에서 주일성수가 어렵더라도 신앙생활로부터 소외되지 않도록 다양한 대안을 찾도록 해야 한다. 신실한 그리스도인은 예배를 드릴 수 있는 가능한 요일을 찾고, 예배를 통해 믿음이 연약한 형제들이 힘을 얻고, 또한 불신자들에게 적극적으로 전도하는 기회를 삼아야 한다. 호텔에서 근무하던 한 그리스도인은 전도를 통해 신앙인의 모임을 만들고 월요일에 가까운 지역교회에 요청을 하여 예배를 드렸다고 간증했다.

주일성수는 신앙인의 가장 기본적이며 중요한 일이다. 그렇지만 주님은 월요일부터 토요일까지도 하나님을 중심으로 예배드리는 신앙생활을 원하신다. 모든 그리스도인은 주일성수를 통해 세상의 소금과 빛으로 살아갈 뿐 아니라 평일에도 일터의 현장에서 주일성수의 참의미를 회복하는 일을 경험해야 한다.

우리는 크리스천으로서 세상 문화에 동화된 삶이 아니라 적응된 삶을 살아가야 한다. 또한 격리된 삶이 아닌 구별된 삶으로 나아가야 한다. 그래서 세상의 문화 속에서 구별됨으로 크리스천으로서의 소금과 빛의 사명을 잘 감당해 나가야 한다. 적응과 구별된 삶을 살아가기 위해서 우리는 세상 사람들에 대한 배려의 마음을 가져야 한다. 배려의 마음을 통해 세상 사람들을 전도할 수 있는 문이 열리게 될 것이다.

창의적인 접근과 다양성을 인정하는 지혜가 필요하다. 일상생활은 단순한 도식과 같지 않기 때문에 주님께 지혜를 구하며 구별된 삶을 위한 영적 싸움이 필요하다. 이를 위해 말씀과 기도의 삶에 견고하게 서 있어야 한다. 무엇보다도 그리스도인의 삶은 섬김을 통해 나타나야 한다. 세상 속에서 섬김을 통한 헌신은 문화를 개혁할 수 있는 원동력이 될 것이다. 이러한 섬김의 삶을 통해서 자신이 속해 있는 공동체(교회, 가정, 일터, 학교)가 변화되는 놀라운 기적을 경험해야 한다.

"주님의 나라가 이 땅에 임하옵소서." 주님께서 가르치신 기도처럼 주님의 통치가 내가 있는 삶의 현장에서 경험되어야 한다. 격리와 독선의 태도를 버리고, 배려하며 지혜와 헌신을 통해 세상의 문화가 변혁되는 것을 기대해야 한다. 모든 그리스도인은 우리가 속해 있는 공동체가 생명의 공동체로 변화되며 온전히 하나님의 영광이 높아지는 그 감격의 일들을 경험하도록 기도해야 한다. 바로 나를 통해 역사하시는 살아계신 하나님을 경험해야 한다.

MONDAY CHRISTIAN
WHERE IS YOUR GOD?

MONDAY CHRISTIAN

7

WHERE IS YOUR GOD?

일터에서 뒤엉킨 대인관계 매듭풀기

일터에서 피할 수 없는 갈등을
지혜롭게 극복하라.

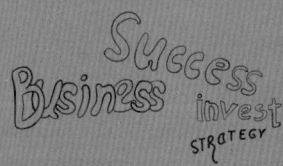

MONDAY CHRISTIAN

직장인 열 명 중 여섯 명은
직장상사와 잦은 갈등을 겪고 있다.
그리스도인에게 일터에서의 갈등은
피해갈 수 없는 필연적인 문제다.
지혜롭게 극복할 수 있는 지혜가 필요하다.

그리스도인 직장인이 일터에서 신앙인으로 살아갈 때 가장 어려운 일이 무엇일까? 가장 큰 어려움은 업무적인 것보다 대인관계의 갈등으로 인한 고통과 상처다.

어느 대형 교회에서 '직장에서의 대인관계의 갈등과 성경적 대안'이라는 주제로 강의를 부탁받았다. 나는 강의하기에 앞서 먼저 "일터에서 대인 갈등으로 고통받고 있거나 어려움이 있는 분들은 손을 들어보시기 바랍니다."라고 말했다.

눈을 감고 손을 들어보게 한 결과는 충격적이었다. 20-30% 정도가 대인관계의 어려움을 인정했다. 이곳에 모인 사람들은 모두 직장선교를 하기 위해 모인 열정적인 그리스도인들이었다. 신앙이 좋아도 대인갈등의 문제는 결코 가볍게 여길 수 있는 것이 아니다.

직장생활에서 가장 중요한 두 가지는 무엇일까? 아마도 첫 번째는 승진일 것이다. 어느 영업부 팀장은 승진시험에서 탈락하자 곧 사표를 내고 회사를 그만두었다. 그 사건은 충격이었다. 신실한 직장인이었는데 승진에서 누락된 것을 감당하기가 쉽지 않았던 것이다.

직장생활에서 승진 문제는 중요한 의미를 갖는다. 회사 내의 지위와 역할에 결정적인 영향을 미치고 또한 연봉에도 관계가 있다.

승진은 현재의 직장에서 인정받고 있다는 것을 확인하게 할 뿐 아니라 미래에 대한 자신의 모습을 기대하게 한다.

직장생활 속에서 승진을 한다는 것은 소속된 회사 내에서 인정을 받고 있다는 의미를 뛰어 넘어 포괄적인 영향을 미치게 된다. 물론 직장생활에서 승진한 것이 참된 그리스도인임을 증명하는 방법은 아니다.

승진과 함께 직장생활에서 빼놓을 수 없는 것이 대인관계다. 대인관계는 그 일터에서 계속해서 일할 수 있는가, 없는가를 결정하는 요인이 된다. 직장상사와 갈등이 생기면 이직과 전직을 생각하게 된다. 불편한 대인관계를 지속하면서 일터에서 일할 수 없기 때문이다.

일반적으로 격무로 인한 고통과 어려움보다 대인갈등으로 인한 고통이 더 크게 작용한다. 대인관계와 관련된 내용은 매우 방대하기 때문에 이곳에서는 대인관계에서 필연적으로 나타나는 갈등과 그것에 대한 성경적 대안을 생각해 보자.

데일 카네기(Dale Carnegie)는 성공한 사람들이 공통점은 기술적 지식보다 원만한 인간관계와 사람을 이끄는 능력이라고 했다. 하지만 대부분의 사람들이 인간관계에서 실패를 경험하고 있다. 직장인으로서 직장을 그만 두고 싶은 갈등이 없는 사람은 한 사람도 없을 것이다. 그 갈등의 원인 중 가장 큰 요인이 대인관계로 인한 갈등이었다.

갈등을
대하는 자세

1. 갈등은 필연적이다

　신혼부부들의 모임에서 질문을 던졌다. "혹시 갈등이 없는 부부 있습니까?" 간혹 손을 드는 부부들이 있다. 이것은 갈등이 없는 것이 아니라 갈등을 다툼이나 더 큰 싸움으로 발전시키지 않는다는 의미일 것이다. 갈등이 없는 부부는 없다. 사랑하는 남녀 사이에도 갈등이 반드시 있다. 사랑하는 부모와 자녀 관계에도 갈등은 존재한다. 두 사람 이상이 모인 곳에는 갈등이 있다. 일터에서도 갈등은 필연적이다. 그리스도인들은 이웃을 사랑하라는 주님의 말씀으로 인해 더욱 높은 수준의 대인관계를 형성하고 싶지만 실제로는 더욱 심한 갈등으로 내몰리게 된다. 이웃을 사랑하려고 노력하지만 갈등을 근본적으로 해결할 수 있는 능력이 없기 때문이다.

　갈등을 근본적으로 해결하지 못하는 이유는 무엇인가? 대인관계에서 필연적으로 갈등을 겪는 이유는 무엇일까? 언어가 다르고 문화가 달라도 두 사람 이상이 있는 모든 곳에는 갈등이 존재한다. 역사적으로 어떠한 부족이나 가정도 갈등 없는 곳은 없다. 갈등은 타락의 결과이기 때문이다.

　에덴동산에서 하나님과 함께 생활했던 아담과 그의 아내 하와는 선악과를 먹고 나서 모든 것에 큰 문제가 생겼다는 것을 깨닫게 되었다. 하나님과 동행하던 이전과는 달리 이제는 하나님과의 관계가 깨어진 것이다. 그들은 하나님을 두려워하여 숨게 되었고 하나님께서 부르시기 전에는 그 앞으로 나아갈 수 없었다. 하나님께서 아담에게 "먹지 말라 명한 선악과를 먹었느냐?"라고 물으셨을 때 아담은 "하나님이 주셔서 함께 있게 한 여자가 그 나무 열매를 주었기 때문에 먹었습니다."라고 하며 하나님과 하와에게 책임을 전가했다. 하나님과의 관계만 깨어진 것이 아니라 너와 나의 관계가 손상된 것이다. "내 뼈 중에 뼈요, 내 살 중에 살"이라고 고백했던 여인이었다. 하나 되었던 여인과의 관계도 깨어지고 이후에 자연과의 관계도 깨어졌음을 알게 되었다. 갈등은 하나님께 불순종한 결과였다. 어느 누구도 죄의 문제를 스스로 해결할 수 없듯이 자신의 능력이나 노력을 통해서는 갈등을 해결할 수 없다. 갈등의 뿌리에는 죄의 문제가 자리 잡고 있다. 갈등이 본질적으로 죄의 문제라면 누구도 갈등을 해결할 수 없다. 갈등은 인류 역사의 과정에서 너와 나의 문제뿐 아니라 이웃 부족 간의 다툼이나 이웃 나라와의 전쟁으로까지 다양하게 나타났다.

갈등이 생기면 해결의 방향으로 나아가지 않고 증폭되거나 확산된다. 그 이유는 갈등은 책임 전가의 특성이 있기 때문이다. 모든 갈등은 다 '너 때문에'라는 책임 전가의 특징이 있다. 만일 갈등이 생겼을 때 "나 때문이야."라고 반응한다면 갈등은 더 이상 증폭되지 않을 것이다. 그렇지만 아담이 그러했듯이 누구도 갈등을 자신의 문제로 보지 않는다. 각 사람의 내면에 뿌리 내려 있는 죄성은 누구도 극복할 수 있는 문제가 아니다.

　데일 카네기는 "흉악범에게 왜 살인을 하게 되었는가?"라고 물으면 모든 범죄자가 공통적으로 "나의 문제 때문에 범죄를 저질렀다."고 답변하지 않는다고 했다. 사실, 자신은 범죄자가 되지 않고 선량하게 살 수 있는 사람이었는데, 이 사회가 자신을 범죄자로 몰고 갔거나 자신의 성장과정에서 어떤 사건이 또는 누구 때문에 자신이 그렇게 되었다는 것이다. 우리는 나의 문제를 직면하기가 쉽지 않다. 죄성 가운데 하나가 바로 '책임 전가'이기 때문이다.

　일터에서도 문제가 발생하면 그 문제의 돌파구를 위해 속죄양을 찾게 된다. 누구도 스스로 책임을 지려고 하지 않는다. 이것은 모든 사람에게 깊이 뿌리 내리고 있는 죄성 때문이다. 누구도 이 죄성에서 자유롭지 못하다. 이 죄성을 극복할 능력이 우리 자신에게는 없다.

2. 갈등은 혼란과 고통을 수반한다

　삶의 여정에서 필연적인 갈등은 작게는 정상적인 삶을 힘들게 하지만 심각한 상황에 이르면 모든 것을 포기할 정도의 문제를 야기시킨다. 일터에서의 갈등이 문제가 되는 것은 날마다 마주 대하는 직장상사나 동료 직원들 간의 관계를 피할 수 없기 때문이다. 직장상사와의 갈등은 정상적인 업무를 어렵게 만들고 다른 사람들과의 관계에도 문제를 야기시킨다. 너와 나의 갈등은 다른 사람들과의 관계로도 확산되고 전이되어 삶 전체를 와해시키게 된다. 모든 죄성은 전이되고 확산되는 특징이 있기 때문에 갈등은 빨리 해결되어야 한다. 갈등이 해결되지 않고 심화된다면 삶 전체가 흔들리기 때문이다.

또한 갈등은 심신에 고통을 가져다준다. 정신적으로는 먼저 스트레스로 나타난다. 이 스트레스는 우리에게 긍정적인 영향을 주는 '유스트레스'(eustress)가 아니다. 갈등 속에서 우리가 대부분 받는 스트레스는 '디스트레스'(distress)의 양상을 보인다. 디스트레스는 다른 말로 하면 파괴적인 스트레스라 할 수 있다. 이러한 스트레스는 편두통이나 불면증 등의 증상을 가져온다. 또한 육체적으로도 탈진하게 하며 의욕을 떨어뜨리게 한다.

갈등은 일터에서도 직접적인 영향을 미치게 된다. 당장 업무에 집중하기가 어렵고 업무 성과에도 매우 부정적인 결과를 가져온다. 이렇게 되면 직장생활을 지속하는 것은 곤란하게 된다. 그래서 대인관계의 갈등이 발생하면 이직을 생각하게 된다. 회사 내에서 발생하는 대인갈등은 직장상사의 리더십의 문제이며 모든 일터에서 위기관리의 차원으로 생각해 보아야 한다.

갈등은 모인 교회에서도 예외는 아니다. 성도들 간의 갈등뿐 아니라 목회자와 성도 사이에도 갈등이 생기게 된다. 모인 교회에서의 갈등은 작은 일이 아니다. 갈등이 생기면 일반적인 반응은 교회를 옮기거나 아니면 신앙이 깊지 않은 사람은 기독교에 등을 지는 일로 끝날 수 있다. 사탄은 갈등으로 신앙 공동체를 와해시키고자 한다. 갈등은 점점 증폭되고 확산되는 성격이 있기 때문에 갈등에 대해 그리스도 안에서 잘 대처하지 않으면 신앙 공동체는 붕괴되거나 큰 손상을 입게 된다.

신앙생활과 너와 나의 갈등의 문제는 분리하여 생각할 수 없다. 신앙생활의 연수가 오래되었고 모인 교회에서 중요한 직무를 수행하는 위치에 있더라도 수시로 대인관계의 갈등을 야기시키거나 갈등을 제대로 해결하지 못하는 사람이라면 그것은 신앙적으로 미성숙하거나 신앙생활을 제대로 하고 있지 않다는 증거다. 우리는 깨어 있어 내가 갈등을 야기시키는 사람으로 사탄의 도구가 되지 않도록 해야 한다. 무심코 하는 타인의 허물에 대한 이야기나 비방, 험담, 수근거림은 사탄이 공동체를 흔들고 와해시키기 위해 즐겨 사용하는 방법들이다.

현대 사회는 이전보다 갈등으로 더 큰 문제에 직면하게 되는데 그 이유는 무엇일까? 백 년 전 또는 이백 년 전보다 현대 사회는 더 심각한 갈등의 문제에 직면하고 있다. 점점 갈등은 더 심화되고 인류를 더 고통스럽게 할 것이다. 그 이유는 도시화로 인해 보다 많은 사람들이 모여 살게 되었고 이전보다 빈번한 교류가 일어나게 되었기 때문이다.

과거 1차 산업을 중심으로 했던 농경사회에서는 사람들과의 빈번한 만남이 없었고 5일장이나 7일장과 같이 특별한 때만이 많은 사람들의 교류가 있었다. 현대인은 과거와는 비교할 수 없이 많은 사람들을 만날 수밖에 없는 여건에 처해 있다. 특히 서비스업과 같은 3차 산업의 발달은 일터의 현장에서 사람과의 만남을 피할 수 없게 한다. 직접적 만남뿐 아니라, 전화와 인터넷과 같이 간접적인 만남도 대단히 확장되어 가고 있다. 사람들과의 만남과 교류가 빈번해질수록 갈등은 더욱 빈번하게 발생한다.

그뿐 아니라, 핵가족과 같은 가족제도와 이혼으로 인해 가족관계가 깨어지는 일들은 대인관계의 갈등에 대한 원만한 해결을 어렵게 만들었다. 많은 자녀를 생산하거나 대가족 제도에서는 성장 과정에서 일어나는 필연적 갈등에 대해 자연스럽게 해결책을 배울 수 있었지만, 한 자녀나 둘뿐인 경우 또는 깨어진 가정의 아이들은 성장 과정을 통해 해결될 수 있었던 갈등의 대안들이 부족해지거나 배제되기 시작했다. 대가족 제도에서는 가능할 수 없었던 회피나 은둔 그리고 나 중심적인 생활로도 갈등을 대처하는 일이 가능해진 것이다. 성인 어린아이나 성격장애자, 사이코패스 등의 부작용은 성장 과정에서 해결되지 못한 미성숙한 대인관계가 병적인 증상으로 나타났다고 볼 수 있다.

모인 교회는 이제 갈등의 문제를 해결하는 것이 매우 중요한 사역이 되었다. 상처받고 지친 사람들이 갈등의 고통을 해결하기 위해 모인 교회로 오고 있는 것이다. 수고하고 무거운 짐진 사람들 그리고 상처받고 고통받는 사람들이 주님 안에서 쉼을 얻고 회복되는 역사가 모인 교회 안에서 넘쳐나야 한다. 먼저 성경에서 갈등의 양상을 어떻게 보여주고 있는지 살펴보고 그에 대한 성경적 대안을 찾아보고자 한다.

대인갈등은 왜, 어떻게, 언제 나타나는가

성경은 대인관계의 갈등을 여과 없이 보여준다. 하나님께 불순종함으로 하나님과의 관계가 깨어졌던 아담 이후의 인류 역사는 갈등의 역사였다. 성경에 등장하는 모든 인물들의 삶의 모습에도 갈등은 다양하게 나타나 있다.

현대의 모인 교회에서도 갈등은 존재한다. 갈등 없는 교회가 좋은 교회가 아니라 갈등 있는 곳에서 하나님의 간섭하시는 역사가 경험되는 교회가 하나님께서 원하시는 교회이다. 갈등 없는 곳은 공동묘지밖에 없다. 성경에서 보여주는 대인관계의 갈등을 통해 우리의 갈등 문제를 생각해 보자.

1. 개인적인 이해관계로 인한 갈등

아브라함은 하란의 아들 롯을 데리고 하나님께서 인도하시는 약속의 땅까지 왔다. 아브라함은 애굽을 나올 때에 육축과 은과 금이 풍부했다(창 13:2). 이후 아브라함의 조카 롯도 소유가 많아지자 그 땅에서 그들이 동거하는 것이 불가능하게 되었다. 유목민이 양과 소를 키우려면 반드시 초지와 물이 있어야 한다. 한정된 초지와 물은 아브라함과 롯의 소유가 늘어가는 것을 감당할 수 없었다. 그

곳에는 그 두 사람 외에도 이미 가나안 사람과 브리스 사람도 거주했기 때문에 현실적으로 아브라함과 조카 롯이 함께 동거하는 것은 어렵게 되었다. 이러한 갈등을 구조적 갈등이라고 한다.

구조적 갈등의 뿌리에도 이해관계가 있다. 이해관계란 '서로의 이익이나 손해에 영향을 미치는 관계'를 의미한다. 이해관계는 나의 이익을 타인의 이익보다 보장받고 나의 권리가 타인의 권리보다 더 인정되기를 원하는 관계로 발전된다. 이해관계는 반드시 갈등을 초래하는데 이것은 다른 사람의 이익보다 나의 이익을 극대화시키려 하기 때문이다. 재물은 어디에서나 한정되어 있는데 인간의 욕망은 무한하기 때문에 두 사람 이상이 있는 모든 곳에서는 이해관계로 인한 갈등이 발생한다.

이해관계로 인한 갈등에 대한 성경적 대안은 무엇일까? 아브라함과 조카 롯은 많아진 소유 때문에 이해관계의 갈등이 시작되었다. 이러한 소유의 문제와 갈등 속에서 아브라함은 먼저 자신의 입장에서 유리하게 권리를 주장할 수 있었다. 하란이 죽은 후 그의 아들 롯이 지금의 모습으로 성장하게 한 장본인이 바로 아브라함이기 때문이다. 그렇지만 아브라함은 그렇게 행동하지 않았다. 먼저 롯에게 선택할 수 있는 기회를 제시함으로 갈등을 해결할 수 있는 방법을 찾았다. 이해관계로 인한 갈등에서 양보는 쉽지 않지만 아브라함은 롯에게 먼저 선택할 수 있는 기회를 제시했다. 아브라함의 양보는 단순히 성품이 좋아서 할 수 있었던 것이 아니다. 아브라함은 하나님의 주권을 인정했기 때문에 기꺼이 롯에게 먼저 선택하도록 양보할 수 있었던 것이다. 롯이 요단 동쪽을 택하고 떠난 이후에 하나님께서 아브라함에게 나타나셔서 다시 한 번 약속의 땅에 대해 말씀하셨다(창 13:14-18).

믿음 안에서 하는 양보는 하나님의 주권을 인정하는 것이며 하나님을 경험하게 하는 신앙인의 결단이다. 모든 그리스도인은 이해관계의 갈등에서 하나님의 도우심을 경험해야 한다. 하나님께서 나의 곤란함과 피해를 아시기 때문에 믿음으로 자신의 유익을 포기하고 상대에게 양보할 수 있어야 한다. 신앙인으로 살아가면서 이와 같은 간증이 있는지 한 번 생각해 보아야 한다. 믿음의 삶은 일터에서 사람의 방법과 상황에 따른 조건을 고려해서 행동하는 것이 아니라 하나님의 주권을 인정함으로 하나님의 뜻대로 결정하는 삶이다. 우리가 일터에서 믿음으로 결정한다면 하나님의 간섭하심과 도우심을 경험할 것이다. 모든 그리스도인은 아브라함과 같은 간증이 있어야 한다.

재벌가의 유산분배 과정에서 갈등이 없었던 경우는 없다고 한다. 단지 그것이 매스컴에 나올 정도의 분쟁이 되었는가 아닌가의 차이일 뿐이란다. 재물은 특히 이해관계의 단골 메뉴와 같다. 이해관계에서 갈등이 제대로 해결되지 않으면 법적 다툼이나 심지어 살인까지 일어나기도 한다. 이해관계는 신앙인의 삶의 여정에서도 반드시 일어나는 갈등의 유형이다. 아브라함의 예는 그러한 갈등에 대한 성경적인 대안을 제시한다.

덧붙여서 예수님의 가르침을 함께 생각해 보자. 예수님께서 너와 나의 관계에서 일어나는 이해관계의 갈등에 대해 너무도 분명하게 그리스도인의 반응을 가르치신다. 속옷을 가지고자 하는 자에게 겉옷을 주고, 억지로 오 리를 가고자 하면 십 리를 동행하라는 것이다(마 5:40-42). 이 같은 반응은 하나님께 향하는 믿음 없이는 가능하지 않다. 하나님께서는 나의 삶의 현장에서 일어나는 이해관계의 갈등에 대해 믿음으로 반응하기를 원하신다. 일터에서 이와 같이 행동하는 것은 인간적인 생각으로는 파산의 길로 가는 것이다. 그리스도인이 이와 같은 결정을 하려면 내가 죽고 부활의 주님께서 내 안에 역사하실 때만이 가능하다. 일터에서의 신앙생활은 십자가를 질 때만이 주님께서 역사하신 흔적을 갖게 된다. 이해관계가 첨예하게 대립되어 나타나는 일터에서 모든 그리스도인은 승리의 간증이 있어야 한다. 주님께서 원하시는 삶의 모습을 드러내고자 결단할 때에 나타나는 손해와 고난 그리고 내적 갈등에 대해 주님께서 합당한 보상으로 역사하실 것이다.

2. 인정, 인기를 받는 문제로 인한 갈등

하나님께서 아벨의 제사는 받으셨지만 가인의 제사는 받지 않으시자 가인은 그것이 매우 못마땅하여 분을 내고 안색이 험악해졌다. 이후 시기심을 이기지 못한 가인은 아벨을 들로 유인하여 쳐죽이는 범죄를 저지르게 된다. 사람이 사람을 쳐 죽이려면 제정신으로는 할 수 없다. 시기심은 상대를 죽이고 싶을 정도로 끓어오르는 증오의 감정이기 때문에 시기심을 해결하지 못하면 살인까지 하게 한다. 가인은 하나님의 경고의 말씀에도 불구하고 죄를 다스리지 못했다. 가인은 끓어오르는 시기심의 문제로 인해 결국 최초의 살인자가 되었다. 유교에서는 칠거지악이라는 이름으로 시기심(질투)을 여성의 문제로 다루고 있지만, 시기심은 여성만의 문제가 아니다. 여성의 시기심은 상대를 할퀴는 것으로 시작되지만 남성의 시기심은 살인으로 나타난다. 시기심은 죄성에 뿌리를 두고 있기 때문에 누구에게나 마음 깊숙이 자리 잡고 있으며 누구도 스스로 해결할 수 없는 문제다.

창세기 37:1-11의 말씀을 통해 요셉과 그의 형들의 갈등을 볼 수 있다. 야곱이 요셉을 후계자로 인정하자 요셉의 형들은 요셉을 용납할 수 없었다. 야곱의 인정을 받지 못했던 열 명의 형들은 요셉을 제거함으로 이 문제를 해결하고자 했다. 동생 요셉에 대한 시기심을 극복하지 못하고 결국 요셉을 애굽의 노예로 팔아버리는 결과를 낳았다.

사무엘상 18:1-9의 말씀을 통해서도 다윗을 향한 사울 왕의 시기심과 질투심을 볼 수 있다. 다윗을 향한 사울 왕의 시기심의 시작은 블레셋과의 전투에서 승리하고 돌아 온 다윗을 향한 민중의 반응에 있었다. 초대 이스라엘 국가에서는 블레셋과의 전쟁에서의 승리가 민족적인 축제일이었다. 사무엘상 18:7의 "여인들이 뛰놀며 노래하여 이르되 사울이 죽인 자는 천천이요 다윗은 만만이로다 한지라"고 한 말씀을 보면 여인들은 사울의 공적보다 다윗의 공적이 더 크다고 노래했다. 모두가 기뻐 노래하며 춤출 때 이 노래를 들은 사울 왕은 불쾌해 하며 분노했다. 사울 왕은 민심이 다윗에게 쏠리는 것을 보고 왕권에 대한 위협과 시기심을 이길 수 없어 결국 다윗을 제거하고자 했다. 사울이 다윗을 주목했다는 표현은 다윗을 죽일 기회를 찾았다는 것으로 발전하게 된다.

가인과 아벨, 요셉과 그의 형들 그리고 다윗과 사울 왕의 이야기를 통해 인정과 인기의 문제는 반드시 시기심을 일으키고 마침내 살인까지 일으키는 극단적인 상황까지 가는 것을 보았다. 이것은 오랜 과거의 일들이 아니라 현재 삶의 현장인 일터에서도 변함없이 일어나는 일들이다. 교회에서도 시기심으로 인한 갈등이 없을 수 없다. 장로 또는 집사 중에 교회 성도들에게 더 인정을 받고 더 영향력을 끼치기 위한 긴장과 갈등이 있다. 모든 사람들은 더 인정받기 원하며 더 영향력 있는 위치에 오르기를 원한다. 나보다 더 인정받는 사람으로 인한 갈등과 시기심이 내 안에 있음을 인정하기 어렵지만 시기심의 죄성이 내 안에 깊이 뿌리를 내리고 있다. 시기심은 인간의 노력으로 극복할 수 있는 문제가 아니다.

인정과 인기로 인한 시기심의 문제를 어떻게 해결할 수 있을까?

"아무 일에든지 다툼이나 허영으로 하지 말고 오직 겸손한 마음으로 각각 자기보다 남을 낫게 여기고 각각 자기 일을 돌볼 뿐더러 또한 각각 다른 사람들의 일을 돌보아 나의 기쁨을 충만하게 하라"(빌 2:3-5).

내가 누군가와 비교되어 열등하게 평가되면 내 안에는 시기심이 작동한다. 이 시기심은 스스로 극복할 수 있는 문제가 아니다. 사도 바울은 빌립보 교회의 성도들을 향해 아무 일에든지 다툼이나 허영으로 하지 말라고 경계의 말씀을 했다. 또한 겸손한 마음으로 각각 자기보다 남을 낫게 여기는 것이 성경적인 해답이라고 했다. 그렇지만 그것이 쉽지 않다. 나의 노력으로는 불가능하다. 그래서 사도 바울은 "너희 안에 이 마음을 품으라 곧 그리스도 예수의 마음이니"(빌 2:5)라고 덧붙였다. 그리스도 예수의 마음을 품을 때만이 남을 나보다 낫게 여길 수 있다. 나의 마음으로는 가능한 일이 아니다. 내가 죽고 부활의 주님이 내 안에 있을 때 비로소 시기심을 해결할 수 있다.

예수님께서 이 땅에 오신 것은 다른 사람에게 인정받거나 인기를 얻기 위해서가 아니었다. 마태복음 20:28의 "인자가 온 것은 섬김을 받으려 함이 아니라 도리어 섬기려 하고 자기 목숨을 많은 사람의 대속물로 주려 함이니라"고 말씀하신 것처럼 예수님께서 이 땅에 오신 것은 많은 사람을 섬기기 위함이었다. 예수님께서는 인정과 인기에 목말라 있는 자들을 향해 "누구든지 자기를 높이는 자는 낮아지고 누구든지 자기를 낮추는 자는 높아지리라"(마 23:12)고 말씀하셨다. 이것이 성경적인 원리다. 내가 죽으면 낮아질 수 있다. 그렇지만 죽지 않으면 어떻게 하든지 나를 높이려고 한다. 그리스도인은 사람들이 인정하고 높여주기를 바라는 것이 아니라 하나님께서 나를 높이심을 경험해야 한다.

요셉은 하나님께서 높여주신 대표적인 인물이라 할 수 있다. 요셉은 애굽의 노예로 팔려가서 가장 낮고 천한 밑바닥의 삶을 살게 되었다. 노예로서 언어도 통하지 않는 애굽에서 많은 고난과 시련을 벗어날 수 없었다. 그러나 요셉은 노예임에도 불구하고 하나님과 동행하는 삶을 포기하지 않았다.

성경은 "여호와께서 요셉과 함께 하시므로 그가 형통한 자가 되어 그의 주인 애굽 사람의 집에 있으니"(창 39:2)라고 했다. 요셉은 자기의 힘으로 인정받기 위해 몸부림을 친 것이 아니라 하나님의 형통케 하심으로 높아질 수 있었다.

내 안에 있는 시기심은 어떻게 해결될 수 있을까? 시기심을 해결할 수 있는 유일한 대안은 그리스도 예수 안에서 죽는 것이다. 이 세상을 살면서 남들보다 더 인정받고자 하는 마음을 극복할 수 있는 방법은 예수님께서 말씀하신 대로 자기를 부인하고 날마다 자기 십자가를 지고 주님을 따르는 방법밖에 없다(눅 9:23).

죽는 것은 쉽지 않다. 우리는 모인 교회 안에서 그리고 신앙 공동체 안에서 활동할 때는 죽은 체하기가 쉽다. 나를 드러내고 싶고 나만이 인정받고 싶은 마음은 결코 쉽게 죽지도 않고 사라지지도 않는다. 죽는 것도 주님께서 역사하실 때 가능하다. 그래서 우리는 하나님께 간절히 기도해야 한다. 주님의 은혜 안에서만이 죽는 것도 가능하다. 이 시간 주님께 기도하고 싶다.

"주님! 주님의 은혜로 새 생명을 얻게 되었습니다. 주님의 십자가의 보혈로 하나님의 자녀가 되는 권세도 얻었습니다. 나의 일터에서 새 사람에 합당하게 살 수 있도록 도와주시기 바랍니다. 그리스도 예수 안에서 기꺼이 죽음으로 부활의 주님을 경험하기 원합니다. 내가 죽고 내 안에서 주님께서 역사하여 주시기 바랍니다."

3. 무시당함으로 인한 갈등

나발은 갈멜 지역에서 부유하게 사는 사람이었다. 다윗은 사울 왕을 피해 그 곳에 머무르면서 나발의 양떼와 염소들에게 손해가 없게 했고 오히려 담이 되어 그들을 지키며 나발의 목자들을 선하게 대했다. 양털 깎는 때가 되어 다윗은 나발에게 자신의 부하들을 보내어 은혜를 얻도록 청했다. 그러나 나발은 다윗이 보낸 자들을 모욕함으로 돌려보냈다. 나발이 "다윗은 누구며 이새의 아들은 누구냐?"라고 했던 것을 보면 그가 다윗을 몰랐을 리가 없다.

다윗은 골리앗을 죽인 이스라엘 민족의 영웅이었다. 다윗은 군대장관까지 지냈으며 사울 왕의 측근으로 있었던 권력의 핵심 인물이었다. 그런데 지금의 다윗은 사울 왕에게 쫓기는 비참한 신세로 전락한 것이다. 나발은 그러한 다윗을 존중하고 싶지 않았다. 나발은 자신의 하인들과 다윗의 부하들 앞에서 다윗을 무시하고 모욕을 주었던 것이다. 이에 다윗이 자신의 군사들을 데리고 나발을 치기 위해 나아간다.

왜 다윗은 나발과 그 곳의 모든 남자들을 죽이고자 했을까? 나발에게 속한 모든 남자들을 죽이고자 한 다윗의 지나친 반응은 이해하기 어려울 수 있다. 나발의 부당한 반응 때문에 꼭 그들을 몰살시켜야 할까? 감정적 대응은 그렇게 나타날 수 있다. 모욕은 타인에 대한 살인과 같기 때문이다. 다윗은 모욕을 받은 것에 대한 합당한 대응은 그에게 속한 남자들을 몰살시키는 것이라고 생각했다.

예수님은 옛 사람에게 말한 살인하지 말라는 내용을 언급하시면서 "형제에게 노하는 자와 형제에게 라가라고 하는 자와 미련한 놈이라 하는 자들에 대해 하나님의 심판이 있을 것이라고 경고하신다"(마 5:21-22 참조).

형제에게 노하는 것과 '라가'라고 모욕을 주는 것과 미련한 놈이라고 무시하는 것이 살인과 같다고 보셨기 때문이다. "하나님의 형상대로 지음받은 사람을 향하여 누구도 노하거나 모욕을 주거나 무시해서는 안 된다."는 경고의 말씀을 하신 것이다.

많은 일터의 현장에서 날마다 살인이 일어나고 있다. 일터에서 신앙이 있는 자와 신앙이 없는 자가 구별이 없다면 그것은 그리스도인의 신앙생활이라고 할 수 없다. 하나님께서 니의 말과 대도를 보실 때 살인자와 같아서는 안 될 것이다. 주님의 은혜로 새로운 피조물이 된 모든 그리스도인은 일터의 현장에서도 상사뿐 아니라 부하직원들도 존중하며 주님께 하듯 살아야 한다. 일터에서 일어나는 너와 나의 관계에서 신앙인의 모습이 여과 없이 드러나기 때문이다.

4. 승진문제로 인한 갈등

예수님은 제자들과 함께 예루살렘을 향하고 있었다. 예수님은 이제 얼마 있지 않아 십자가에서 처절하게 죽음을 맞이하게 되실 것이다. 예수님의 3년 동안의 공생애가 끝나가고 사역은 막바지 단계에 이르렀다. 이런 과정에 세베대의 아들들, 야고보와 요한의 어머니가 예수님을 찾아왔다. 야고보와 요한의 집안은 다른 제자들과는 달리 배와 품꾼들이 있는 부유한 집안이었다 (막 1:20).

어머니로서 아들들을 예수님께 맡긴 것은 앞날에 대한 기대가 있었기 때문일 것이다. 이제 예수님이 예루살렘에 입성하게 되면 새 시대가 열릴 것이라고 기대했던 어머니는 하나는 주의 우편에, 하나는 주의 좌편에 앉게 해주실 것을 예수님께 요구했다. 예루살렘에서 십자가를 지시기 위해 나아가고 있는 예수님께 자신의 아들들의 출세를 위해 예수님을 찾아온 것이다. 세베대의 어머니와 두 아들과는 달리 예수님께서는 사역의 마무리에 집중하고 있었을 것이다. 예루살렘에서 기다리고 있는 것은 예수님이 왕이 되는 것이 아니라 십자가의 형벌이었다. 겟세마네에서의 예수님의 기도 내용을 보면 십자가의 고난이 감당하기 매우 어려운 일이었음을 예수님은 이미 알고 계셨던 것 같다.

그런데 세베대의 어머니와 두 아들의 소식을 듣게 된 제자들은 모두 두 형제에게 분하게 생각했다. 공생애 3년 중 많은 시간을 함께 지낸 제자들조차도 예수님의 마음을 헤아리는 제자가 하나도 없었다. 주님께 모든 것을 헌신하고 따랐지만 주님의 뜻을 헤아리지는 못했다. 심히 안타까운 일이다. 우리도 때로 주님께 헌신하여 열정적으로 살아간다고 하지만 주님의 뜻을 헤아리지 못할 때가 있다. 어떤 상황에서든지 하나님의 뜻을 분별하지 못한다면 신앙인의 모습으로 구별될 수 없다.

높아지고자 하는 마음은 인간의 능력으로 다스릴 수 있는 문제가 아니다. 모인 교회에서도 장로와 안수집사를 서열로 이해하는 사람들이 있다. 세상에서처럼 더 높은 자리에 오르고자 애를 쓰게 된다. 목회자도 노회와 총회 등에서 한 자리를 얻고자 애쓰는 모습은 스스로 겸손하려고 해서 감춰질 수 있는 것이 아니다. 내 안에는 끊임없이 더 높아지려는 강렬한 욕구가 있다. 이것이 나의 야망 성취를 위한 열정인지, 내가 죽고 주님의 영광을 드러내기 위한 헌신인지를 분별하는 것이 중요하다. 이런 열정이 주님의 뜻과는 아무 관계가 없다면 주님의 뜻을 이룰 수 없다.

일터에서도 승진의 문제는 믿음이 없는 불신자들의 문제가 아니다. 승진에서 누락되면 일터에서의 입지가 점점 어렵게 된다. 승진문제에 대한 갈등은 무한경쟁 시대의 당연한 갈등이라 할 수 있다. 일터의 치열한 경쟁에서 그리스도인은 어떤 자세로 어떻게 임해야 할까?

그리스도인에게 승진은 어떤 의미가 있을까? 예수님은 높아지고자 하는 제자들에게 세상의 원리와 하나님 나라의 원리가 전혀 다르다고 말씀하셨다(마 20:25-28). 세상 사람들에게는 지위가 자신에게 주어진 권력이며 그것을 누리기 위해 승진을 원하지만 그리스도인은 섬기기 위해 승진도 필요한 것이다. 으뜸이 되고자 한다면 노예와 같은 자세를 취해야 한다. 일터에서의 승진은 그리스도인에게도 매우 중요한 일이다. 그것은 그리스도의 이름으로 보다 많은 사람을 섬길 수 있는 기회를 갖기 위해서다. 승진이 나의 지위와 권한 그리고 미래를 위한 하나님의 축복이라고 생각한다면, 이것은 하나님께 쓰임받는 신앙인의 자세가 아니다. 성경의 원리처럼 남을 나보다 낮게 여기고 겸손히 낮아지는 삶은 현대를 살아가는 그리스도인들에게 가장 필요한 덕목이라 할 수 있다.

세베대의 아들들에 비해 다윗의 친구였던 요나단은 자신보다 남을 낮게 여긴 삶을 살았으며 왕자로서 왕위를 계승할 수 있는 특권까지 포기하는 삶을 살았다. 친구 다윗에게 자신의 왕위를 양도하는 모습은 크리스천 직장인들에게 좋은 모델이 된다. 요나단의 아름다운 이야기를 통해 직장 내에서의 2인자 리더십, 즉 헬퍼십(helpership)을 발견하게 된다. 요나단은 왕위에 오르기에 능력이 없거나 자격이 없는 사람이 아니었다. 그러나 요나단은 하나님께서 다윗에게 기름 부으셨다는 것을 알았기 때문에 기꺼이 왕의 자리를 양보하는 믿음을 보여 준다. 승진이 나의 이기적 욕망의 성취이고 자랑이며 권한의 확대를 위한 것이라면 하나님께서 주신 복이 아니다. 만일 우리가 더 높은 지위에 오를수록 더욱 섬기는 사람으로 나타난다면 세상의 모든 사람들이 주목할 것이다. 우리의 섬김으로 일터는 지금보다 더 나은 은혜로운 조직이 될 수 있다. 주님께서는 나로 인해 일터가 더 일할 맛나는 곳이 되기를 원하신다.

5. 성격 차이로 인한 갈등

1차 선교여행을 다녀 온 이후 이방인이 할례와 모세의 율법을 지켜야 하는지에 대한 논란으로, 사도 바울과 바나바는 예루살렘에서 사도들과 장로들을 만나 논의하고 이방인에게 복음을 전하는 일에 다시 파송을 받았다.

안디옥으로 돌아온 이후 사도 바울은 바나바에게 "주의 말씀을 전한 각 성으로 다시 가서 형제들이 어떠한가 방문하자."고 제안했다. 바나바는 바울의 제안을 거부한 것은 아니지만, 마가를 데리고 가자고 주장함으로 두 사람 사이에 심한 다툼이 있었다. 사도 바울은 밤빌리아 버가에서 그들을 떠나 '함께 일하러 가지 아니한 자' 마가(바나바의 생질, 골 4:10 참조)를 데려가는 것을 용납할 수 없었다.

안디옥 교회의 두 지도자 사도 바울과 바나바는 왜 심히 다투기까지 했을까? 바나바는 위로의 아들이라는 의미로 얻은 별명이었고 그는 "착한 사람이요 성령과 믿음이 충만한 사람"(행 11:24)이었다. 또한 안디옥 교회에 큰 부흥이 일어날 때에 다소에 있는 사울(사도 바울)을 데리고 왔던 사람이다(행 11:25). 바나바는 한 문장으로 표현한다면 관계중심적인 착한 사람이었다. 그러나 바울은 땅 끝까지 복음을 전하고자 갈망하는 목표지향적인 열정적인 사람이었다. 1차 전도여행 때 구브로를 떠나 밤빌리아의 버가에 이르렀을 때 마가가 그들을 떠나 예루살렘으로 돌아가자 전도여행을 떠났던 팀의 팀웍이 흔들렸던 것이다. 거기서 사도 바울과 바나바가 많이 상심하고 힘들었음을 짐작할 수 있다. 다른 모든 도시를 방문했을 때는 그들을 통해 일하셨던 하나님의 역사하심이 있었는데, 버가에서는 전도사역이 전혀 일어나지 않았음을 보면 알 수 있다. 사도 바울은 그 때의 일을 반복하고 싶지 않았다.

교회 내에서도 주님의 일을 함께 할 때 전혀 다른 주장을 하며 상반된 방법으로 일을 진행할 때 갈등이 일어난다. 사도 바울과 바나바와 같이 다툼이 일어날 수도 있다. 이런 경우에 성경적인 대안은 무엇일까?

우리는 바울과 바나바 중에 어느 한 쪽이 잘못되었다고 단정지을 수 없다. 그들은 서로 다른 성격을 가졌고 그래서 전혀 다른 주장과 결정을 내릴 수밖에 없었던 것이다. 하나님께서는 바울과 바나바의 기질과 성격을 있는 그대로 사용하셨다. 이 두 사람은 마가를 통한 갈등 이후에 바나바는 마가와 함께 1차 선교여행 지역을 돌아보았고, 바울은 2, 3차 선교여행을 통해 새로운 곳에 복음을 전하게 되었다.

하나님께서는 바나바를 통하여 다소에 있는 사도 바울을 불러 1차 전도여행을 하게 하시고 초대 교회에서 하나님께서 쓰시는 일꾼으로 인정받도록 하셨다. 그리고 이후에 땅 끝까지 복음을 전하는 일을 위해 사도 바울을 바나바와 분리하셨던 것이다. 바나바의 성격으로 본다면 이미 복음을 전한 형제들을 돌아보는 일이 2차 전도여행을 가는 것보다 바나바에게는 중요한 사역이었다.

그러나 사도 바울과 바나바가 서로의 주장을 경청했다면 심히 다투고 갈라서지는 않았을 것이다. 서로를 축복하면서 주님이 기뼈하시는 사역을 감당했을 것이다. 주님의 일을 할 때도 나와 다른 의견과 주장을 주의 깊게 듣고 서로 다른 의견이 옳고 그른 것이 아니라 의견의 차이라는 사실을 인정할 필요가 있다. 사도 바울이 노년에 마가를 동역자로 인정한 것을 보면 마가와의 불편한 관계를 회복하는 시간을 가졌음을 알 수 있다(골 4:10, 딤후 4:11). 일터에서도 그리스도인은 경청하기를 힘쓰며 나와 의견이 다른 사람들도 존중할 수 있어야 한다. 서로 다른 의견으로 충돌이 일어날 때 먼저 상대의 말을 경청하고 주님께 지혜를 구한다면 현명하게 대처할 수 있게 된다. 경청은 적극적이고 실제적인 대화 방법이다.

6. 세대차로 인한 갈등

필연적 갈등의 또 다른 양상은 세대차로 인한 갈등이다. 이스라엘 백성들은 70년간의 바벨론 포로생활에서 예루살렘으로 돌아오기 시작했다. 그리고 그들은 새로 성전을 짓기 시작했다. 하나님의 성전의 기초를 놓고 제사장들과 레위 사람들과 나이 많은 족장들은 솔로몬 성전을 보았기 때문에 이 성전의 기초가 놓임을 보고 대성통곡했으나 그 외의 사람들은 기쁨으로 크게 함성을 지르며 즐거이 노래를 불렀다(스 3:12-13). 이들이 서로 다른 반응을 보인 이유는 무엇 때문이었는가?

솔로몬 왕정 시대의 성전은 그 웅장함과 규모가 대단했다. 그런데 지금 2차 성전은 그에 비해 너무나 초라했다. 솔로몬이 지은 첫 성전을 보지 못했던 포로시대에 태어난 사람들은 2차 성전을 보고 감격했지만, 솔로몬이 지은 화려한 첫 성전을 본 70세 이상의 노인들은 감탄이 아닌 한탄을 했다. 동일한 상황에 놓였지만 그 상황을 인식하는 것은 전혀 달랐다. 우리는 이것을 세대차라 부른다.

세대차로 인한 갈등은 어느 시대에나 나타난다. 한국에서는 보리추수 전에 양식이 없어서 여물지 않은 보리를 먹어야 했던 '보릿고개'의 어려웠던 시절을 경험한 나이 드신 어르신과 '보릿고개'가 무슨 의미인지 모르는 어린 세대가 한 집안에 있을 때 음식물을 버리는 문제로 세대차가 극명하게 나타나곤 한다. 나이 드신 분들은 냉장고에 둔 오래된 음식물을 상하지도 않았는데 자녀들이 버리는 것을 이해할 수가 없다. 또한 각 가정에서는 부모와 자녀 간에도 세대차로 인한 갈등이 발생한다. 스마트폰과 게임에 열중하는 자녀들을 이해하지 못하는 부모 세대가 함께 살고 있다. 일터에서는 직장상사와 부하직원들 간에도 세대차가 있다.

급격한 사회 변화는 세대차를 점점 더 벌려 놓고 있다. 예전에는 10년 정도 차이가 나면 세대차가 난다고 했는데, 요즘은 4-5년만 벌어져도 세대 차이를 느낀다고 한다. 30대 이상은 상사를 보고 퇴근하고, 30대 이하는 시계를 보고 퇴근한다. 30대 이상은 잘 어울리는 옷을 고르고 30대 이하는 튀는 옷을 고른다. 하지만 세대 차이가 갈등 요인이 될 수 있지만 때로는 서로의 약점을 보완하는 긍정적인 역할을 한다. 세대차가 긍정적으로 작동하려면 서로를 존중해 주며 서로가 필요한 존재라는 것을 인식해야 한다.

7. 입장차로 인한 갈등

야곱이 외삼촌 라반의 집에 이르러 그곳에서 20년을 일하면서 많은 재산을 소유하게 되었다. 그러자 라반의 아들들이 "야곱이 우리 아버지의 소유를 다 빼앗고 우리 아버지의 소유로 이 모든 재물을 모았다."라고 말하는 소리를 듣게 된다. 외삼촌 라반도 야곱을 대하는 것이 이전과 다를 뿐 아니라 안색이 좋지 않다. 야곱은 최선을 다해 일했지만 외삼촌 라반이 품삯을 열 번이나 변경했던 불의한 고용주라고 자신의 아내들에게 강변했다. 야곱의 아내들은 아버지에게 특별히 받을 유산도 없을 뿐더러 아버지가 야곱에게 자신들을 팔았으며 그 돈은 다 아버지가 먹어버렸다고 불평한다(창 31:1-16).

야곱과 외삼촌 라반 그리고 그의 아들들과 갈등이 일어났는데 그에 대한 반응은 입장에 따라 전혀 다르게 나타나고 있다. 사람은 보고 싶은 것만을 보는 선택적 지각을 한다. 자신의 입장과 관심사에 따라 보고 싶은 것도 다르고 보이는 것도 전혀 다르게 나타난다. 이러한 차이는 이해관계와 연관되면 반드시 갈등으로 나타난다. 가정에서도 입장이 다르기 때문에 부부갈등도 부모와 자녀와의 갈등도 필연적이다. 일터에서도 마찬가지다. 직장상사와 부하직원 또는 부서 간의 입장이 다르기 때문에 갈등이 일어난다. 동일한 상황을 전혀 다르게 이해하게 된다. 사람들은 결코 객관적으로 볼 수가 없다. 특히 이해관계가 생기면 더욱 한 편으로 쏠리게 되어 있다.

이랜드에서 사목으로 사역할 때에 선교에 헌신되었거나 선교에 관심이 있는 직원들을 모집하여 미션 트립을 떠났다. 직원들은 여행 경비를 스스로 지불했으며 휴가와 연차를 사용하여 2주 정도의 기간을 선교를 위해 헌신했다. 인도와 러시아를 중심으로 선교여행을 했는데, 매일 저녁마다 그 날 경험했던 일들을 나누며 하루를 돌아보는 시간을 가졌다. 우리는 동일한 장소에서 모든 일을 함께 진행했는데, 저녁에 나눌 때에는 전혀 다른 것을 보고 느낀 점을 이야기했다. 디자이너와 영업부 직원이 보는 것과 느낀 점이 같지 않다는 것은 너무도 자명한 일이었다.

이런 관점에서 본다면 "노사관계에서의 갈등은 필연적이다."라고 말할 수 있다. 서로 보고 싶은 것과 주장하고 싶은 것이 이미 분명하게 다르기 때문이다. 노사관계에서의 갈등은 필연적이지만 그것에 대한 해결과정과 결과는 다르게 나타난다. 기업에서 사역을 하다 보면 극심한 노사갈등의 현장을 피할 수 없다. 노사분규의 현장에서 사목의 역할은 매우 중요하다. 경영자의 편에 서면 직원들이 볼 때 사목은 회사의 어용으로 보이고, 직원들 편에 서면 경영자는 사목이 회사에 더 이상 필요치 않다고 생각한다. 몇몇 직원들은 사목의 입장을 듣기 원하기도 한다.

이런 분규의 현장에서 사목과 그리스도인은 중요한 역할을 감당해야 한다. 갈등의 와중에서도 주님과 동행해야 하기 때문이다. 모든 임직원들은 자신의 의견을 주장하기에 앞서 우리가 하나님의 편에 있는지 그렇지 않은지 분별할 수 있어야 한다. 자신의 입장에서 정당하다고 생각하는 의견이나 주장들을 표현할 때에도 주님이 기뻐하지 않는 말과 행동은 피해야 한다. 감정적으로 대응하거나 폭력적인 말과 행동을 하면서도 기독교 입장을 반영한다고 주장하는 것은 어불성설이다. 시작은 좋은 의도였는지 모르지만 과정에서 매우 혼란스런 상태에 빠지기 쉬우므로 그리스도인은 갈등의 현장에서 주님과 교제하며 깨어 있는 것이 매우 중요하다. 노사갈등이 끝났을 때 하나님과 사람 앞에서 하나님께서 역사하셨다고 간증할 수 있는 사람이 되어야 한다.

8. 의사소통의 미흡으로 인한 갈등

입장이 다르면 의사소통에도 어려움이 있다. 이스라엘 자손들이 약속의 땅 가나안 분배 작업을 마치자 요단강 동편에 거주하게 된 르우벤, 갓, 므낫세 반 지파가 그 곳으로 돌아가 큰 제단을 쌓았다. 이를 본 서편에 땅을 분배받은 이스라엘 자손들이 르우벤, 갓, 므낫세 반 지파의 신앙이 변질되었다고 생각하여 전쟁을 일으키려 했다. 동편에 거주하게 된 세 지파는 그 곳에서 화목제와 번제를 드리기 위함이 아니라 우리가 한 하나님을 섬기는 백성이며 동일한 약속의 자손임을 증거하기 위해 단을 쌓았던 것이다.

그들의 목적과 다르게 오해받게 된 이유는 동기는 좋았지만 요단 서편의 지파들과 미리 상의하지 않았기 때문이다. 큰 제단을 쌓기까지 요단 서편의 열 지파에게는 제단을 쌓는 이유가 설명되지 않았기 때문에 변질되었다고 동편의 지파들이 생각할 수 있었다. 요단강을 중심으로 하는 지리적 여건은 앞으로 갈등의 여지가 될 수 있었다. 가정에서나, 일터에서 그리고 신앙의 공동체에서도 애초의 의도와는 다르게 오해로 말미암아 갈등이 일어날 수 있다. 가장 큰 이유는 의사소통이 원만하지 않기 때문이다.

이 같은 사례는 일터 현장에서 빈번하게 일어나는 문제들이다. 항상 적극적이고 긍정적으로 일하는 김 대리는 인사발령을 받고 새로운 브랜드로 이동했는데, 그 곳에서 적응이 쉽지 않았다. 새로 맡겨진 일이 적성에 맞지 않았고 새로운 브랜드에서는 이전과 달리 인정받는 직장인이 아니었다. 그러던 중에 옮기기 전의 브랜드의 책임자가 원한다면 다시 복귀하라는 제안을 하자 서둘러 이전 브랜드로 출근을 시작했다. 이 과정에서 원활한 의사소통이 진행되지 않았다. 이로 인해 김 대리는 근무지 이탈이라는 오해를 받아 징계를 받게 되었다. 김 대리의 문제와 관련있는 임직원을 만나면서 의사소통이 얼마나 중요한가를 다시 한 번 확인하게 되었다. 불손한 의도가 있었던 것이 아니었지만 결과적으로 문제가 발생하고 그로 인해 갈등이 증폭될 수밖에 없었다.

신앙 공동체에서도 의사소통의 미흡은 오해를 낳고 원치 않는 갈등을 일으킨다. 사탄은 이 틈을 이용하여 공동체에 분열을 일으키고 결국은 와해시키려고 한다. 심각한 갈등을 겪고 있는 신앙 공동체의 문제들도 시작은 작았지만 의사소통이 원활하게 진행되지 못하면 걷잡을 수 없는 갈등으로 내몰리는 것을 볼 수 있다. 르우벤, 갓, 므낫세 반 지파가 큰 제단을 쌓게 됨으로 촉발된 갈등은 제사장 비느하스를 중심으로 하는 지도자의 역할로 진정되어 갈등이 해결되었다. 비느하스는 이미 이스라엘 공동체에서 인정받고 있고 하나님의 편에 서 있는 훌륭한 신앙인이었다. 갈등을 해결할 때는 하나님 편에 있는 지도자의 역할이 매우 중요하다.

9. 인격적 미성숙으로 인한 갈등

요셉은 야곱이 진정으로 사랑했던 아내 라헬의 아들이었다. 요셉은 아버지 야곱에게 형들의 허물을 고자질하기도 했다. 야곱은 요셉을 특별히 신뢰했고 열두 아들 가운데 가장 사랑하여 채색옷을 입혔다. 채색옷은 귀족이나 감독들이 입는 옷으로 요셉을 후계자로 인정했다는 뜻이 된다. 그뿐 아니라 요셉은 하나님께서 계시하는 꿈을 형들에게 말하지 않고는 견딜 수 없었다. 그가 꾼 꿈 이야기가 형들의 시기심과 분노를 자아낼 것을 알 만한 나이였지만, 두 번이나 자신의 꿈 이야기를 야곱과 형들에게 이야기했고 그로 인해 더 미움을 받게 되었다(창 37:2-5).

요셉이 나쁜 짓을 의도적으로 하지 않았을지라도 그가 한 행동은 형들의 미움을 받기에 충분했다. 내 입장에서는 잘못된 일이 아닐지라도 그것이 타인을 손해와 곤경에 빠지게 하는 일을 할 수 있다. 형들의 허물에 대한 요셉의 고자질은 아비 야곱에게는 필요한 내용이었을지라도 형들에게는 곤란한 일이었다. 열일곱 살에게는 무리한 요구일지 모르나 요셉의 인격이 성숙했다면 형들의 허물을 고자질함으로 형들과의 관계를 더 불편하게 하지 않았을 것이다.

인격적 미성숙으로 인한 갈등에 대한 성경적 대안은 무엇일까? 인격적 미성숙은 타인에게 불편을 초래하여 반드시 갈등을 일으킨다. 성격이 화끈하다고 말하는 사람들이 있다. 자신은 뒤끝이 없지만 다혈질이기 때문에 화가 나면 그것을 다 쏟아내곤 한다. 우리가 알아야 할 것은 나의 언행이 타인에게 어떤 모습으로든지 피해를 준다면 그것은 성격유형이 아니라 버려야 할 나쁜 성질이라는 것이다. 화가 나면 참지 못하고 폭언이나 욕설을 하는 것은 그리스도인의 성품이 아니다.

신앙생활을 오래했음에도 불구하고 옛 사람의 모습을 버리지 못한 미성숙한 사람들이 있다. 교회의 장로와 집사 중에도 가정에서나 직장에서는 그런 모습으로 살아가는 사람들이 있다. 이 문제는 신앙인에게 결코 작은 일이 아니다. 앞서 살펴보았듯이 우리는 말로 살인도 할 수 있다. 신앙생활을 하는 모든 그리스도인은 자신의 말과 행동에 대해 하나님 앞에서 책임을 질 수 있어야 한다. 변화되지 않는 삶은 신앙생활이 아니다. 신앙생활은 나의 옛 사람이 죽고 그리스도 예수 안에서 새 사람으로 변화되어야 한다. 우리가 속지 말아야 할 것은 하나님께 향한 헌신과 열정이 있다고 해도 말과 행동이 변화되지 않는다면 그것은 경건한 삶이 아니며 거짓된 신앙이다.

하나님께서 변화시키지 못할 사람은 없다. 나의 노력이나 헌신

그리고 극기와 인내가 나를 변화시키는 것이 아니라 주님께서 내게 역사하실 때 내가 변화되는 것이다. 십자가를 진다는 것은 추상적인 생각이 아니며 삶의 현장에서 날마다 결단하며 경험해야 하는 신앙인의 모습이다.

교회에서는 장로이며 하나님께 헌신되어 있고 선교에도 열정이 있는 어떤 이사장의 사례를 얘기하려 한다. 그는 회사 내에서 업무로 인해 감정을 통제하기가 어려울 때가 많았다. 이래서는 안 되지 하지만 잘못 진행되는 업무에 대해 질책을 하다 보면 언성을 높이거나 원치 않는 말과 행동을 하게 되었다. 수년 동안 하나님께 기도하며 본이 되는 모습으로 변화되기를 원했지만 이 문제가 해결되지 않았다.

회사의 사목으로 있는 목사의 제안으로 다니엘 기도를 하루에 세 번 시작한 이후 놀라운 변화가 시작되었다. 다니엘과 같이 하루 세 번 하나님께 기도하며 나아갔다. 출근하면 자리에 앉지 않고 벽에 걸어 놓은 액자의 다니엘 기도문을 보며 서서 기도를 시작했다. 점심식사 시간 이후에도 오후 업무에 들어가기 전에 오후 기도로 다시 한 번 하나님 앞에 섰다. 퇴근할 때도 하루를 하나님 앞에서 돌이켜 보며 기도함으로 일터의 생활을 마무리했다. 이 같은 생활이 지속됨에 따라 그 동안 '욱' 하는 감정 통제의 어려움이 해결되기 시작했다. 직장사역훈련센터에서 제작한 다니엘 기도를 다음에 소개한다.

〈 일터에서 드리는 다니엘 기도 〉

직장인 Daniel Prayer

"……전에 하던 대로 하루 세 번씩 무릎을 꿇고 기도하며 그의 하나님께 감사하였더라"(단 6:10).

— **아침 (출근해서 자리에 앉기 전에 기도한다)**
1. 오늘도 이 일터를 허락하신 하나님께 감사드립니다. 하나님의 충성된 청지기가 되어 중요한 일이든 하찮은 일이든 모든 일을 주께 하듯 하게 하소서(골 3:23).
2. 이 일터의 주인은 하나님이십니다. 사람의 인정을 구하지 않게 하시고 하나님의 보이지 않는 손을 의지함으로 일터에서 인정받는 자가 되게 하소서(벧전 5:6).
3. 이 업무는 하나님께서 맡겨주신 하나님의 일입니다. 업무에 집중하게 하시고 욕심에 사로잡혀 그릇되게 행하지 않게 하소서(시 131:1).
4. 풍성한 성과를 주소서. 일터의 경영자가 선한 수익을 위한 올바른 의사결정을 내리게 하시고 모든 회의와 직원들의 업무에 하나님의 능력을 더하소서.
5. 축복의 통로가 되게 하소서. 업무를 통해 만나는 모든 직원들, 고객들과 거래처가 저로 인해 유익을 얻게 하소서(창 39:5).

― 점심 (오후 업무 시작 전에 기도한다)

1. 분주한 업무 가운데서도 저의 영혼을 보호하소서. 하나님의 음성에 민감하여 오후 일과 속에서 일의 즐거움을 경험하게 하소서(시 40:1).
2. 예수 그리스도의 섬김과 희생을 닮게 하소서. 그리하여 저의 삶의 모습과 업무의 성과가 다른 직원들에게 모델이 되어 평화의 도구가 되게 하소서(마 5:16, 요 13:14).
3. 일터에서 우선순위를 분별하게 하소서. 한정된 시간과 많은 일들 가운데 하나님께서 맡기신 시간을 효율적으로 사용하게 하소서(골 4:5).
4. 일터에서 구별된 삶을 살게 하소서. 세속적 가치관과 문화 속에서도 다니엘과 같이 하나님의 뜻대로 살아가는 지혜와 용기를 주소서(단 1:8).
5. 업무로 지쳐 있는 저와 동료에게 새 힘을 주소서. 오후 업무에서도 성과를 거둘 수 있는 지혜와 능력을 더하여 주소서(사 40:31).

― 저녁 (퇴근하기 전에 기도한다)

1. 오늘 하루의 삶 속에서 하나님께서 저와 함께 하여 주심에 감사드립니다.
2. 제가 감당한 모든 일이 하나님께 영광이 되게 하시고 일터에 유익이 되게 하소서.
3. 잘못 결정한 일이 있다면 깨닫게 해주셔서 바로 잡을 수 있는 은혜를 베풀어 주소서.

> 4. 육체의 피로를 완화시켜 주시고 퇴근 후 시간이 영혼의 안식이 있는 시간 되게 하소서.
> 5. 퇴근 후에 건강한 가정을 세우는 하나님의 청지기로 일터에 쏟은 열정만큼 충실하게 하소서.
>
> 예수님의 이름으로 기도드립니다. 아멘.

다니엘 기도문을 만들게 된 동기는 일터의 현장에서 하나님과 동행하는 삶을 살기 위해 고심하던 중에 다니엘이 아무 허물이나 아무 틈이 없는 생활을 했다는 성경 말씀을 보고 이것이 어떻게 가능한가를 묵상하면서 비롯되었다. 그리하여 다니엘이 하루 세 번 하나님께 기도하는 삶을 살았기 때문에 가능했다는 결론을 얻게 되었다. 그렇다면 우리도 하루 세 번 하나님께 기도하는 생활을 하게 된다면 보다 경건한 삶이 가능하지 않을까 하는 적용을 필요로 하게 되었다. 직장사역훈련센터의 김태완 목사가 초안을 잡고 그것을 수정 보완하여 지금의 다니엘 기도문이 탄생했다.

다니엘 기도문은 목회자, 직장인, 기업의 CEO, 가정주부, 학생 등 모든 대상을 위해 만들었다. 다니엘 기도문을 통해 하루 세 번 기도를 시작한 성도들의 간증이 넘쳐나기 시작했다. 일터의 현장에서도 하나님과 동행하는 삶이 가능해진 것이다. 하나님께서는 지금도 모든 성도들의 일터에서 역사하시기를 원하신다. 포도나무의 가지처럼 내가 주님 안에 거하기를 원하면 주님은 내가 있는 그

곳에 역사하신다. 날마다 간증이 넘쳐나야 한다. 다윗은 "여호와 나의 하나님이여 주께서 행하신 기적이 많고 우리를 향하신 주의 생각도 많아 누구도 주와 견줄 수가 없나이다 내가 널리 알려 말하고자 하나 너무 많아 그 수를 셀 수도 없나이다"(시 40:5)라고 고백했다. 갈등을 벗어날 수 없는 삶의 여정이지만 그 갈등 가운데 역사하시는 하나님의 기적 같은 손길이 우리가 다 말할 수 없을 정도로 넘쳐나기를 바란다.

사도 바울은 골로새 교회를 향하여 "그리스도의 말씀이 너희 속에 풍성히 거하여 모든 지혜로 피차 가르치며 권면하고 시와 찬송과 신령한 노래를 부르며 감사하는 마음으로 하나님을 찬양하고"(골 3:16)라고 권면했다. 하나님의 말씀이 나를 주관하는 것이 신앙생활이며 우리가 있는 모든 곳에서 말씀에 순종하는 삶을 살아야 한다.

갈등해결을 위한 성경적 대안

갈등으로부터 자유로운 사람은 없다. 갈등은 우리에게 매우 가까이 있으며 우리의 일터의 현장에 함께 한다. 일하다 보면 갈등으로 일이 잘 풀리지 않거나 더욱 힘들게 될 때가 많다.

어느 날 한 여직원이 분노를 삭이지 못하고 상담을 요청했다. 다른 부서의 여직원으로부터 험담과 비난을 받고 있는 억울한 일로 감정 조절이 되지 않는다고 했다. 폭발하기 직전의 상태에서 상담을 해 보니 일의 시작은 작은 일이었는데 지금은 해결의 실마리가 잡히지 않는 복잡한 상태가 되었다. 누구나 자신에 대해 뒤에서 험담과 비난하고 있다는 것을 알게 된다면 이것은 받아들이기 힘든 상황이다.

우리의 일터에서 빈번하게 일어나는 갈등에 대해 성경은 어떤 대안을 제시하고 있을까? 갈등해결의 성경적 원리와 대안은 무엇일까?

1. 황금율을 지키라

"그러므로 무엇이든지 남에게 대접을 받고자 하는 대로 너희도 남을 대접하라 이것이 율법이요 선지자니라"(마 7:12).

대인관계를 위한 성경의 가르침의 대표적인 말씀이 황금율이라고 알려져 있는 마태복음 7:12 말씀이다. 예수님은 너와 나의 관계의 갈등을 잘 알고 계셨다. 서로를 향한 비판이 갈등을 일으키는 요인임을 말씀하셨다. 내 눈에 있는 들보는 보지 못하고 타인의 눈에 있는 티끌을 보고자 하는 죄된 심성을 말씀하셨다. 너와 나의 관계에서 주님이 원하시는 것은 '내가 대접을 받고자 하는 대로 먼저 대접하는 것'이다. 남을 향해 먼저 대접하고자 하는 삶은 학식이 필요한 것이 아니다. 사회적 지위가 필요한 것도 아니다. 남들과 다른 경력도 요구되지 않는다. 하나님의 형상대로 지음받은 사람이라면 누구라도 할 수 있지만 그러나 누구라도 쉽게 할 수는 없다. 그래서 누구나 황금율을 행할 수는 있지만 누구나 황금율 대로 살지는 않는다.

상담을 요청했던 여직원은 상담 후 한 주가 지난 후에 다음과 같은 문자를 내게 보냈다.

"지난 주 말씀드렸던 일들은 없었던 걸로 부탁드립니다. 하나님께서 저에게 잠잠하라고 하시는 것 같습니다. 원인을 저에게서 찾아보고 저의 부족한 점을 돌이켜 보는 계기로 만들어 보겠습니다. 제가 한 걸음 뒤로 물러나 생각해 보도록 상담해 주셔서 감사했습니다."

나는 자매의 말에 경청함으로 반응했고 그 자매는 자신이 하고 싶은 이야기를 한 이후 흥분을 가라앉힐 수 있었던 것이다. 황금율은 나 중심적 생각에서 상대의 입장에 다시 한 번 서 보는 것이다. 나 자신의 분노와 보복하고자 하는 마음에 사로잡혀 있게 된다면 나는 그 일로 인해 계속해서 고통을 받게 되고 대인관계는 더욱 악화될 뿐이기 때문이다.

1) 구체적으로 먼저 대접하라

그리스도인은 일터에서 확실히 구별된 삶을 드러내야 한다. 구별되는 삶의 특징은 신앙성장의 수준에 따라 너와 나의 관계에서 변화되는 삶으로 나타난다. 모인 교회에서 많은 봉사를 하고 구역모임의 인도자로 열심히 섬기는 것이 신앙성장을 나타내는 것이 아니다. 삶의 모든 현장에서 주님의 말씀을 얼마나 말과 행동으로 드러내는가를 보면 알 수 있다. 한국 사회에서는 사람들이 복음에 대해 듣기보다 복음의 능력을 보기 원한다. 일터의 현장에서 상담하며 끊임없이 확인하는 것은 교회에 출석한 일이 있었던 불신자가 너무도 많다는 것이다. 그들이 교회에서 거듭남과 신앙생활을 경험할 수 없었던 것은 복음으로 사는 사람들의 실제적인 삶의 도전이 부족하고 한 사람의 구원에 대한 간절함이 미흡하기 때문이 아닌가 생각된다.

특히 일터에서는 전도가 어려운데 그것은 전도하는 사람의 말보다 전도하는 자의 삶을 주목하기 때문이다. 불신자는 일터의 현장에서 예수님의 삶의 모습을 보여줌으로 남들과 다른 구별된 그리스도인의 삶을 보고 느끼지 않는 한, 그리스도인의 삶을 주목하기가 쉽지 않다. 모든 성도들은 삶의 현장에서 황금율을 적용하고 있는지를 확인하기 바란다. 내가 있는 그곳에서 황금율을 적용하는 삶이 세상의 소금과 빛의 삶이다.

교회마다 커피숍과 같은 교제의 장을 만들기 시작했다. 그런데 그 곳에 가면 조용하게 대화를 나눌 수가 없다. 2-3명만 모여도 너무 시끄럽게 떠들고 모두가 듣도록 큰 소리로 말하기 때문이다. 다른 사람들을 전혀 배려하지 않지만 그것의 문제를 거의 느끼지 못하는 신앙인의 모습을 보게 된다. 신앙과 대인관계는 무관한 것이 아닌데 우리의 신앙생활과 일상생활이 깊은 관련이 없어 보일 때가 많다. 신앙의 성장은 전인격적 변화인데, 신앙활동의 열정이 있고 신앙생활의 연수가 오래 되어도 변화로 나타나지 않는 안타까운 모습을 볼 때가 있다. 신앙생활을 계속하는데 생활의 변화가 없다면 신앙훈련이 성경적 지식과 단계별 과정을 이수하는 것이라고 오해하고 있는 것이다.

2) 경청은 적극적인 의사소통이다

회사에서 사역할 때 모든 직원들을 만나 상담하는 사역을 했다. 상담에서 가장 중요한 일은 경청이다. 직원을 일대일로 만나게 되면 준비된 질문을 하고 주로 경청한다.

"이 회사를 다니면서 좋았던 점과 힘들었던 점은 무엇입니까?"

"이 회사나 자신이 일하는 부서의 특징이나 장점은 무엇이고, 혹시 개선되었으면 하는 부분들이 있다면 무엇이 있습니까?"

"하루의 대부분을 보내는 일터를 일할 맛나는 곳이 되게 하려면 어떻게 하면 좋을까요?"

이런 질문들을 던지고 단지 주목하여 듣기만 했는데, 많은 경우 면담하러 들어왔을 때와 나갈 때의 표정이 눈에 띄게 좋아지는 경우를 많이 보게 된다. 너와 나의 관계에서 경청하는 삶이 바로 황금율을 적용하는 기본이다. 경청은 단순히 남의 말을 귀 기울여 듣는 것이 아니다. 경청을 하려면 먼저 상대에 대해 관심을 가지고 있어야 하며 존중하고 인정하는 마음이 필요하다.

경청을 한다면 대화를 나눌 때 상대의 눈을 마주보고 있어야 한다. 상대를 보지 않는다면 그것은 대화하고 싶지 않다는 표현이다. 상대를 무시하거나 귀찮다고 여길 때 우리는 눈을 마주치지 않으려 한다. 대화를 나눌 때에는 항상 상대의 눈을 보면서 그에게 주의를 집중해야 한다. 함께 논의하는 사람이 눈을 마주치지 않고 컴퓨터로 자신의 일을 하면서 건성으로 대답한다면 이것은 바른 자세가 아니다. 일반적으로 외향적인 사람은 듣기보다 말하기를 좋아한다. 타인의 말을 경청할 만큼의 여유도 없어 보인다. 경청을 배우지 못한다면 너와 나의 관계는 보다 친밀해지기 어렵다. 신앙생활은 너와 나의 관계에서도 변화가 나타나야 하는데 그러기 위해서는 경청을 배워야 한다.

경청은 상대의 말에 동의를 보내는 것이다. 경청하지 않고 건성으로 답한다면 진정한 관계가 형성될 수 없다. 하나님과의 관계에서뿐 아니라 사람과의 관계에서도 진정한 관계를 맺기 위해서는 아멘으로 동의해 주어야 한다. 경청은 너와 나의 관계에서 작은 일이 아니다. 일터에서 상하 관계에서도 매우 중요한 것이 바로 경청하는 삶의 자세다. 내가 존중받기 원한다면 경청하는 삶을 배워야 한다. 경청은 상대를 존중하는 삶의 자세이기 때문이다. 고객과의 만남에서도, 협상을 하려고 할 때에도 경청은 매우 중요하다. 경청이 되지 않으면 진정한 대화와 좋은 관계가 형성될 수 없다.

경청을 하려면 자세도 중요하다. 앉아서 대화를 나눈다면 상체를 앞으로 하여 중심이 앞으로 약간 기울어져 있어야 한다. 서서 대화를 할 경우에는 거리도 매우 중요하다. 친밀한 관계에 따라 상대와의 거리가 영향을 미친다. 친밀하지 않은 사람과 너무 가까이서 대화를 나눈다면 부담스럽게 된다. 적당한 거리를 두고 대화를 할 때 경청할 수 있다.

너와 나의 관계가 변화되는 것이 신앙생활이다. 너와 나의 관계에서 변화되려면 먼저 상대의 말에 귀를 기울여 보기 바란다. 나의 배우자의 말을, 나의 자녀의 말을 경청하게 되면 관계에 변화가 시작된다. 일터에서도 마찬가지다. 내가 타인의 말에 어떻게 반응하는지를 살펴보고 주님께 하듯 하기 바란다. 주님께 하듯 하는 삶을 배워간다면 주님의 임재와 역사를 경험하게 될 것이다.

중소기업의 사장에게 직원들을 위해 기도할 것을 제안했다. 직원들을 위해 기도하는 시간을 갖게 된 사장은 자신이 직원들을 위해 구체적으로 무엇을 기도해야 할지 모르고 있다는 것을 알았다. 그래서 직원들과 만나는 요일을 정하고 그 날은 직원과 일대일로 만나 점심식사를 함께 했다. 식사 이후에는 준비된 여러 질문을 하면서 경청을 했다. 그래서 직원의 성장과정, 지금의 가정 이야기, 일터에서의 여러 가지 문제와 갈등 등에 대해 알게 되었다. 직원들의 이야기를 경청하기 전에는 알지 못했던 많은 것들을 알게 되었을 뿐 아니라, 실제적으로 직원을 돕는 일과 사기 진작을 위한 대안을 세울 수 있게 되었다. 많은 시간을 함께 지내도 개인적으로 만나 경청하는 시간을 갖지 않는다면 깊이 있는 관계가 형성될 수 없다.

사도 바울과 바나바가 마가의 일로 심히 다투고 헤어지는 사건은 매우 마음 아픈 일이었다. 신앙 공동체에서도 이 같은 안타까운 일들이 일어나곤 한다. 신앙의 수준이 낮기 때문이 아니라 사실은 경청하는 삶을 배우지 않았기 때문이다. 사도 바울과 바나바가 서로의 주장에 대해 귀를 기울여 경청했다면 서로 충분히 납득이 가능했을 것이다. 서로의 주장이 주님이 보시기에 다 인정될 수 있는 의견이었기 때문이다. 서로가 경청하여 인정했다면 사도 바울은 바나바를 축복하면서 하나님께서 마가와 함께 하는 사역에 놀랍게 역사하시도록 기도해 주었을 것이다. 사도 바울이 바나바와 함께 하는 것만이 최선은 아니다. 때로는 헤어지는 것이 주님의 뜻이다. 그럴 경우 조정하고 서로를 축복하는 결별의 과정이 필요하다.

3) 윈-윈 할 수 있는 전략을 찾으라

빙점의 저자인 미우라 아야코의 이야기다. 그녀는 남편의 수입만으로는 생계를 유지할 수 없어서 조그만 잡화점을 차렸다. 최선을 다해 물건의 구색을 맞추려고 노력했고 찾아오는 손님들에게 친절을 다했다. 가게는 날로 번창하였으며 이웃 가게들은 장사에 큰 지장을 받게 되었다. 그러자 남편의 권유로 가게의 규모를 줄이고 찾아오는 손님들에게 이웃가게를 적극 소개하고 그곳으로 가게 했다. 자연히 가게의 손님은 줄어들었고 남는 시간이 생겼다. 이때 틈틈이 쓴 글을 아사히 신문사에서 주최하는 1천만 엔 상금의 소설 현상 공모에 출품했는데, 이글이 당선되었다. 바로 그 작품이 유명한 『빙점』이다.

일터의 현장에서 황금율을 적용하기 어려울 때가 많다. 그러나 황금율은 항상 손해 보는 삶이 아니다. 항상 양보하고 포기하는 것이 황금율이 아니기 때문이다. 황금율은 서로에게 유익한 것이 무엇인지를 찾는 것이다. 황금율을 적용하고자 할 때 하나님께서는 내가 지나치게 욕심에 사로잡히지 않게 하시며 타인의 고통을 통해 나의 이익을 추구하는 잘못된 방법을 바로 잡게 하신다.

사울 왕은 다윗을 군대장관으로 계속 인정하기 힘들었다. 민심이 다윗에게 향하는 것을 확인할 수 있었기 때문에 왕권을 자신의 아들 요나단에게 세습하는 것도 어려울 것 같았고 다윗과 비교되는 시기심을 극복할 수가 없었다. 그러나 사울 왕이 다윗을 계속해서 군대장관으로 인정했다면 그는 이스라엘에서 가장 위대한 왕이 되었을 것이다. 다윗과 같은 군대장관은 이전에도 이 후에도 없었기 때문이다. 그는 왕권을 무력으로 찬탈하고자 하는 의도가 없다는 것을 분명하게 사울 왕에게 밝혔지만 사울 왕 스스로가 윈-윈 전략을 받아들이지 않았다.

그리스도인은 대인관계에서도 살아계신 하나님을 경험해야 한다. 필연적 갈등이 생기는 그 곳에서 하나님의 역사를 경험하는 일이 있어야 한다.

2. 할 수만 있다면 평화하라

"할 수 있거든 너희로서는 모든 사람과 더불어 화목하라 내 사랑하는 자들아 너희가 친히 원수를 갚지 말고 하나님의 진노하심에 맡기라 기록되었으되 원수 갚는 것이 내게 있으니 내가 갚으리라고 주께서 말씀하시니라 네 원수가 주리거든 먹이고 목마르거든 마시게 하라 그리함으로 네가 숯불을 그 머리에 쌓아 놓으리라 악에게 지지 말고 선으로 악을 이기라"(롬 12:18-21).

하나님께서는 할 수 있거든 모든 사람과 더불어 화평하기를 원하신다. 갈등의 시작은 죄로 말미암은 것이기 때문에 하나님께서는 너와 나의 관계에서 갈등이 아니라 화평이 있기를 원하신다. 신앙인뿐 아니라 모든 사람은 갈등을 원치 않는다. 갈등은 반드시 고통을 수반하기 때문에 누구도 원하지 않는다. 그렇지만 갈등의 뿌리는 죄이기 때문에 죄성을 이길 수 없는 사람은 갈등을 피할 수 없다. 하나님의 도우심이 없이는 갈등에서 벗어날 수 없다. 하나님께서는 할 수 있거든 모든 사람과 화평하라고 말씀하신다.

어떻게 이렇게 화평할 수 있을까? 갈등은 누구도 피할 수 없다. 그래서 갈등이 발생하면 회피하거나 내 안에서 꿈틀거리는 갈등을 억압하려 한다. 갈등은 피하는 것이 대안이 아니다. 또한 억압한다고 해결되지 않는다. 피하거나 억압된 갈등은 기회를 만나면 폭발적으로 터져 나오기 때문이다. 온전한 사람은 없기 때문에 누구나 실수할 수 있고 문제가 있다. 나도 그렇고 상대도 그러하다고 인정하는 것이 매우 중요하다. 일터에서도 내가 실수할 수 있을 뿐 아니라 함께 일하는 사람들도 실수할 수 있는 존재임을 항상 잊지 말아야 한다. 우리는 모두 문제가 많은 존재들임을 인정하고 언제나 그대로 용납해야 한다는 사실을 하나님께 고백해야 한다.

갈등이 발생하는 원인 가운데 하나가 서로가 다르기 때문이다. 특히 한국적 사회에서는 위계질서를 강조하는 유교적 의식이 강하기 때문에 수평적 관계가 쉽지 않다. 일터의 현장에서 자유롭게 논의하고 상대를 인정하는 것이 쉽지 않다. 일터에서 상사의 입장에 서면 나와 다른 것은 도전이며 항명처럼 인식되기 쉽다. 차이점은 좋고 나쁜 것이 아니라 다양한 것이다. 누가 옳고 그른 것이 아니라면 서로 다른 것들에 대해 경청함으로 보다 폭넓은 기회를 가질 수 있다.

일터에서 보면 부조리한 구조는 아닌데 업무 관계가 잘못되어 있을 때가 있다. 항상 야근해야 하는 부서가 있는가 하면 정시에 퇴근해도 되는 부서가 있다. 이것은 구조적인 문제라고 할 수 있다. 구조적인 문제에 대해서는 해결 방법이 시스템을 바꾸는 것이다. 그렇지만 말처럼 쉽지 않다.

은행에서 근무하는 한 여직원은 두 아이의 엄마였지만 퇴근이 항상 늦었다. 다른 부서에서 업무를 마감한 상태에서 전달되면 그것을 마무리한 다음에 퇴근해야 하기 때문이었다. 두 아이의 양육을 위해 이같이 야근이 일상화되는 업무 환경에서는 계속 일할 수 없었다. 상담을 한 이후 함께 기도를 시작했다. 하나님께서 어떻게 역사하실지 기대하며 한 달 동안 간절히 기도했다. 회사의 시스템이 바뀌거나 피할 길을 주시기를 기도한 것이다. 한 달이 지날 때쯤 하나님께서 역사하셨다. 근무 시간이 아이들을 어린이집에 보내는 시간만 일할 수 있는 일자리로 옮길 수 있도록 된 것이다. 월급은 줄었지만 그것과 비교할 수 없는 보상을 주셨다. 하나님께서는 우리의 일터에서 지금도 일하신다.

화평할 수 없는 관계이거나 상황이라면 어떻게 해야 할까? 화평할 수 없는 관계나 상황을 우리는 원수관계라고 한다. 일방적으로 고통을 받았거나 피해를 본 경우다. 용납될 수 없는 그런 아픔을 경험했을 때 어떻게 해야 할까? 평생을 그런 상처를 가지고 살아가는 사람이 있다. 과거의 상처를 생각나게 하는 일이 일어날 때마다 또다시 분노에 쌓이며 화가 나서 정상적인 생활이 힘들어지기도 한다. 과거의 사건으로 인해 현재의 삶도 부정적인 영향을 받는다.

이에 대한 일반적 대응 방법은 보복의 원리다(마 5:38). "눈은 눈으로, 이는 이로 갚으라."는 말처럼 행동하기 원한다. 또는 "되로 받았으면 말로 주라."고 한다. 주님이 원하시는 방법은 무엇일까? 원수 관계에서 내가 갚지 말고 하나님께 맡기라고 하신다.

평화할 수 없을 때 하나님의 진노하심에 맡기면 과거의 상처로부터 벗어날 수 있다. 과거와 단절케 하시는 하나님의 역사를 경험할 수 있다.

3. 사랑하라

"오직 너희는 원수를 사랑하고 선대하며 아무 것도 바라지 말고 꾸어 주라 그리하면 너희 상이 클 것이요 또 지극히 높으신 이의 아들이 되리니 그는 은혜를 모르는 자와 악한 자에게도 인자하시니라"(눅 6:35).

주님이 우리에게 요구하시는 수준은 원수를 사랑하고 선대하며 아무 것도 바라지 말고 꾸어 주는 삶이다. 이것이 가능할까? "지금까지 살아오면서 이 같은 경험을 한 일이 있는가?"라는 질문을 많은 성도에게 했다. 원수를 사랑하고 오히려 그를 선대하며 아무 것도 바라지 말고 꾸어 줄 수 있을까? 이것은 사람으로는 불가능하지만 하나님께서 역사하시면 가능하다.

어느 날 아침에 아내의 비명 소리에 놀라 깨어 거실로 급히 나갔다. 오늘 아침에 누군가에게 전달하기 위해 어제 늦은 시간에 가져 온 천만 원권 수표 2장이 사라진 것이다. 안방 침대 옆에 두었던 가방이 거실에 있었고 그 안에 있던 수표와 현금이 없어졌다. 그 옆에는 나의 바지가 놓여 있었고 지갑은 꺼내져 있었으며 현금은 없었다. 그 때까지 집안에 있는 돈이 없어진다고 생각했지만, 그것이 도둑이 들어와서 가져간다고 생각하지 않았다. 바지에 있었던 6만 원이 없어졌지만, 다른 곳에 둔 것이 아닌가 했다. 아내는 삼십여 만 원의 현금이 없어졌다고 했지만, 아내의 건망증 때문에 어디

두었는지 기억해내지 못한다고 생각했다. 여러 달 동안 집 안에 있던 현금이 없어졌는데 이제야 그 이유를 알게 된 것이다. 도둑이 주기적으로 우리 집을 방문하여 현금을 가져갔는데도, 우리는 한 번도 그런 생각을 하지 않았던 것이다.

이천만 원의 수표를 잃어버린 것은 매우 당혹스런 일이었다. 우리의 통장에는 그런 큰돈이 없었고 그 돈은 오전 9시까지 다른 사람에게 전달해 주어야 했다. 급한 대로 잘 알고 있는 기업인에게 전화를 해서 도움을 요청했다. 그러나 당장 이천만 원의 현금을 빌려 줄 수 있는 사람은 없었다. 갑작스럽게 발생한 이 같은 낭패에 대해 우리 부부는 어찌할 바를 몰랐다. 전화를 해서 도움을 요청했지만 해결되지 않자 나는 기도하며 말씀을 보았다. 그 때 묵상했던 말씀이 에스겔서였는데, 하나님께서는 말씀으로 회복해 주시겠다고 확신을 주셨다. 믿음으로 받아들이자 놀랍게도 더 이상 염려되지 않고 평안이 밀려 왔다. 오히려 하나님께서 어떻게 역사하실지 흥분과 기대가 생기기도 했다.

경찰서에 신고하자 여러 경찰들이 우리집을 방문했다. 과학수사대라고 새긴 옷을 입은 경찰이 와서 도둑이 어떻게 집안으로 들어왔는지를 설명해 주었지만, 도둑을 잡거나 돈을 회수할 수 있는 실제적인 도움을 주지는 못했다. 그 이천만 원은 부동산 관련 계약금이기 때문에 당장 그 돈이 없으면 계약은 깨어지고 위약금까지 물어야 하는 급박한 상황이었다.

기도하는 가운데 첫 번째 하나님의 역사하심을 경험할 수 있었다. 상대방이 계약을 취소함으로 당장 그 돈이 필요치 않게 된 것이다. 하나님께서 역사하심에 대한 첫 번째 간증이었다. 우리의 인생의 여정에서 수없이 많은 시련이나 곤경에 부딪히지만 우리가 믿음 안에 있으면 그 같은 문제가 하나님이 역사하시는 기회가 된다는 사실을 확인하는 순간이었다.

이후 잃어버린 수표를 추적하여 회수하기 위한 작업에 들어갔다. 수표 번호를 알지 못했지만 하나님의 도우심으로 수표를 발행한 은행을 알게 되었고, 의정부 법원을 방문하여 수표를 찾을 수 있는 방법을 실행했지만 이천만 원이 우리에게 돌아오려면 무려 5개월 이상의 시간이 필요했다. 그러나 이천만 원은 수일 내에 필요한 돈이었기 때문에 어떤 대안이 필요했다. 하루하루가 지나가면서 돈이 마련되어야 했지만 달리 방법이 없었고 어찌할 바를 모르는 가운데 지나갔다.

수표를 분실한 지 8일째 되는 아침에 아내의 또 다른 외침을 듣게 되었다. 출근을 하려고 현관을 나서던 아내는 천만 원짜리 수표 2장을 발견한 것이다. 도둑은 우리 집을 수시로 자주 드나들기 때문에 또다시 방문하여 수표 2장을 현관 문 밑에 놓고 간 것이다. 할렐루야!

수표를 발견하자 우리는 경찰서에 연락하여 수표를 찾게 되었다고 알려주었다. 그러자 경찰은 급히 그 수표를 회수하여 갔다. 수표를 가져다준 도둑을 잡기 위해서였다. 아차! 하는 생각에 하나님께 기도하기 시작했다. "주님! 이 도둑이 잡히지 않기를 바랍니다. 우리에게 수표를 가져다주었기 때문에 잡힌다면 너무 억울하지 않을까요?"

그러나 며칠이 지난 이후 경찰서에서 도둑을 잡았다는 연락이 왔다. 하나님께서는 제 기도에 이렇게 응답하셨다. 안타까운 마음으로 경찰서에 가서 그 동안의 모든 과정에 대해 조서를 썼다. 강력계 형사에게 그를 만나게 해달라고 요청했다. 지금은 만나기 곤란하다는 답변을 듣고, 그가 처벌받지 않고 훈방처리 되기를 요구했다. 그렇지만 전과가 너무 많아 그렇게 될 수 없다는 답변을 받았다. 선처를 위해 어떻게 해야 하는지를 물었다. 사건 조서에 피해자가 선처를 바란다고 기록하고 지장을 찍게 했다. 강력계 형사가 제 직업이 무엇인지를 물었다. 목회자라고 답 했더니 그럴 것이라고 짐작했다고 했다. 그리고 몇 차례 경찰서를 방문하게 되었는데, 그 방에 있는 강력계 형사들은 저를 최영수 씨가 아니라 목사님이라고 불렀다.

이후 날마다 하나님께서 그 도둑에게 역사하시기를 기도했다. 어느 날 저녁에 손님과 함께 식사를 하고 있는데 검찰청에서 전화가 왔다. 처음에는 교회에서 강의 부탁하는 전화인 줄 알았는데, 교회 이름이 이상하여 다시 물으니 서울지방검찰청 수사관이라고 하는 것이다. 그 도둑 이야기를 하며 선처를 확인했고 선처를 바란다면 가해자와 합의하면 된다는 내용이었다. 기꺼이 합의를 할 의사가 있다고 회신을 주자 수사관은 알겠다고 했다. 몇 분 지나지 않아 가해자의 아버지가 전화를 걸어 합의서를 요청했다. 가해자의 부모를 만났다. 70대의 노약자인 아버지와 암수술을 받은 일이 있는 60대 후반의 불쌍한 어머니였다. 아버지는 월남전 참전으로 인해 고엽제 후유증을 갖고 있었다. 40세나 된 아들이 그 동안 20년 가까이를 교도소에서 보냈다는 것이다.

합의서를 써야 하는데 어떤 양식으로 써야 할지 알 수가 없었다. 그래서 검찰청 수사관에게 합의서를 어떻게 써야 하는지를 물어 보았다. 수사관이 검찰청으로 방문할 수 있는지를 물었다. 기꺼이 방문하겠다고 회신을 하고 서울지방검찰청을 처음으로 방문하게 되었다. 추운 겨울이라 방문하는 과정에서 주차가 쉽지 않아 여기 저기 찾다가 가죽 장갑을 잃어버리기도 했다. 검사와 수사관 그리고 직원이 있는 방을 찾았다. 합의서 쓰는 법을 알고 나니 수사관에게 탄원서를 쓰면 검사가 형량에 반영한다는 이야기를 듣게 되었다. 검사에게 인사를 하고 "탄원서를 어떻게 쓰면 좋겠습니까?" 하고 물었다. 특별한 양식은 없고 탄원서에 따라 형량에 반영하겠다고 했다.

탄원서를 어떻게 써야 할지를 궁리하며 여러 차례 다시 쓰기도 했다. 어떻게 하면 보다 형량을 줄이도록 영향을 줄 수 있을까? 하나님께서 지혜를 주셨다. 그래서 그를 만나러 유치장을 찾아가게 되었다. 영치금을 넣고 그를 만나 탄원서의 내용을 보여주었다. 탄원서에는 다시는 도둑질을 하지 않고 그 동안 도둑질한 모든 금액을 내가 일하여 번 돈으로 갚겠다는 내용이었다. 그에게 이 같은 약속을 할 수 있을지를 물었다. 그의 부모님을 만난 일도 이야기했다. 언제까지 이와 같이 살 것인지를 되물었다. 그는 다시는 도둑질을 하지 않겠다며 참회의 눈물을 흘리며 약속을 했다. 탄원서를 검사에게 보낸 이후에 그에게서 편지가 왔다. '할렐루야!'로 시작되는 편지였다. 신앙생활을 시작했다는 고백이 있었다.

편지의 내용은 자신 같은 전과자는 퇴소하고 나가도 일자리를 찾을 수 없다는 것이었다. 일자리를 갖지 못하면 경제적으로 사회적으로 독립이 가능하지 않기 때문에 또다시 도둑질의 유혹을 받게 된다고 했다. 자신에 대해 한탄하며 전과가 많은데 누가 자기를 고용하겠냐며 한계를 고백했다.

이후 기업인들을 만날 때마다 참회한 이 친구를 고용할 사람을 찾았다. 그렇지만 나서는 사람이 없었다. 또다시 편지가 왔다. 재판관에게도 탄원서를 보낼 수 있는지를 물어왔다. 재판관에게 또다시 탄원서를 보냈다. 그 이후 세 번째 감사의 편지가 왔다. 자신은 전과가 많은데 기대했던 것보다 너무 낮은 형량을 선고받았기 때문에 기쁨과 함께 감사를 표현하는 내용이었다.

경제적으로나 정신적으로 피해를 준 가해자를 용서하고 그를 돕는 것은 쉽지 않은 일이다. 아내는 도둑이 우리가 자는 방에도 수시로 드나들었다는 사실이 너무도 무섭고 두렵다고 했다. 그래서 되도록 빨리 이사가기를 원했다. 우리가 자는 방에 여러 차례 들어왔었다는 것을 생각하면 섬뜩해지는 마음이 든다. 그러나 내게 일어난 사건에 대해 주님의 말씀대로 순종하는 것이 목회자의 도리라고 생각했다. 아내도 기꺼이 동의해 주었다.

"오직 너희는 원수를 사랑하고 선대하며 아무 것도 바라지 말고 꾸어 주라 그리하면 너희 상이 클 것이요 또 지극히 높으신 이의 아들이 되리니 그는 은혜를 모르는 자와 악한 자에게도 인자하시니라"(눅 6:35).

예수님이 제자들과 마지막 만찬을 드신 후에 허리에 수건을 두르고 제자들의 발을 씻겨 주셨던 것은 사랑해야 할 대상이 사랑받을 만한 사람이기 때문이 아니라 무조건 사랑해야 할 하나님의 형상대로 지음받은 사람이기 때문이다. 제자들은 날이 밝기 전에 예수님을 버리고 도망가거나 숨어버리거나 닭 울기 전에 세 번 부인함으로 주님을 배반할 사람들이었다.

그럼에도 불구하고 예수님은 그들의 발을 씻겨 주셨다. 이는 사랑하고 섬겨야 할 대상은 내가 기준을 가지고 선택하는 것이 아니라 사랑받을 자격이 없는 자라도 사랑해야 한다는 강력한 메시지를 담고 있는 것이다.

많은 성도들에게 "은혜를 모르는 자와 악한 자에게 사랑을 베푼 일이 있는가?"라고 질문해 보았다. 은혜를 모르는 자와 악한 자라면, 그것은 인간성이 파괴되었거나 기본적인 양심이 없는 사람이다. 그런 사람을 사랑한다는 것은 불가능한 일이다. 그러나 하나님을 사랑하는 자, 곧 그 뜻대로 부르심을 받은 자에게는 그런 사랑이 이루어질 수 있다.

아직도 해결되지 못한 마음의 상처를 가지고 살아가는 사람이 있는가? 주님께 그 문제를 가지고 나아가기 바란다. 주님만이 나를 치유하시고 회복시키실 수 있다. 또한 우리 주변에 과거의 상처로 인해 고통받고 있는 사람이 있는가? 그들은 우리의 기도가 필요한 사람이다. 우리의 기도에 하나님께서 응답하심으로 그들이 치유되고 회복되는 역사를 경험해야 한다. 우리는 원수를 사랑하라는 말씀을 알 뿐 아니라 그 말씀대로 순종하여 말씀이 경험되는 은혜가 있어야 한다.

MONDAY CHRISTIAN

8

WHERE IS YOUR GOD?

일, 하나님의 소명

일상생활은 우리에게 주신
하나님의 소명을 이루는 기회다.

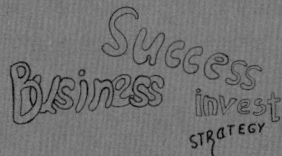

MONDAY CHRISTIAN

아침 이른 시간부터
일터로 향하는 사람들이 분주하다.
일은 단순히 자아실현이나
생계유지를 넘어서서
하나님의 뜻을 이루는 하나님의 소명이다.

1988년 여름, 이랜드 사역을 시작으로 거의 26년 정도 일터사역을 했다. 하나님께서 주신 기회였다. 이랜드 사역은 일터사역을 하게 되는 계기가 되었다. 그 당시 일터사역은 아무도 관심을 갖지 않는 사역이었지만, 내가 의도하지 않았음에도 하나님께서는 일터사역이라는 미지의 길로 나를 들어서게 하셨다. 하나님께서 지금의 세대를 위해 누구도 관심을 보이지 않았던 일터사역으로 부르셨다는 것을 그 후 일터사역을 계속 하면서 확신하게 되었다.

그런데 이랜드에서의 제자훈련은 어디서 무엇을 어떻게 해야 할지 지도하는 사람 없이 좌충우돌하면서 진행되었다. 일터와 제자훈련이 어떤 관계가 있는지 알 수 없었다.

영업부 직원의 영업활동과 제자훈련은 어떤 관계가 있을까? 제자훈련은 모인 교회에서 매우 중요한 신앙훈련 프로그램이었다. 사랑의교회는 옥한흠 목사님을 중심으로 '제자훈련을 통해 평신도를 깨운다.'는 시대적 사명을 위해 최선을 다하는 교회였다. 사랑의교회 대학부를 지도하는 기회가 주어졌을 때는 대학생들의 미래를 위해 준비하기 위해 열심히 제자훈련을 했다. 모인 교회에서는 제자훈련이 신앙을 훈련하는 좋은 도구가 되었다.

그러나 이랜드에서 제자훈련을 통해 직원들의 신앙을 훈련하고

자 했을 때는, 몇 가지 중요한 문제에 부딪히게 되었다. 제자훈련을 이랜드의 일터 현장에 어떻게 적용해야 할지 분별하기가 어려웠던 것이다.

"영업부 직원의 영업과 제자훈련은 무슨 관계가 있을까?"

"생산부 직원의 생산과정을 관리하는 것과 제자훈련이 무슨 연관이 있을까?"

영업부 직원에게 제자훈련을 하면 더 영업활동이 잘 되는 것 같지는 않았다. 디자이너에게 제자훈련을 하면 더 디자인이 잘되는 것은 아니었다.

이랜드는 그 당시 매년 두 배 이상의 성장을 했기 때문에 모든 직원들은 하루하루가 매우 분주했다. 사역 초기에 직원들의 업무와 제자훈련의 관계가 정확히 정리되어 있지 않았기에 '어떻게 하면 열심히 일하면서도 말씀과 기도 중심의 영적 신앙생활을 잘 할 수 있을까?' 하는 것이 주된 관심사였다.

그때까지 했던 제자훈련은 말씀과 기도를 중심으로 하는 소위 '영적인 면'을 강조하는 신앙생활을 중심으로 했기 때문에, 일터의 현장에서 하루의 대부분을 일하는 직원들에게 그들의 직업과 관련하여 명확한 대안을 제시하지 못했다.

이런 와중에 하나님께서는 방선기 목사님과의 만남을 허락하셨다. 안개 속을 헤매던 중에 분명히 나아갈 길을 발견하게 되었고, 이후에 일터와 신앙생활이 어떤 관계가 있는지 성경적으로 정리할 수 있게 되었다.

한국 교회사에서 믿음으로 살았던 영향력 있는 그리스도인으로서 생각나는 분은 누구인가? 그분들 가운데 직업인 그리스도인은 누가 있는가? 교회의 신앙 공동체는 전체 성도 가운데 목회자의 비율이 50분의 1도 안 된다. 대부분의 신앙인이 일상적인 영역에서 일생을 살고 있다. 특히 직업인은 자신의 삶의 영역에서 직업 활동을 빼면 실제로 주목할 만한 생활이 없을 정도다.

그런데 기억이 나는 신앙인 가운데 정치인, 경제인, 교육자 등 직업의 현장에 있는 인물들은 많이 떠오르지 않는다. 왜 그렇게 되었을까? 우리에게 익숙한 믿음의 사람들이 목회자와 선교사들뿐이라면 일터의 영역에서 강력한 영향을 미친 그리스도인은 별로 없다는 것이다.

이것은 대단한 모순이다. 예수님은 세상에서 소금과 빛으로 사는 삶이 신앙인의 삶이라 말씀하셨는데, 교회에서가 아니라 세상에서 소금과 빛으로 영향력을 미치는 신앙인이 많지 않다는 것은 어디에선가 크게 왜곡되어 있다고 볼 수 있다.

이런 가운데 일터에서 만났던 여러 직장인들이 목회자의 길을 가는 경우를 보게 되었다. 기업 안에서 사역하다 만났던 그리스도인이 어느 날 목회자가 되어 있는 것이다.

직업을 갖기 전에 이미 서원 기도를 했었다고 말하는 목회자가 있기도 했다. 또는 일터에서 직장생활을 하면서 목회자로서 부르시는 하나님의 소명을 확인했다고 말하기도 했다. 신학대학원을 선택한 직장인 가운데는 대학시절에 누구보다도 열심히 신앙생활을 했던 사람들이 많다.

그들은 이전과 대조되는 현재의 직장생활을 받아들이기가 힘들었을 것이다. 경건의 시간과, 성경공부 시간, 기도하는 시간 등이 상대적으로 너무 부족하기 때문이다. 이전에는 하나님께 집중할 수 있었는데 이제는 쉽지 않게 되었다.

일터생활의 미래는 너무도 불투명하고 때로는 암울하기도 하다. 일터에서 성과를 위한 심각한 경쟁과 승진을 위한 몸부림을 감당하기란 쉽지 않다. 만연된 부조리와의 싸움도 결코 쉽지 않은 문제이다.

어찌되었든 일터를 떠나 목회자의 길을 가게 되었다면, 그 때까지의 직업이나 일터는 어떤 의미가 있는 것인가? 성경은 신앙인에게 직업과 일터에 대해 무엇을 가르치고 있을까? 우리가 확실히 말할 수 있는 것은 일터에서의 신앙생활이 쉽지 않으며 더욱이 일터에서 승리하는 신앙생활을 감당하기란 더 어렵다는 것이다.

직장생활은 누구에게나 고달픈 과정이다. 직장인들 중에는 월요병에 시달리면서 매주 월요일에 일터로 출근을 한다. 한 직장인 그리스도인은 직장생활이 힘들어 직업을 바꾸어 보았지만, 6년이 지난 지금도 여전히 직장생활을 지속한다는 것은 어렵고 힘든 일이라고 고백한다. 할 수만 있으면 지금 일하고 있는 직장에서 벗어나고 싶은 것이다.

'직장생활을 하지 않고 살 수는 없을까?' 하는 직업인 그리스도인을 만날 때가 많다. 믿지 않는 일반인과 마찬가지로 그리스도인들에게도 월요병이 있기는 마찬가지다.

우리는 왜 일해야 할까

출근 시간에 전철을 기다리다 보면 많은 인파에 떠밀리듯이 전철 안으로 들어가게 된다. 서울과 같은 대도시에서는 출근 시간에 많은 사람들이 일자리로 분주하게 가는 모습을 날마다 볼 수 있다. 직업은 모든 사람에게 매우 중요하다. 그리스도인에게 직업은 어떤 의미가 있을까?

직업인 신앙인에게도 인생의 가장 큰 비중을 차지하는 곳이 일터다. 그렇다면 '일터는 세상의 영역에서 하는 세속적 활동인가? 아니면 하나님의 일을 행하는 신앙의 영역인가?' 이 같은 질문에 바른 성경적 기준을 갖고 있지 않다면 일터에서 보내는 삶이 매우 어그러지고 고통스러울 수밖에 없다.

나의 삶에서 일터에서 보내는 시간이 얼마나 될까? 한국의 상황에서는 정상적인 직업 활동을 하는 사람에게 직장의 비중이 50% 미만이 되는 경우는 많지 않다. 미국의 경우에도 63%나 64% 정도라고 한다. 한국적 상황에서는 70% 내외를 차지하는 경우가 많다. 기업의 CEO의 경우에는 90% 내외를 차지한다는 답변들도 있었다.

직장인은 대부분의 시간을 일터에서 보낸다고 볼 수 있다. 일터에서의 삶은 그만큼 비중이 크다. 그렇기 때문에 직장생활을 성공적으로 한다면 그의 삶은 성공적이라고 할 수 있다.

우리의 삶의 영역을 다섯 가지로 구분해 본다면 다음과 같다.

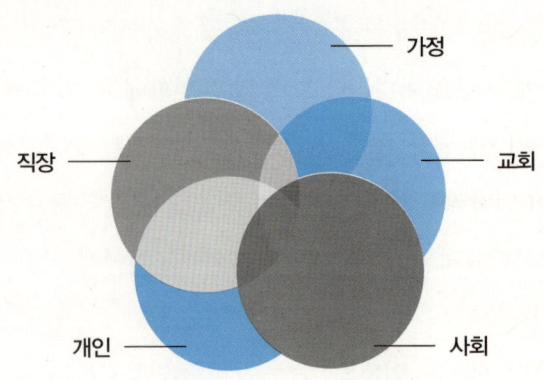

교회(모인 교회)에서 보내는 시간은? 직업을 가지고 있는 크리스천은 모인 교회 활동이 많아야 10% 적게는 1% 미만이다. 일반적으로 5% 이상이 되지 않는다. 직업인에게는 일터의 비중이 매우 크기 때문에 모인 교회에서는 구체적이고 실제적인 대안이 필요하다. 그리스도인은 일터에서 신앙인으로 구별된 삶이 어렵기 때문에 신앙적으로 갈등하거나 체념하며 살아간다. 또한 삶의 70% 이상의 비중으로 보내는 일터가 하나님을 믿는 신앙생활과 구체적으로 어떤 관계인지를 알지 못하고 있다. 이러한 상황은 한국 교회의 위기적인 모습을 나타낸다. 일터에서 70% 이상을 보내고 있는데 그 생활이 하나님과 어떤 관계인지 확신하지 못한다면 정상적인 신앙생활이 가능할까?

우리가 확실히 알아야 할 것은 하나님께서는 그리스도인의 모든 삶의 영역에서 영광받기 원하신다는 것이다. 우리의 모든 삶의 영역에서 거룩을 추구하라고 명령하셨다(벧전 1:15). 모인 교회와 가정뿐 아니라 일터에서도 하나님께서 영광을 받으셔야 한다. 우리는 삶의 모든 현장에서 주님과 동행하는 청지기 삶을 살아야 한다.

일터의 삶이 얼마나 중요한지 이해하기 위해 좋은 예가 있다. 우리는 자신을 소개하기 위해 명함을 사용한다. 명함에는 무엇이 기록되어 있는가?

직업을 가진 사람들은 자신을 소개하기 위해 명함을 만든다. 명함에는 직장이름, 주소와 전화번호 등을 기록한다. 또한 회사의 경우에는 부서와 직책이 있다. 명함은 나를 소개하기 위해서 만든 작은 카드다. 나를 소개하기 위해 만든 작은 카드인 명함에 기록된 것은 다 직업과 관련된 것이다. 사람들은 직업을 통해 자신을 소개하고 자신을 발견하기도 한다. 직업은 한 개인의 삶에서 매우 중요하고 미치는 영향도 대단하다. 직업의 중요성은 신앙인에게도 마찬가지다.

이랜드에서 사역할 때의 일이었다. 어느 날 영업부 직원이 저를 만나러 와서는 "목사님은 얼마나 좋습니까? 매일 상담사역이나 리

더 모임 그리고 세미나나 성경공부 모임을 인도하시면서 보내지 않습니까?"라고 이야기했다.

그에게는 사목의 활동이 매우 부럽게 생각되었다. 그런데 그가 덧붙여 말하기를 "저와 같은 영업부 직원은 출근하면 어제의 대리점 매출을 점검하고, 전산 입력은 제대로 되었는지 확인하고, 대리점 주와 전화하며 매출 상황, 물건 입고와 재고 상태 등 여러 가지 업무로 하루하루가 분주하지요."라고 했다. "때론 전화할 때 소리부터 질러대는 대리점 주와의 전쟁도 있습니다."라고 했다.

영업부 직원들은 날마다 전쟁터에서 지낸다는 것을 알고 있었기에 안타깝다는 생각을 하고 있는데 그 직원이 또 이렇게 말하는 것이었다.

"목사님은 날마다 하나님의 일만 하시는데 저는 날마다 세상일에 파묻혀 살고 있어요."

그의 부러움에는 이런 잘못된 신앙생활의 기준이 있기 때문임을 알게 되었다.

"형제가 하는 업무 가운데 하나님의 일은 무엇인가요?"

이 같은 질문에 그는 "하루를 시작할 때 기도하고 시작합니다."라고 답했다. 질문의 요지는 업무 시작할 때 기도를 하는가, 안 하는가가 아니라 업무할 때 하나님의 일이란 무엇을 말하는지였다.

이와 같이 너무도 많은 일터에 있는 그리스도인이 자신의 일에 대한 성경적 기준을 가지고 있지 못하다. 그렇기 때문에 나의 직업과 신앙생활과의 관계가 제대로 정립되어 있지 않다. 그 동안 이와 같은 질문에 분명하게 답변을 하는 그리스도인은 많지 않았다. 80-90년대의 선교 단체 출신의 많은 그리스도인이 일터에서의 갈등을 이기지 못하고 목회자의 길로 들어서거나 선교사가 되거나 아니면 세상에서 오염되지 않고 보다 정직하게 살려고 몸부림치는 소시민으로 살아가고 있다. 직업과 신앙생활의 관계를 성경적으로 이해하지 못하면 사회생활을 하는 그리스도인의 입지는 위축되고 초라해 보일 수밖에 없다. 목회자만이 하나님으로부터 소명을 받고 직업인은 소명이 없는 것일까?

그리스도인에게 '노동'의 의미는 무엇인가

모든 사람들은 누구나 일을 하면서 살게 된다. 일이란 '생산적인 목적을 위하여 몸이나 정신을 쓰는 모든 활동'이라고 정의한다. 사람들은 출생 이후 연령에 따라 다양한 일을 하며 일생 동안 산다. 우리가 일을 하지 않는다면 그것은 죽어있는 것과 같다. 살아있는 모든 사람들은 일을 하면서 그 일을 통해 가치를 추구하기도 하고 성취하고자 하는 목표를 향해 열정을 가지고 달려가기도 하며 또한 일을 하면서 실패로 인해 좌절감을 경험하기도 한다.

그렇다면 우리에게 노동은 어떤 의미일까?

직업에 대한 사전적 의미는 '생계를 유지하기 위하여 자신의 적성과 능력에 따라 일정 기간 동안 계속하여 종사하는 일'이라고 한다. 직업은 생산적인 목적을 위해 나의 몸과 마음을 투자하여 생계유지에 필요한 경제적 수입을 주는 지속적 활동을 의미한다고 볼 수 있다. 여기에서는 일을 직업과 구분하지 않고, 직업을 포함하는 모든 활동으로 이해하려 한다. 그리고 하나님께서 창조 때 가지셨던 일의 의미, 타락으로 인한 일의 의미의 변질 그리고 그리스도의 구속의 사건 이후 일에 대해 어떤 변화가 일어났는지를 살펴보자.

타락 전 원래의 노동의 의미

1) 하나님이 친히 일하셨다

일이 갖는 의미를 찾기 위해서는 창세기 1장에 등장하는 하나님이 어떤 하나님이신지를 보아야 한다.

"태초에 하나님이 천지를 창조하시니라"(창 1:1).

창세기는 시작부터 하나님을 시간과 공간을 만드시는 창조주 하나님으로 소개한다. 태초란 사람들이 이해할 수 있는 시간의 시작이며, 천지를 창조하셨다는 것은 우리가 알 수 있는 공간이 생겼다는 것이다. 성경은 시작부터 하나님께서 시공간을 만드시는 창조주 하나님이심을 선포한다. 다시 말해 하나님은 일하시는 분이시다. 또한 성경은 여러 곳에서 하나님을 창조주, 목자, 토기장이, 농부로 표현한다. 우리가 주목할 것은 이러한 하나님에 대한 표현들이 모두 일과 관련되어 있다는 것이다. 성경을 보면 하나님을 직업을 가지고 일하시는 분으로 비유하고 있다.

성경은 하나님을 증명하려고 하지 않는다. 그리고 변증하지도 않는다. 왜 그럴까? 이유는 하나다. 하나님은 지금도 살아서 역사하시는 창조주이시기 때문이다. 태초에도 일하셨고, 지금도 일하고 계신다. 하나님이 일하시니 우리도 일한다.

2) 일은 하나님이 주신 복이며 명령이다

> "하나님이 그들에게 복을 주시며 하나님이 그들에게 이르시되 생육하고 번성하여 땅에 충만하라, 땅을 정복하라, 바다의 물고기와 하늘의 새와 땅에 움직이는 모든 생물을 다스리라 하시니라"(창 1:28).

본문은 하나님께서 아담과 하와에게 하신 최초의 말씀이다. 이 구절은 하나님의 형상대로 지음받은 우리가 누구이며, 어떻게 살아야 할지를 설명한다. 가장 먼저 하나님께서는 가족제도를 만드시고 선포하신다. "생육하고 번성하여 땅에 충만하라."

창세기 2장에서는 하나님께서 홀로 있는 아담에게 하와를 데리고 와서 주례를 하심으로 한 가정을 이루게 하신다. 가족제도를 명령할 뿐만 아니라 하나님께서 아담과 하와에게 가정을 이루게 하셨다. 그리고 땅을 정복하고 모든 생물을 다스릴 것을 명령하셨다.

창세기 1:28은 온 인류에게 매우 중요한 말씀이다. 우리를 향한 하나님의 의도가 나타나기 때문이다. 먼저 하나님의 형상대로 사람을 만드신 목적이 바로 복 주시기 위함이라고 말씀하신다. 가정을 이루는 것도 그리고 땅을 정복하고 모든 생명체를 다스리는 것도 하나님께서 주신 복이었다. 특히 하나님의 형상대로 지음받은 사람에게만 모든 피조세계를 정복하고 다스리라고 명령하셨다. 하나님께서는 하나님의 형상대로 사람을 만드실 때부터 이미 특별한 계획이 있었다. 모든 피조세계도 하나님께서 원하시는 창조의 질서를 가지고 있다.

결혼은 하나님의 복의 명령이다. 현대의 젊은이들은 결혼이 선택이라고 생각한다. 이것은 사탄의 음성이다. 하나님께서 명령하셨다는 것은 반드시 하라는 의미다. 사람이 이성을 만나 결혼하는 것은 하나님의 명령이며 반드시 해야 할 필수적인 것이다. 단 언제, 누구와 결혼할 것인가를 선택하는 것이다. 물론 독신의 은사를 가졌다면 이 또한 하나님께서 주신 복이다.

그와 같이 땅을 정복하고 모든 생물을 다스리라는 하나님의 명령의 말씀도 선택이 아니라 필수다. 다시 말하면 하나님께서는 모든 사람에게 일을 하라고 명령하신 것이다. 우리가 날마다 일을 하는 것은 타락 이전에는 하나님께서 복으로 주신 명령이었다.

돈을 벌기 위해서만 일을 하는 것이 아니다. 그렇다면 평생 쓸 수 없을 정도의 재산이 있는 사람들은 돈을 벌기 위해 일할 필요가 없을 것이다. 재산이 넘치도록 많은 사람이 일하지 않고 평생 여행하며 놀고 지내면서 하루하루를 소일한다면 어떤 일이 일어날까?

노동은 하나님께서 주신 명령이기 때문에 누구든지 일을 하지 않으면 필연적인 경고가 오게 된다.

언어가 다르고 문화가 달라도 어느 곳에 있든지 일을 하지 않고 살게 된다면 하나님께서 '권태'라는 경고 사인을 주신다. 누구든지 일하지 않으면, '권태'라는 증세가 나타난다. 동시에 삶의 역동이 사라지고 무력해지게 된다. 또한 '왜 살아야 하는지, 어떻게 살아야 하는지'를 알 수 없게 된다. 자신의 존재 가치를 잃어버리게 되고 삶의 재미와 열정이 사라지게 된다.

매일 업무에 매몰되어 지내는 직업인들은 일에서 벗어나 항상 여행만 다니거나 즐겁게 놀이만 할 수 있다면 좋겠다는 생각을 하게 된다. 아니면 일하지 않고 여유 있는 생활을 할 수 있을 정도로 부자라면 좋겠다는 생각을 할 수 있다.

그러나 인간은 일을 통해 성취할 목표가 있어야 하며, 내가 하는 일의 가치를 발견하고 보다 나은 삶을 추구하는 재창조의 사역을 하지 않으면, 삶이 와해되어 버린다.

'권태'는 성장과정에서 학습을 통해서 나타나는 것이 아니다. 권태는 하나님께서 주신 경고의 사인이기 때문에 전 세계의 모든 사람의 내면에 심어놓았다.

그럼에도 이러한 경고를 무시하고 일을 하지 않으면, '일탈'이 일어난다. 일하지 않으면 무기력에 빠지며 우울증과 같은 정신 질환이 나타나거나, 도박중독, 마약중독, 게임중독 등과 같은 정상적 삶에서 벗어난 일탈 행위가 나타난다.

그리스도인은 자신의 일을 하나님께서 복으로 맡기신 사명으로 알아야 한다. 그리고 내게 주어진 일을 청지기적 자세로 해야 한다. 또한 하나님께서는 하나님의 형상대로 지음받은 사람에게만 피조세계를 다스릴 수 있는 능력으로 일을 주셨다.

인류의 발전 과정을 통해 인간이 모든 생명체를 다스리고 있다는 것을 증명했다. 하나님께서는 우리가 땅을 정복하고 모든 생명체를 다스리라고 명령하셨지만, 타락 이후 사람들은 정복하고 다스리는 대상을 피조세계에서 사람으로 변질시켰다. 타락한 인류 역사는 끊임없이 다른 부족이나 나라를 정복하고 정복한 사람들을 다스리면서 학대하고 착취하고 죽이기까지 했다.

3) 일할 수 있는 능력과 특권을 주신다

동물의 활동과 사람의 활동과는 어떤 차이가 있는가?

동물 가운데 비버는 나무를 잘라서 지프차가 지나갈 수 있을 정도의 견고한 댐을 만들 능력이 있다. 꿀벌은 꿀을 만들어낸다. 하나님의 형상대로 지음받은 사람 외에도 모든 생명체는 각기 탁월한 능력을 가지고 있다. 곤충과 짐승과 같은 생명체의 생존 능력과 사람들이 땅을 정복하고 모든 생명체를 다스리는 능력은 어떤 차이가 있는 것인가?

근본적인 차이가 있다. 사람을 제외한 모든 생명체는 하나님께서 이미 내재해 놓은 본능에 지배를 받는다. 이것은 컴퓨터의 프로그램과 같다. 그래서 수천 년이 지나도 여전히 본능적 반응을 하는 것이다.

하지만 사람은 하나님의 형상대로 지음받았기 때문에 본능을 뛰어 넘는 재창조의 능력이 있다. 또한 피조세계의 모든 생명체를 관리하는 능력이나 권리를 가지고 있다. 하나님의 형상대로 지음받은 사람은 생각할 수 있는 능력과 그것을 만들어낼 수 있는 손으로 상상을 초월하는 일들을 해왔다. 인간이 이룩한 문명은 인간 스스로를 교만하게 할 정도로 스스로도 감탄할 정도다. 하나님께서 이 같은 능력과 특권을 창조 때 하나님의 형상대로 지은 사람에게 부여한 것이다.

1996년 벽산 그룹에 설교하러 갔을 때 화장실에 들어갔는데, 화장실에 불이 들어 오길래 '누가 뒤에서 스위치를 올렸나?' 라고 생각했다. 그런데 나오자 불이 꺼지는 것을 보고 자동 센서가 있다는 것을 나중에 알았다. 이것은 당시에 매우 신기한 경험이었다. 센서는 사람이 작동하지 않아도 스스로 알아서 작동하기 때문이다. 자동차의 내비게이션이 처음 나왔을 때도 새롭고 신비로운 경험이었다.

과학은 하루가 무섭게 발전하고 있다. 앞으로 십 년, 이십 년 이후에는 얼마나 놀라운 변화가 일어날지 상상하기도 쉽지 않은 시대에 살고 있다.

성경은 이러한 사람의 능력에 대해 창세기 1장에 이미 분명하게 밝히고 있다. 하나님의 형상대로 지음받은 사람은 스스로도 알 수 없을 정도의 놀라운 능력을 가지고 출생했다.

4) 일은 하나님의 역할을 위임받은 청지기적 사명이다

하나님께서는 창조사역을 마치시고 보시기에 심히 좋았다고 말씀하셨다. 이 말씀이 갖는 의미는 무엇인가?

성취감

하나님께서는 창조할 때마다 보시기에 좋았다고 하셨다. 하나님의 형상대로 사람을 만드시고 창조사역이 끝난 이후에 최종적으로 하나님께서는 보시기에 심히 좋았다고 하셨다. 하나님께서는 창조사역을 하실 때마다 성취감을 나타내셨다. 하나님께서도 일하실 때 성취감을 표현하신 것이다.

하나님의 형상대로 지음받은 사람만이 이와 같은 성취감을 위해 일을 한다.

다른 생명체와는 달리 생리적 욕구가 만족되어도 사람들은 성취할 목표가 있으면 일을 한다. 사람 이외의 어떤 생명체도 성취를 위해 목표를 세우고 그것을 달성하기 위해 끊임없이 자신을 개발하지 않는다. 그런 일은 하나님의 형상대로 지으심을 받은 사람에게만 나타나는 것이다.

아름다움에 대한 표현

'보시기에 좋았다.'라는 말씀은 아름다움에 대한 표현이다. 하나님께서는 세상을 아름답게 만드셨다. 하나님께서 이미 만드신 피조세계는 있는 그대로 더 이상 아름다울 수 없는 것이다. 인간의 어떠한 노력과 능력으로도 하나님께서 만드신 것을 대체할 더 이상 아름답고 놀라운 것은 없다. 인간은 하나님께서 만드신 피조물에 불과하기 때문이다.

하나님께서 세상을 아름답게 만드셨다는 것은 하나님의 형상대로 지으심을 받은 사람에게 특별한 의미가 있다. 사람들은 하나님과 같이 아름다움을 추구하고 아름다움에 의미를 부여하며, 또한 아름다움에 가치를 정한다.

인류의 역사를 보면 인간들의 공동체가 있었던 모든 곳에는 아름다움을 추구했던 흔적들이 있다. 사람들은 그것을 그림이나 조각 등 어떤 식으로든 표현하기를 원했다.

그런데 타락으로 말미암아 아름다움을 판단하는 기준을 잃어버렸고 아름다움의 의미를 왜곡했으며 아름다움을 탐욕을 만족시키는 수단으로 변질시켰다. 그리스도의 구속의 사건은 모든 것을 회복하는 사건이다. 하나님께서 원하시는 방법과 기준으로 아름다움을 볼 수 있는 것이 복음 안에서 필요하다. 오직 하나님 안에서만 진정한 아름다움의 의미를 알게 하며 참된 아름다움을 추구하게 할 수 있다.

아름다움에 대한 왜곡된 기준을 보게 했던 한 권의 책이 있는데, 그것은 알렉스 헤일리의 『뿌리』라는 소설이다.

자신의 뿌리를 찾아나선 알렉스 헤일리는 자신이 서부 아프리카의 쿤타킨테의 7대손이라는 것을 알게 된다. 소설에서는 쿤타킨테가 살았던 마을의 축제 때 여인들이 더 아름다워 보이기 위해 유일하게 검지 않은 피부인 발바닥과 손바닥을 검게 물들이는 장면이 나온다. 흑인에게 검은 것은 아름다운 것이었다. 그런데 백인 우월주의 문화가 검은 피부는 천한 것이며 추한 것이라고 왜곡시킨 것이다.

아름다움은 역사의 흐름에서 문화적 영향을 받으며 수없이 변화되어 왔다. 미에 대한 기준은 문화에 종속되어 있음을 알아야 한다. 그래서 우리는 하나님의 관점에서 볼 때의 아름다움이 무엇인지 분별할 수 있어야 한다.

진정한 아름다움을 볼 수 있는 것도 신앙의 깊이에 따라서 다르게 나타난다. 자신의 외모에 대해서도 하나님께서 보실 때 어떨까 하는 성경적인 기준을 가지고 있어야 한다. 그뿐 아니라 세상의 모든 것을 볼 때에도 진정한 아름다움을 구분할 수 있어야 한다.

완전함

'보시기에 심히 좋았더라.'라는 말씀은 하나님께서 이 피조세계를 완전하게 창조하셨다는 의미다. 피조세계는 사람의 손이 닿지 않는다면 그 자체로 손상이 되지 않는다.

남미의 아마존에 인간의 문명이 들어가자 환경이 파괴되기 시작했다. 이것은 모든 영역에서 나타난다. 현대에는 특히 먹거리에서도 심각한 문제를 드러내고 있다.

대표적인 것이 GMO(유전자변형식품)이다. 하나님께서 만드신 피조세계가 오염되고 파괴되지 않도록 하는 데 그리스도인들의 책임이 있는 것이다.

하나님께서는 세상을 보시기에 매우 좋게 만드셨다. 우리는 하나님의 뜻대로 세상을 관리하는 책임을 부여받았다. 그래서 사람들은 일생 동안 하나님의 청지기로 사는 것이다. 청지기 직분은 오직 사람에게 주신 특별한 권리다.

하나님께서 사람을 특별히 만드시고 사람에게 피조세계를 관리할 수 있는 청지기 직분을 맡기셨다. 우리는 직업을 통해 하나님께서 맡기신 청지기 직분을 감당할 수 있어야 한다. 만일 인간이 일을 하지 않는다면, 자아상이 손상되고 무기력해지며 열등감에 빠지게 된다.

유럽의 선진국가들은 '요람에서 무덤까지'의 모토로 완전한 사회복지를 실현하고자 했다.

실직시 많게는 이전 봉급의 90%에 해당하는 수당이 지급되고, 정년퇴직시에도 먹고 사는 데는 지장이 없는 유토피아를 만들기를 원했다. 이와 같은 복지가 실현되는 사회가 되면 세상은 지금보다 더 나을 것이라고 꿈꾸었던 것이다.

그런데 사회보장 제도와 복지제도가 잘되어 있는 유럽의 여러 나라에는 예상하지 못한 많은 일탈 행동이 나타나기 시작했다. 마약 중독, 알콜 중독, 우울증 등의 정신 질환, 극기야는 자살률의 상승이라는 결과가 나타났다.

에릭 프롬의 『건전한 사회』에서는 이 같은 문제를 잘 지적하고 있다. 일을 하지 않고 사는 사회는 유토피아가 될 수 없다. 일은 하나님께서 명령하신 복이었다. 그래서 모든 사람들에게는 이 땅에 사는 동안 일이 있어야 한다. 일이 없는 인생은 방향을 잃은 배와 같으며 인생의 의미를 상실하게 만들어 삶이 무의미하게 되고 무기력에 빠지게 만든다.

기독실업인은 일자리 창출을 통해 사회에 기여해야 한다. 직업을 가져야 할 많은 사람들이 실직으로 내몰리는 것은 재앙과도 같다. 청년실업과 자영업자의 몰락을 성경적 관점에서 보면 하나님께서 일하라고 명령하신 삶에서 일탈하게 되는 것과 같다.

이것은 심각한 사회문제를 야기하고 사회를 병들게 만든다. 단순히 경제적인 문제뿐 아니라 너와 나의 관계 그리고 사회질서를 와해시키게 된다. 기독실업인의 일자리 창출은 하나님께서 주신 사명을 감당하는 것이다.

일은 그 자체로 의미가 있기 때문에 모든 그리스도인들은 하나님께서 원하시는 사회적 참여와 직업 활동에 참여해야 한다.

죄는
일에 고통과 불의를
가져왔다

인간의 타락으로 인해 어떠한 결과가 초래되었는가? 타락은 하나님께 불순종함으로 잘못된 길로 들어선 현재의 인간 상태다. 인간의 어떠한 노력도 죄로 인한 멸망의 길에서 인간을 구원할 수 없다. 타락은 하나님과 인간관계의 단절뿐 아니라 피조세계의 모든 관계의 단절을 초래했다.

"나뭇가지에서 꽃을 꺾어오면 죽었습니까? 아니면 살았습니까?"

세 가지 답변이 나올 수 있다. "죽었다." "살았다." "지금은 붙어있는 나무와 똑같이 살아있지만 죽어가고 있다."

당신이 선택할 수 있는 답은 무엇인가? 사람들이 꽃을 선물로 보내기 위해 꽃을 준비할 때 보통은 조화가 아니라 생화를 준비한다. 화분을 선물로 줄 때도 마찬가지다. 그러나 이 꽃들은 지금은 살아있지만, 사실은 죽어가고 있는 것이다. 그대로 놔두면 며칠이 지나지 않아 서서히 말라 죽게 된다.

모든 인생이 이와 같다. 우리는 지금 살아있지만 죽어가고 있는 것이다. 사람은 반드시 죽는다. 늙어서 죽거나 병들어 죽는 것이 아니라 생명의 근원이신 하나님으로부터 단절되었기 때문에 죽는 것이다.

자신이 해결할 수 없는 죄 때문에 죽게 되는 것이다. 하나님의 형상대로 지음받은 내가 완전히 없어진 것이 아니라 죄로 인해 손상되었다. 우리의 어떠한 노력으로도 회복이 불가능하도록 훼손된 것이다. 말기 암으로 고통스럽게 죽는 사람들만이 안타까운 것이 아니라 사실은 모든 사람들이 죄로 인해 비참하게 죽어가고 있는 것이다.

"평안을 너희에게 끼치노니 곧 나의 평안을 너희에게 주노라 내가 너희에게 주는 것은 세상이 주는 것과 같지 아니하니라 너희는 마음에 근심하지도 말고 두려워하지도 말라"(요 14:27).

예수님이 주시는 평안은 세상이 주는 것 같지 않다. 우리가 세상에서도 평안을 누릴 수 있지만 예수님이 주시는 평안은 세상이 주는 평안과 다르다는 것이다.

예수님이 주시는 평안은 무엇인가? "너희는 마음에 근심하지도 말고 두려워하지도 말라."고 하신 것처럼 근심과 두려움을 내어쫓을 수 있는 평안을 주신다.

근심과 두려움은 학습을 통해서 된 것이 아니다. 모든 사람은 태어나면서 내면에 근심과 두려움을 갖고 태어난다. 이것은 죄성으로 말미암아 생긴 결과다. 타락으로 사람에게서 하나님의 형상이 훼손되어 버린 것이다. 그래서 어떤 노력을 해도 근심과 두려움이 사라지지 않는 것이다. 돈이 많아도, 사회적 지위가 높아도, 학식이 많아도 근심과 두려움이 사라지지 않는다.

세상이 주는 평안은 조건적이고 상황에 종속되어 있기 때문에 근심과 두려움을 내어쫓을 수 없다. 오직 그리스도 예수 안에서만 이 근심과 두려움이 없는 평안을 누릴 수 있다.

인류 역사를 통해 사람들은 내면의 죄성을 극복하고자 노력해 왔다. 그러나 그 어떤 노력으로도 인간의 죄성이 극복되지 않았다. 불교에서 도를 깨치면 근심과 두려움이 사라지는가?

그렇지 않다. 도를 깨쳐도 근심과 두려움은 사라지지 않는다. 단지 근심과 두려움과 동거하는 것을 배우는 것이다. 인간은 죄로 말미암아 누구도 훼손된 자신의 모습에서 벗어날 수 없다. 오직 예수 그리스도 안에서만이 근심과 두려움을 내어 쫓는 평안을 누릴 수 있다.

타락은 나와 너의 관계를 훼손시켰다. 일류 역사를 통해 모든 사람들은 너와 나의 관계가 훼손되었다는 것을 경험했다. 누구도 훼손된 관계를 극복할 수 없었다. 아기가 태어나 성장하여 때가 되면 이성을 만나 결혼하기 원한다. 가장 사랑하는 사람과 결혼하기 원한다. 누구보다 사랑하기 때문에 결혼했는데, 가정을 이루어 함께 살면서 갈등이 시작된다. 사랑하는데 왜 갈등이 일어날까? 마찬가지로 나의 모든 것을 다 주어도 아깝지 않은 사랑하는 자녀가 있을지라도 우리는 그 사이에 갈등이 있음을 경험하게 된다.

두 사람 이상이 모인 곳에는 반드시 갈등이 있으며 사랑하는 사이에도 반드시 갈등이 있다. 왜냐하면 나와 너의 관계가 훼손되었기 때문이다. 그래서 이 땅 위에 있는 모든 사람들은 갈등을 경험한다.

> "아담에게 이르시되 네가 네 아내의 말을 듣고 내가 네게 먹지 말라 한 나무의 열매를 먹었은즉 땅은 너로 말미암아 저주를 받고 너는 네 평생에 수고하여야 그 소산을 먹으리라 땅이 네게 가시덤불과 엉겅퀴를 낼 것이라 네가 먹을 것은 밭의 채소인즉 네가 흙으로 돌아갈 때까지 얼굴에 땀을 흘려야 먹을 것을 먹으리니 네가 그것에서 취함을 입었음이라 너는 흙이니 흙으로 돌아갈 것이니라 하시니라"(창 3:17-19).

일터에서도 마찬가지다. 하나님께서 일을 복으로 주셨지만, 타락으로 말미암아 일터에서도 모든 것이 손상되었다. 모든 사람들은 자신의 일에 하나님의 저주가 임했음을 알게 되었다. 물론 우리는 지금도 일을 통해 성취감을 얻을 수 있다. 그러나 그 과정은 고통스럽고 여러 갈등을 초래한다.

우리의 인생은 끊임없는 고통과 갈등의 연속이다. 우리는 인생의 여정에서 원치 않아도 일해야 하고 예기치 않은 장애와 시련을 겪으며 끊임없는 갈등을 경험한다. 왜냐하면 나의 일에 하나님의 징계와 저주가 스며들었기 때문이다.

창조 때에 일의 목적은 하나님께 영광이었다. 지금도 하나님께 영광드리기 위한 일이 최선의 삶이다. 왜냐하면 하나님께서 나를 만드신 목적이 그것에 있기 때문이다. 그런데 타락은 일의 목적도 변질시켰다. 사람들은 자신의 일할 수 있는 능력을 통해 하나님께 적극적으로 반역했다.

그 대표적인 사건이 바로 바벨탑 사건이다.

"서로 말하되 자, 벽돌을 만들어 견고히 굽자 하고 이에 벽돌로 돌을 대신하며 역청으로 진흙을 대신하고 또 말하되 자, 성읍과 탑을 건설하여 그 탑 꼭대기를 하늘에 닿게 하여 우리 이름을 내고 온 지면에 흩어짐을 면하자 하였더니 여호와께서 사람들이 건설하는 그 성읍과 탑을 보려고 내려오셨더라 여호와께서 이르시되 이 무리가 한 족속이요 언어도 하나이므로 이같이 시작하였으니 이 후로는 그 하고자 하는 일을 막을 수 없으리로다 자, 우리가 내려가서 거기서 그들의 언어를 혼잡하게 하여 그들이 서로 알아듣지 못하게 하자 하시고 여호와께서 거기서 그들을 온 지면에 흩으셨으므로 그들이 그 도시를 건설하기를 그쳤더라 그러므로 그 이름을 바벨이라 하니 이는 여호와께서 거기서 온 땅의 언어를 혼잡하게 하셨음이니라 여호와께서 거기서 그들을 온 지면에 흩으셨더라"(창 11:3-9).

사람들은 돌을 대신하여 벽돌을 만들고 그것에 역청(방수제 역할)을 발라 하나님의 심판에 대항해 보겠다고 의기투합했다.

하나님께서 다시는 물로 심판하지 않겠다고 무지개로 약속하셨지만 인간의 오만함은 하나님께 적극적으로 반항함으로 나타났다. 이것이 인류역사를 통해 지속된 죄로 물든 인간의 본성이다.

타락으로 하나님의 형상이 훼손되었지만, 여전히 인간에게는 하나님께서 부여하신 일하는 능력이 있었기에 자신들의 힘으로 하나님께 거역하는 것이다. 더 이상 인간은 하나님의 영광을 위해 일하지 않게 되었다.

이제 일할 수 있는 능력을 가지고 있는 인간은 오히려 하나님께 반역하거나 아니면 자신의 욕망을 위해 살게 되었다. 선지자 예레미야는 이스라엘 백성들을 향해 하나님의 메시지를 선포함으로 인간의 두 가지 악을 설명한다.

> "내 백성이 두 가지 악을 행하였나니 곧 그들이 생수의 근원되는 나를 버린 것과 스스로 웅덩이를 판 것인데 그것은 그 물을 가두지 못할 터진 웅덩이들이니라"(렘 2:13).

이스라엘 백성이 두 가지 악을 행했다고 말씀하시는데, 첫 번째는 생명의 근원되시는 하나님을 버린 것이다. 포도나무에서 가지가 잘려 나가면 더 이상 생명을 지속할 수 없다. 마찬가지로 생명의 근원으로부터 벗어나면 인간에게는 더 이상 아무 대안이 없게 된다. 신앙생활은 어디서 무슨 일을 하든지 하나님 안에 거하는 삶이다.

두 번째는 이스라엘 백성들이 하나님을 떠나 스스로 웅덩이를 판 것이다. 스스로 생수를 찾아 웅덩이를 파며 그 곳에서 인생의 기쁨과 행복이 있을 것으로 생각했다.

하지만 성경은 그 웅덩이의 밑이 터져있기 때문에 결코 채울 수 없다고 한다. 이것은 욕망의 웅덩이를 의미한다.

인간이 자신의 욕망을 충족하기 위해 몸부림치지만, 그 욕망을 채울 수 없으며 그 욕망 충족을 통해서는 결코 만족과 행복이 오지 않는다는 의미다.

인간은 타락으로 이렇게 변질되었다. 지금 어느 누구도 자신의 노력으로는 타락으로 훼손된 것들을 회복할 수 없다. 그래서 그리스도의 구속이 필요한 것이다.

그리스도의 구속은 일의 회복을 가져왔다

"그는 몸인 교회의 머리시라 그가 근본이시요 죽은 자들 가운데서 먼저 나신 이시니 이는 친히 만물의 으뜸이 되려 하심이요 아버지께서는 모든 충만으로 예수 안에 거하게 하시고 그의 십자가의 피로 화평을 이루사 만물 곧 땅에 있는 것들이나 하늘에 있는 것들이 그로 말미암아 자기와 화목하게 되기를 기뻐하심이라"(골 1:18-20).

예수 그리스도의 십자가의 죽으심은 모든 만물을 회복시키시는 사건이었다. 예수님의 구속 사건은 사람에게만 제한된 것이 아니고 모든 피조세계를 회복시키는 사건이었다.

그리스도의 구속 사건은 먼저 우리와 하나님과의 관계를 회복시켰다. 그래서 예수 그리스도를 중보자라고 부른다. 중보자란 하나님과 끊어진 우리와의 관계를 연결하는 다리 역할을 하셨다는 의미다. 예수님 외에는 하나님과의 관계를 회복시키실 분이 없으시다. 예수 그리스도를 알 때만이, 비로소 사람들의 인생에 희망이 생긴다.

"그런즉 누구든지 그리스도 안에 있으면 새로운 피조물이라 이전 것은 지나갔으니 보라 새 것이 되었도다"(고후 5:17).

우리가 예수 그리스도 안에 있게 되면 이전과는 전혀 다른 피조물이 된다. 이것은 우리의 노력으로 가능한 것이 아니다. 하나님께서 새 생명을 주셔야만 가능한 변화다. 구원은 하나님께서 은혜로 주신 특별한 선물이다.

또한 그리스도의 구속 사건은 너와 나의 깨어진 관계를 회복시켰다. 너와 나의 관계를 회복시키셨다는 것을 어떻게 알 수 있을까? 너와 나의 관계에 부활의 주님이신 예수님이 오시면 원수 관계 일지라도 사랑의 관계로 변화된다. 이것은 우리의 노력으로 가능한 것이 아니다. 오직 성령의 역사로 말미암은 것이다.

누구든지 그리스도 안에 있으면 새로운 피조물이 되며 이와 같은 놀라운 사건을 자신도 경험하게 된다. 부활의 주님께서 내 안에 들어오시면 원수를 용서하게 되는 기적과 같은 일이 일어나게 된다. 인류에게 일어난 가장 놀라운 기적과 같은 사건인 것이다.

나와 너의 관계에서 일어나는 가장 큰 변화가 바로 복음 안에서의 변화다. 나와 너의 관계가 변화되기 위해서는 반드시 예수 그리스도를 알아야 하고 그 안에 거해야 한다.

예수 그리스도를 알지 못하면, 아직도 예수 그리스도 안에 있는 새로운 세계를 알지 못하는 것이다. 따라서 우리는 예수 그리스도를 모르는 주변의 사람들에게 복음을 전해야 한다.

내가 기도하지 않기 때문에 복음 안에서 거듭나야 할 사람들이 복음을 알지 못하는 것이다. 우리 주변에 있는 불신자를 위해 기도해야 할 책임이 우리에게 있다.

그리스도의 구속 사건은 나와 일터와의 관계도 변화시킨다. 어떤 변화가 생기는가?

1. 일의 목적이 바뀐다 : 우리는 하나님의 영광을 위하여 일한다

먼저 일하는 목적이 변화된다. 하나님께서는 우리의 일터에서 일하는 목적이 회복되기를 원하신다. 이것은 나와 일의 관계가 회복되는 것이다. 이제 그리스도 안에 있는 사람이라면, 자신을 위해 일하면 안 된다. 오직 하나님의 영광을 위해 일하는 새로운 피조물이 되어야 한다.

"그런즉 너희가 먹든지 마시든지 무엇을 하든지 다 하나님의 영광을 위하여 하라"(고전 10:31).

이것이 일터에서 최선의 삶을 사는 방법이다. 모든 일에서 하나님의 영광이 드러나야 한다. 직업소명이란 하나님께서 직업을 통해서 나를 부르셨다는 것이다. 하나님께서는 나의 직업을 통해서 하나님의 영광이 드러나기를 원하신다. 하나님께 예배드리거나 말씀을 사모하는 시간뿐만 아니라 차를 타고 가는 시간, 출퇴근하는 시간, 일터에서 일하는 시간, 아니 나의 인생의 전체를 통해서 영광받기를 원하신다. 이것이 신앙생활이다. 신앙생활은 나의 삶의 모든 것을 통해서 주님께 영광을 돌리는 삶이다. 신앙생활이란 내가 일터에 있을 때에도 살아계신 하나님을 경험하는 삶으로 나타나야 한다.

따라서 그리스도인은 일하는 목적이 분명하게 달라야 한다. 날마다 일터로 출근할 때, 신앙인은 무엇을 위해 일하고 있는지를 확실히 알아야 한다. 하나님을 알지 못하는 사람들은 자신의 영광을 위해 일한다. 현재보다 더 나은 미래를 위해 일한다. 물질적인 면이나 지위 또는 영향력 면에서 더 대단해지는 자신을 발견하기를 원한다. 그러나 그리스도인은 하나님의 영광을 위해 청지기로서 일을 해야 한다.

그리스도인들이 일터에서 구별되지 않는 가장 큰 이유는 일하는 목적이 세상 사람들과 비슷하기 때문이다. 모든 그리스도인은 일터에서도 신앙인으로 존재해야 한다. 우리는 하나님께 영광돌리기 위해 일을 해야 한다.

지난 한 주, 또는 한 달 동안 나의 일터에서 하나님께 영광돌리는 삶이 어떻게 나타났는지를 질문하면 답변이 구체적이지 않다. 하나님의 은혜를 누리고 있지만, 구체적으로 어떻게 누리는지를 말하기 곤란해 한다.

우리의 삶 자체가 하나님의 은혜인 것은 맞지만, 나의 삶의 현장에서 하나님의 은혜를 구체적으로 언급하기가 곤란하거나 막연하다면 우리의 삶을 다시 한 번 점검해 볼 필요가 있다.

나의 일터에서 하나님께 영광돌리는 삶이란 어떤 삶일까?

성경을 보면 예수께서 침상에 누워 있던 중풍병자를 낫게 하시니 그가 일어나 집에 돌아가는 것을 보고 무리가 두려워하며 하나님께 영광돌리는 사건이 있었다(마 9:2-8). 예수님께 나아 온 다리 저는 사람이 걸으며 맹인이 보는 것을 보고는 무리들이 하나님께 영광을 돌렸다(마 15:30-31). 예수님께서 병 고치는 이적을 행할 때마다 사람들은 하나님께 영광을 돌렸다. 하나님께 영광을 돌린다는 것은 하나님께서 행하신 일에 대해 하나님을 높이는 마땅한 반응이었다.

하나님께서는 지금도 우리의 일터에서 그와 같은 일이 일어나기를 원하신다. 요셉은 애굽으로 노예로 팔려가 보디발의 집에서 노예생활을 했지만, 하나님께서 범사에 형통케 하심을 경험했다. 그는 일터에서 자신에게 주어진 일을 통해 하나님께 영광돌리는 삶을 살았다. 보디발은 하나님께서 요셉과 함께 하심을 보았으며 또 하나님께서 그의 범사에 형통하게 하심을 보았다.

우리가 하나님께 영광돌리는 삶은 하나님의 선하신 역사를 경험하는 것이다. 예수님께서는 산상수훈에서 세상에 빛을 비추는 삶을 사는 것이 신앙인의 삶이며, 그것은 착한 행실로 하나님께 영광을 돌리는 삶이라 하셨다.

일하는 목적이 하나님께 영광돌리는 삶으로 드러나기 위해서는 순교적 자세가 필요하다. 일터에서도 하나님께 영광돌리기 원하는 신앙인이 많지만, 하나님의 영광이 드러나지 못하는 것은 내가 죽고 그리스도께서 사는 것이 쉽지 않기 때문이다.

> "만일 여호와를 섬기는 것이 너희에게 좋지 않게 보이거든 너희 조상들이 강 저쪽에서 섬기던 신들이든지 또는 너희가 거주하는 땅에 있는 아모리 족속의 신들이든지 너희가 섬길 자를 오늘 택하라 오직 나와 내 집은 여호와를 섬기겠노라"(수 24:15).

이스라엘 백성을 약속의 땅으로 인도했던 여호수아는 노년에 이스라엘 백성에게 다시 한 번 선택의 결단을 제시한다. 일생 동안 하나님을 섬길 것인지, 아니면 이방 신들을 섬길 것인지를 택하라 했다.

우리는 일터에서도 끊임없이 선택의 기로에 서게 된다. 하나님의 뜻대로 살 것인지, 아니면 세상의 흐름에 따라 살 것인지를 선택하는 것이다. 하나님의 영광을 위해 살기를 결단했다면 당연히 일터에서도 하나님의 뜻대로 순종하며 살아야 한다. 이것은 나는 죽고 내 안에서 그리스도께서 사실 때에 가능하다.

잠깐 멈추어 서서 여호수아가 이스라엘 백성들에게 했던 메시지를 생각해 보면서 나의 인생을 점검해 볼 필요가 있다.

"나의 인생 여정에서 하나님의 영광이 드러나는 때가 언제인가?", "하나님께서 나의 일터에서 어떻게 역사하셨는가?", "하나님께서 나의 모든 삶의 과정을 결산하실 때에 어떻게 평가하실까?", "나는 모든 것을 포기하고 주님의 영광을 위해 살고 있는가?"

날마다 순간순간 선택의 과정에서 하나님의 뜻에 맞도록 결정하는 것이 신앙생활이다. 모든 그리스도인은 하나님과 동행함으로 하나님의 뜻에 따라 결정하는 삶을 살아야 한다. 이렇게 살 때만이 살아계신 하나님을 경험하는 신앙생활을 할 수 있다.

유치원에서 일하는 어떤 그리스도인 교사는 원장님과 함께 일하는 것이 매우 불편한 상황이다. 원장님은 남편이 목회자이고 주일에는 사모로 교회에서 활동한다.

원장님의 비전은 하나님께 영광돌리는 삶을 사는 것이며, 그래서 필리핀과 중국 등을 위해 선교 활동을 한다. 문제는 하나님께 영광돌리기를 원하는 원장님의 유치원 운영 방식은 불법적인 방법을 통한 보조금 확보와 직원들의 불합리한 임금 등 윤리적으로도 문제가 많고, 그분의 말과 태도는 교사와 직원에게 상처와 갈등을 야기시킨다는 것이다. 문제를 수습하기 위해 거짓말과 왜곡된 방법들을 사용하는 사례들도 많다고 한다. 하나님의 영광을 위한다면 유치원 운영에도 하나님의 영광이 나타나야 하는데 그렇지 못한 것이다.

　일터 현장에서 하나님의 영광을 위한다는 명목으로 선교 헌금을 하기도 하고 부활절이나 크리스마스 예배를 드리기도 하지만, 직원들은 사장님에 대한 불만과 상처가 가득하다. 하나님께 영광을 돌리는 삶은 예배와 헌금과 같은 종교적 활동으로 표현되는 것이 아니라 삶의 현장에서 하나님의 선하시고 기뻐하시는 일들로 드러나야 한다. 일터 현장에서는 신앙적 열심과 실제 삶의 간격이 커서 때로 함께 일하는 사람들에게 많은 갈등을 야기하기도 한다. 그리스도의 구속 사건은 우리 일의 목적을 바꾼다

2. 일하는 자세가 바뀐다
: 우리는 이웃에게 봉사하는 자세로 일한다

　그리스도의 구속 사건은 우리의 일하는 자세도 변화시킨다. 모

든 그리스도인은 일하는 자세가 변화되어야 한다. 하나님께서 일터에서도 역사하기를 원하시기 때문이다. 신실한 신앙인들도 일터에 나가면 소시민처럼 위축되어 지낼 때가 많다. 일터에서 하는 모든 일이 하나님의 일과 아무 관계가 없다고 생각하거나 아니면 구체적으로 어떤 관계가 있는지를 분별하지 못하기 때문이다.

성경은 일터에서의 삶에 대해서 분명하게 제시한다.

> "종들아 모든 일에 육신의 상전들에게 순종하되 사람을 기쁘게 하는 자와 같이 눈가림만 하지 말고 오직 주를 두려워하여 성실한 마음으로 하라 무슨 일을 하든지 마음을 다하여 주께 하듯 하고 사람에게 하듯 하지 말라 이는 기업의 상을 주께 받을 줄 아나니 너희는 주 그리스도를 섬기느니라"(골 3:22-24).

이 말씀은 골로새 교회의 노예에게 한 말씀이다. 노예임에도 불구하고 그리스도인이 된다는 것은 그들의 인생의 진정한 주인이 바뀐다는 것을 의미한다.

사도 바울은 이제 노예로서 사는 것이 아니라 그리스도인으로서 살기를 촉구한다. 그들이 노예 신분에서 벗어난 것이 아니라 여전히 노예이지만, 무슨 일을 하든지 주님께 하듯 한다면 주님으로 말미암아 기업을 받는 자가 되는 것이다. 만일 우리가 우리의 일터에서 무슨 일을 하든지 주님께 하듯 한다면 우리는 주님의 임재를 경험할 수 있다.

이랜드의 사목으로 있을 때의 일이다. 매주 월요일이면 월요 모임을 진행하는데, 어느 겨울 이 모임을 위해 이른 시간에 모임 장소에 나갔다. 새벽 시간이었기 때문에 밖은 어두웠고 직원들은 아직 출근하지 않은 상태였다. 모임 장소에 나가 기도하는데 바닥에 먼지가 많이 쌓여 있는 것을 보았다. 직원들이 오게 되면 불편할까 봐 화장실에서 걸레를 가져다가 바닥을 닦기 시작했다. 마음으로 찬양하며 오늘 임재하실 하나님을 기대했다. 비록 이른 아침에 홀로 청소하는 중이었지만, 하나님의 은혜를 경험하며 즐거운 마음으로 그 일을 했다.

그런데 그 때 누군가 큰소리로 외치기를 "걸레 쓰고 나서 다시 그 장소에 갔다 놔." 하는 것이었다. 처음에는 나에게 하는 말인 줄 몰라 귀담아 듣지 못해 무슨 말인지 알아듣지 못했다. 이랜드에서는 누구도 나에게 반말로 말하는 사람이 없었기 때문이었다. 내가 못 알아듣고 계속 걸레질에 집중하자 그분은 화가 난 듯 나에게 다가와서는 다시 다짐시키듯이 큰소리로 말하고 갔다. 순간 어이없는 상황에서 잠시 멍하게 있다가 다시 걸레질을 시작했다. 이전과 같은 찬양은 사라지고 기쁘지도 않았다. 갑자기 등장한 50대 정도의 경비실 직원으로 인해 이전과는 전혀 다른 당혹스런 상태에 빠졌다.

마음을 진정시키며 기도하던 중에 이 상황을 짐작할 수 있었다. 그분은 사옥 경비실에서 일하시는 직원이라 나를 알아보지 못한 것이다. 아마도 입사한 지 얼마 되지 않았던 것 같다. 그리고 이른 아침에 걸레질을 한다면, 이는 아르바이트일거라고 생각했을 것이다.

처음 보는 사람에게 큰소리로 그것도 반말로 말한다는 것은 그를 존중할 대상으로 생각하지 않는다는 뜻이다. 우리는 일터에서 이와 같은 실수를 범할 때가 있다. 사람을 판단할 때 그의 지위와 역할이 매우 중요하다. 하나님의 형상대로 지음받은 사람으로 존중하지 않는 것이다. 일터에서 무슨 일을 하든지 주님께 하듯 할 뿐 아니라 너와 나의 관계에서도 주님이 원하시는 자세로 섬기며 존중해야 한다.

이것이 하나님께서 원하시는 회복의 역사다. 그 때 걸레질을 하는 것은 천한 일이 아니며 중요한 일이었다. 잠시 무시당하는 말과 태도를 경험했지만, 다시 기쁨으로 일할 수 있었다.

우리가 주님께 하듯 한다면 어떠한 상황에서도 주님의 은혜를 경험할 수 있다. 주님의 임재를 경험하는 것을 우리는 경건의 비밀이라고 말할 수 있다. 경건의 비밀은 주님과 나만이 아는 비밀의 사건이다.

영업의 현장을 보면 때로 전쟁터와 같다는 생각이 들게 한다. 생존을 위해 치열한 경쟁이 있기 때문이다. 이런 상황에서 그리스도인 직업인의 경쟁력은 어디에 있을까?

먼저 우리가 알아야 할 것은 일터 현장에서 하는 모든 일은 사람과 무관한 일이 거의 없다는 것이다. 주님께서 명령하신 "이웃을 네 몸과 같이 사랑하라."는 말씀은 일터 현장에서 날마다 실천해야 하는 주님의 뜻이다. 일터에서 일어나는 모든 일은 나와 이웃에게 직간접적인 영향을 주고 있기 때문이다.

주님은 내가 하는 일을 통해 이웃에게 선한 영향력을 미치기를 원하신다. 직업은 모든 사람과 모든 가정에 매우 중요하다. 직업을 갖지 못한다면 경제적으로나 사회적으로 독립할 수 없기 때문이다. 직업은 모든 사람이 독립된 사회의 일원으로 살아가게 하는 가장 중요한 요소다.

모 방송국에서 제작한 달인 소개 프로그램은 여러 직업군의 달인들을 찾아 소개했다. 이 프로그램에 등장하는 직업인들의 특징은 소위 3D 업종에 해당하는 사람들이었다. 상자를 던지는 일, 밥상을 나르는 일, 편지봉투를 붙이는 일, 타이어를 나르는 일 등 소개되는 모든 일들이 세간의 주목을 받지 못하는 일들이었다. 그런데 달인 프로그램은 그들의 전문성과 탁월함을 주목하게 했고, 그들이 하는 일에 자부심을 갖도록 하는 좋은 효과를 주었다. 이 프로그램을 보면서 깨달은 것은 그리스도인의 직업에 대한 자세였다. 모든 그리스도인은 자신에게 맡겨진 일을 주님께 하는 자세로 할 필요가 있다. 모든 직업인은 달인이 되겠다는 자세로 일에 임해야 한다.

사도 바울이 골로새 교회의 노예들에게 보냈던 메시지를 살펴보면 자신에게 맡겨진 일을 주님께서 원하시는 수준으로 하라고 했다(골 3:22-24).

노예제도가 있었던 당시에 노예 주인이 노예를 인격적으로 잘해 주었을 리가 만무하다. 하나님의 뜻 안에서는 노예제도 자체가 이미 심각한 구조적 모순이기 때문이다. 누구도 하나님의 형상대로 지음받은 사람을 노예로 쓸 수 없다. 그럼에도 불구하고 사도 바울은 신앙을 갖게 된 노예들에게 주인과의 관계를 언급하면서 "모든 일에 주인에게 순종하라."고 했다.

이것은 인생의 주인이 바뀌었기 때문에 무슨 일을 하든지 주님께 하듯 할 것을 명령한 것이다. 무슨 일을 하든지 주님께 하듯 하라는 말씀은 신분은 여전히 노예지만 이제는 더 이상 노예로 사는 것이 아니라 주님의 자녀로 살기를 원하는 것이다. 무슨 일이든지 주님의 뜻대로 주님께 하듯 하는 삶이 신앙생활이다.

요셉은 노예 신분임에도 불구하고 신앙생활을 잘 했던 구약의 대표적인 인물이다. 그는 이집트에 노예로 팔려가게 되었지만, 노예로 살지 않고 주님과 동행하는 사람으로 살았다. 성경은 요셉이 하나님과 함께 함으로 애굽 사람 보디발의 집에서 형통한 사람이 되었다고 기록하고 있다.

> "요셉이 이끌려 애굽에 내려가매 바로의 신하 친위대장 애굽 사람 보디발이 그를 그리로 데려간 이스마엘 사람의 손에서 요셉을 사니라 여호와께서 요셉과 함께 하시므로 그가 형통한 자가 되어 그의 주인 애굽 사람의 집에 있으니 그의 주인이 여호와께서 그와 함께 하심을 보며 또 여호와께서 그의 범사에 형통하게 하심을 보았더라"(창 39:1-3).

어떻게 이것이 가능했을까? 그는 애굽에서 노예 신분으로 있었지만 노예로 산 것이 아니었다. 이것은 신앙인에게 매우 중요한 삶의 원리다. 자신이 있는 곳에서 어떤 의식을 가지고 살아야 하는지를 보여준다.

요셉은 노예였지만, 그 곳에서도 무슨 일을 하든지 주님께 하듯 살았다. 우리도 모든 일을 주님께 하듯 해야 한다. 주님께 하듯 하면, 주님의 임재와 역사를 경험하게 된다. 날마다 주님의 임재를 바라며 주님과 동행할 때 주님께서 우리와 함께 하심을 경험할 수 있다.

초대 교회 당시, 노예들은 어떤 주인을 만나는가에 따라 그들의 인생이 결정되었다. 불의하고 악한 주인들은 노예를 사람으로 존중하지 않았다. 날마다 불합리한 삶의 조건에서 고통과 고난을 경험했다. 그럼에도 불구하고 그리스도인이 된 노예들은 일터에서 주님으로 말미암아 회복의 역사를 경험했다. 세상적 기준으로는 변화된 것이 없었을지라도 하나님께서 보실 때 그들의 인생에 가장 놀라운 변화가 일어난 것이다.

그들은 인생의 주인이 바뀌었고 그 의로우신 주인으로 말미암아 새로운 삶을 살 수 있었다. 날마다 창조주이시며 은혜가 풍성하신 주님과의 교제와 동행을 경험할 수 있었다.

지금도 우리는 일터의 현장에서 하나님께서 원하시는 회복의 역사를 경험할 수 있다. 노예들도 경험했던 살아계신 하나님을 우리도 일터에서 경험해야 한다. 우리가 무슨 일을 하든지 주님께 하듯 한다면, 하나님께서는 지금도 우리에게 역사하신다. 하나님께서 원하시는 기대수준으로 일해야 한다. 주님이 원하시는 수준으로 일하게 되면, 주님의 역사를 날마다 경험할 수 있다.

우리의 인생을 통해서 살아계신 하나님을 경험하는 것만큼 놀라운 것이 없다. 안타까운 것은 하나님을 믿고 있지만 하나님과 교제하며 동행하는 삶의 복이 무엇인지를 알지 못한다는 것이다. 살아계신 하나님을 경험하지 못한다면, 하나님의 자녀의 권세가 무엇인지를 알 수가 없다. 삶의 현장인 일터에서 하나님의 자녀의 권세를 누리는 것이 신앙생활이다(요 1:12-13).

"지난 한 주 동안 하나님의 자녀이기 때문에 경험한 권세는 무엇입니까?" 자주 교회 성도님들에게 던지는 질문이다. 특히 "일터에서 하나님의 자녀이기 때문에 경험하신 권세가 무엇입니까?" 하는 질문에 당당하게 답변하는 그리스도인을 보기가 쉽지 않았.

하나님께서 독생자 예수 그리스도를 죽음에 내어주실 정도로 우리를 사랑하시고 하나님의 자녀가 되는 권세를 주셨는데, 문제는 여전히 옛 사람의 삶의 모습에서 벗어나지 못하고 있다는 것이다.

길거리의 뒷골목에서 쓰레기통을 주우며 살던 거지를 데려다가 왕궁의 왕자의 권세를 주었지만, 여전히 옛 사람의 모습으로 돌아가는 것과 똑같은 이치다. 도저히 이해할 수 없는 일들이 도처에서 벌어지는 것이다. 하나님의 자녀의 권세를 누리지 못한다면 신앙생활을 제대로 한다고 말할 수 없다.

특히 직업인 성도들은 일터에서 평생의 대부분을 보내는데, 그

곳에서 하나님의 역사를 경험하지 못한다면 얼마나 안타까운 일인가? 모든 그리스도인은 자신의 삶의 현장에서 하나님의 자녀에 합당한 삶을 살아야 한다.

하나님의 자녀가 된 성도들에게 하나님께서 필요할 때마다 보화창고를 사용할 수 있는 특별한 권세를 주셨다. 그리고 언제든지 보화창고를 이용하고 싶을 때에는 기도라는 열쇠를 사용함으로 이용할 수 있게 하셨다. 하나님의 자녀라면 누구든지 사용할 수 있는 특별한 권세다.

조지 뮬러는 평생 5만 번이 넘는 기도응답을 받았다고 고백했다. 그는 5만 번이 넘도록 하나님께서 주신 자녀의 권세를 사용했다. 그런데 어떤 성도들은 일생에 하나님의 자녀의 권세를 몇 번이나 사용했는지 분명하게 말할 수 없는 경우를 보게 된다.

우리 자신을 돌아보며 한 번 깊이 생각해 보아야 한다.
"나는 삶의 현장에서 하나님의 자녀의 권세를 누리고 있는가?"

답답하게도 지난 한 주 동안 자신의 일터에서 하나님의 자녀의 권세를 누린 것을 적어 보라고 하면 적을 것이 없는 성도들이 있다. 하나님께서는 우리의 일터가 하나님의 뜻대로 회복되기를 원하신다.

한국 교회는 일터 영역에서 그리스도 안에서의 전리품을 챙기는 성도들로 가득 차는 일이 일어나야 한다. 우리의 일터에서 살아 계신 하나님을 경험하는 것보다 더 놀라운 인생은 없다.

3. 일하는 방법이 바뀐다 : 우리는 성경적 윤리관을 따라 일한다

그리스도의 구속 사건은 우리의 일하는 방법도 변화시킨다. 일터에서 그리스도인은 일하는 방법에서도 차이가 있어야 한다. 단순히 열심히 일하고 책임감 있게 일하는 것으로는 구별될 수 없다. 윤리적으로도 차이가 있어야 한다. 기독교 윤리에 따라 일한다는 것은 쉽지 않다.

그 길은 좁은 길이며 일반 사람들이 가려고 하지 않는 길이다. 그러나 그리스도인은 예수님께서 말씀하신 대로 좁은 문으로 들어가야 한다. 다윗은 "나의 방패는 마음이 정직한 자를 구원하시는 하나님께 있도다"(시 7:10)라고 했다. 정직은 그리스도인의 구별된 삶이 되어야 한다.

야곱은 이 점에서 구별된 삶을 살았다.

> "내가 이 이십 년을 외삼촌과 함께 하였거니와 외삼촌의 암양들이나 암염소들이 낙태하지 아니하였고 또 외삼촌의 양 떼의 숫양을 내가 먹지 아니하였으며 물려 찢긴 것은 내가 외삼촌에게로 가져가지 아니하고 낮에 도둑을 맞았든지 밤에 도둑을 맞았든지 외삼촌이 그것을 내 손에서 찾았으므로 내가 스스로 그것을 보충하였으며 내가 이와 같이 낮에는 더위와 밤에는 추위를 무릅쓰고 눈 붙일 겨를도 없이 지냈나이다"(창 31:38-40).

야곱은 형 에서를 피해 밧단 아람에 있는 외삼촌 라반에게로 도

피했다. 그는 그 곳에서 20년 동안 일했고 재산이 불어날수록 외사촌들과의 갈등이 증폭되어 갔다. 위기를 느끼던 야곱은 어느 날 아내들과 재산을 가지고 외삼촌 라반을 피해 도주했다. 이를 알고 뒤쫓아 온 라반에게 붙잡힌 야곱이 자신의 입장을 변호하기 위해 일꾼으로서 20년 동안 보낸 생활을 이야기하기 시작한다.

야곱의 20년의 일터생활은 결코 쉽지 않았다. 도둑을 맞기도 했고 자신이 관리하던 양떼 가운데 물려 찢긴 것도 있었다. 낮에는 더위와 밤에는 추위와도 싸워야 하는 고된 일이었다. 그럼에도 불구하고 야곱은 20년 동안 외삼촌 라반의 소유 가운데 하나도 가로챈 것이 없었다고 주장한다. 20년 동안 라반의 소유를 정직하게 관리한 것이다.

그리스도인이 일터에서 구별되어야 할 것 중 하나가 정직한 삶이다. 털어서 먼지 나지 않는 사람이 없다고 하지만, 그리스도인은 털어서 먼지가 안 나는 삶을 살아야 한다. 일터에서 털어서 먼지 안 나도록 산다는 것은 거의 불가능하기까지 하다. 누구나 약간의 흠과 허물이 드러나기 때문이다. 그러나 하나님과 동행한다면 그것이 가능하다. 하나님께서 도우신다면 우리의 지혜와 능력으로가 아니라 하나님의 역사하심으로 이같이 살 수 있다. 모든 그리스도인은 정직하기 어려운 일터의 현장에서 하나님께 의뢰함으로 인한 간증 있는 삶을 살아야 한다.

만일 우리가 일터에서 정직하지 않고 적당하게 생활한다면 어떻게 되겠는가?

군대 훈련병 시절, 오직 하나님만을 의지하며 생활했을 때의 일이다. 자대 배치를 받고 행정병으로 근무하면서 날마다 부대일지를 쓰는 일을 했다. 그런데 그 업무가 실제와 너무도 달라 갈등이 많았다. 실제로 진행하지 않은 훈련 내용과 부대 내의 활동을 거짓으로 기록하도록 강요받았다.

이를 거부하자 상급자가 고통받게 되는 상황에서 결국 상급자들을 위해 적당히 타협점을 찾게 되었다. 이전에 해오던 방법과 같이 상황에 맞도록 대충 부대일지를 적는 것이다. 그런데 인간적인 생각으로 타협한 그 이후로부터 하나님의 역사를 경험할 수 없게 되었다. 하나님께서는 부정직한 생활에는 함께 하실 수 없었던 것이다. 격심한 고난과 시련 속에서도 하나님만을 의지하며 살고자 했을 때에는 하나님의 도우심을 경험했지만, 인간적인 생각으로 타협점을 찾고 난 다음부터는 하나님의 역사하심을 경험할 수 없었다.

일터에서 신앙이 좋다는 것은 무엇을 의미할까? 다니엘도 그의 노년에 총리가 되었을 때 아무 틈, 아무 허물이 없도록 살았다. 다리오 왕이 다른 총리들과 방백들의 희생이 있더라도 포기할 수 없었던 사람이 다니엘이었다.

이와 같이 살기 위해서는 맡겨진 업무에 대해 탁월함이 있어야 한다. 다니엘은 자신의 맡은 일에 있어서 그릇함도, 허물도 없을 정도로 정통했다.

4. 일하는 과정이 바뀐다 : 우리는 하나님과 동행하며 일한다

"너는 마음을 다하여 여호와를 신뢰하고 네 명철을 의지하지 말라 너는 범사에 그를 인정하라 그리하면 네 길을 지도하시리라"(잠 3:5-6).

그리스도의 구속 사건은 일하는 과정도 변화시킨다. 그리스도인은 일하는 과정에서도 하나님을 경험해야 한다. 하나님이 경험되지 않는다면, 그것은 나의 지혜와 능력으로 일하는 것을 의미한다. 모든 그리스도인은 일터에서도 간섭하시고 인도하시는 하나님을 경험해야 한다. 하나님을 경험하기 위해서는 반드시 청지기 삶을 살아야 한다.

성경에서 청지기란 주인의 것을 맡아서 주인의 뜻대로 관리하는 사람을 의미한다. 우리는 일터에서 진정한 주인이 누구인지를 잊지 말아야 한다. 만일 주인이신 하나님을 잊고 생활한다면 하나님께서 주시는 은혜를 경험할 수가 없다. 하나님께서 일터의 주인이심이 인정될 때에 우리는 모든 일을 주님께 의뢰할 수 있는 것이다. 주인의 뜻대로 주인의 인도하심에 따라 순종하며 일해야 한다.

디톡스 전문 사업장인 제인바이탈에서 있었던 일이다. 창고에 무려 3개월 분의 재고가 가득 차 있는 심각한 상황이었다. 기도하는 가운데 확신이 들어서 사장과 직원에게 선포하고 함께 기도하기 시작했다.

"이번 달 안에 이 재고가 필요로 하는 사람들에게 사용되도록 역사해 주십시오."

이루어질 수 없을 것 같았지만, 기도제목을 정하고 기도하자 하나님께서는 간절한 기도에 응답하셔서 그 달 안에 그 동안의 재고를 다 사용하도록 하시는 놀라운 일을 경험하게 하셨다. 함께 했던 모두가 하나님의 역사하심을 보았다. 하나님께서는 지금도 우리의 일터에서 역사하시기 원하신다.

다니엘 기도를 하기로 결단한 한 그리스도인은 하루 세 번 하나님께 기도하면서, 이제는 일터에서 역사하시는 하나님에 대한 간증이 넘쳐나고 있다고 고백했다.

출근과 함께 컴퓨터를 켜고 커피믹스를 마시며 하루의 일과를 시작했던 과거와는 달리 이제는 일터에 도착하면 무엇보다도 먼저 주님께 나아가 오늘 하루에도 주님이 나의 일터의 주인이시며 또한 나의 업무에 함께 하시도록 기도하는 삶으로 변화되었다고 고백했다. 이것은 작은 변화가 아니다.

이것은 한 사람의 인생에서 가장 큰 변화가 시작된 것이다. 하나님께서는 나의 업무에 동행하기를 원하신다. 그리고 그 가운데 역사하시기를 원하신다.

5. 일의 결과도 바뀐다

그리스도인은 일의 결과에서도 다르다. 인간은 노동을 통해 성취라는 결과를 얻기 원한다. 하나님께서는 모든 사람에게 이 같은 갈망을 주셨다. 그런데 그 성취가 주님께서 보실 때에 어떠해야 하는지에 대한 바른 기준을 갖는 것이 중요하다. 그리스도인은 자신의 일을 통해 하나님께서 원하시고 기뻐하시는 결과를 기대해야 한다. 단순히 업무의 성취와 높은 수익을 기대하는 것이 아니어야 한다.

사도 바울은 디모데에게 권면하기를 재물로 인해 마음을 높이지 말고, 재물에 소망을 두지 말고, 모든 것을 후히 주시는 하나님께 소망을 두며, 선을 행하고 선한 사업을 많이 하고 나누어 주기를 좋아하는 너그러운 사람이 되도록 하였다(딤전 6:17-19).

이 말씀은 오늘날 일터 현장에 있는 그리스도인에게도 동일한 의미가 있다. 비즈니스를 하는 그리스도인은 재물의 많음으로 자랑하거나 재물에 종속되지 말고, 자신의 사업을 통해 선한 사업들이 일어나고, 사회 환원을 통해 나누어주기를 좋아해야 한다.

이것이 그리스도인의 특징이다. 모든 그리스인들은 자신의 일을 통해 이웃에게 선한 영향력을 미쳐야 한다. 우리의 일은 이웃을 사랑하는 수단이며, 도구가 되기도 하고, 이웃 사랑의 통로가 되어야 한다.

또한 우리는 그리스도의 편지이다. 사도 바울은 고린도교회 성도들을 향해 그들을 그리스도의 편지라 하였다. 사실 모든 그리스도인은 그리스도의 편지와 같다. 주위 사람들이 우리의 모습을 보고, 그리스도의 메시지를 볼 수 있어야 한다. 일터 현장에 있는 그리스도인은 어떤 모양으로든지 흔적을 남긴다. 퇴직한 이후 업무를 인수할 직원은 이전 직원이 일터에서 남긴 흔적을 자연스럽게 알게 된다. 거래처와의 관계, 부하직원, 동료직원, 상사와의 관계, 업무자세나 성과 등등. 특별히 말로써 복음을 전하려고 애쓰지 않았어도 그의 삶의 흔적은 고스란히 남는 것이다. 따라서 나의 말과 행동이 어떤 영향력을 끼칠 것인지를 신중히 생각해야 한다.

또한 일의 결과에 대해 우리가 반드시 생각해 보아야 할 것이 있다. 비즈니스를 하는 성도들 가운데 여러 가지 일로 인해 경제적 어려움을 겪고 있는 경우를 보게 될 때가 있다. 안타까운 것은 자신의 비즈니스 형편으로 자신을 판단하는 것이다. 그것은 주님께서 기뻐하시는 삶의 자세가 아니다. 비즈니스의 상황이 좋고, 나쁜 것으로 자신을 판단한다면, 하나님께서 원하시는 신앙인의 삶을 살 수가 없다. 다윗은 사울 왕에게 쫓기는 처량한 신세에서도 믿음의 삶을 놓치지 않고 있었다.

그리스도인은 일터의 현장에서 결과에 관계없이 감사할 수 있다. 이것은 그리스도인만이 할 수 있는 특권이 아닐까 생각한다. 하나님의 주권을 인정할 수 있기 때문이다. 기대 밖의 안 좋은 결과가 나올 때에도 하나님께서 주시는 교훈을 생각해 볼 수 있다. 그래서 믿음으로 사는 사람은 믿지 않는 사람으로서는 이해할 수 없는 반응을 보일 수 있다.

입찰해서 억울하게 떨어질 때에도, 계약이 성사되지 못할 때에도, 경쟁사로부터 기가 막힌 모함을 받게 될 때에도 그리스도인은 하나님께 모든 것을 맡길 수 있다. 이와 같은 삶이 그리스도의 편지이며, 그리스도의 사신으로서의 삶이다.

그리스도인은 일의 결과에 반드시 재물의 축복이 있다고 생각해서는 안 된다. 재물의 많고 적음이 아니라, 재물에 대한 자세의 변화로 나타나야 한다. 성경적 경영을 해야 하는 이유가 부자가 되기 때문이 아니라, 주님의 기뻐하시는 삶이기 때문이다. 그것이 주님 앞에 지혜롭고 충성스러운 청지기의 삶이기 때문이다. 일의 결과가 재물의 많고 적음에 있는 것이 아니라, 재물이 하나님께서 기뻐하시는 곳으로 흘러가고 있는 지에 있어야 한다.

WHERE IS YOUR GOD?

MONDAY CHRISTIAN

9

일터,
인생 학교

일터는 신앙의 훈련장이다.

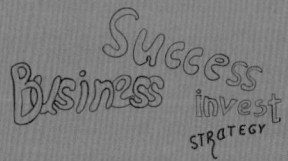

MONDAY CHRISTIAN

일터는 인생 학교이며,
성숙한 그리스도인으로 자라가기 위한
훈련의 장이다.
따라서 훈련이 필요하다.

기독교 기업에서 사역할 때 자주 경험했던 일이다. 보통 회사에 들어오기 전에, 신앙이 없던 직원들은 입사 이후에 회사에서 경건의 시간을 갖는 것이 불편하고 어색해 한다. 성경의 낯선 내용과 익숙하지 않은 이름과 지명들을 접할 때마다 경건의 시간은 쉽지 않았을 것이다.

그런데 신앙의 연수가 오래된 직원들은 동일한 성경말씀을 짧은 시간 동안 함께 보면서도 성경을 해석하고 설명하는 것이 예사롭지 않았다. 성경말씀에 대해 설명하는 것을 보고 신앙생활을 하지 않았던 직원들도 '은혜롭다'는 단어를 알게 되었다.

문제는 성경말씀을 그렇게 은혜 넘치게 풀어내던 직원들이 일터 현장에서는 말씀과는 거리가 있는 말과 행동으로 신앙 없는 사람들을 당혹하게 만드는 때가 있다는 것이다. 목회자와 장로의 자녀 가운데 모태신앙인이라고 하는 직장상사가 업무에서는 폭언으로 부하직원들을 힘들게 하는 것이다. 회사에 들어오게 됨으로 기독교 신앙을 진지하게 생각하게 되었던 비신앙인은 이 같은 상황을 이해하기가 어렵다.

"교회 다닌 연수가 오래 되었는데, 삶은 어떻게 저럴 수 있을까?" 하는 의아심을 갖게 되는 것이다.

일터에서의 신앙훈련

두 부류의 신앙

사도 바울은 고린도 교회의 성도들을 '신령한 자들'과 '육신에 속한 그리스도인'으로 분류했다. 신령한 자들이란 성령을 따라 행하는 신앙인이다. 육신에 속한 자 곧 그리스도 안에서 어린아이들은 신앙은 있지만, 아직 성령을 따라 행하지 않고 육신의 욕망을 따라 행하는 미성숙한 그리스도인이다. 그래서 그리스도 안에서 어린아이들이라고 했다.

고린도전서 3:2에서는 젖과 밥이라는 대조적인 두 개의 단어가 나온다. 사도 바울은 고린도 교회 성도들에게 밥으로 먹이지 아니하고 젖으로 먹였다고 했다. 바울이 성도들에게 이러한 말한 본질적인 이유는 그들의 신앙수준이 밥을 먹을 정도의 수준이 아니고 어린아기처럼 젖을 먹어야 하는 수준이라는 것이다.

고린도 교회의 성도들이 성령을 따라 행하는 신령한 자들이 되지 못하고 어린아이와 같은 수준이었던 이유는 "너희는 아직도 육신에 속한 자로다 너희 가운데 시기와 분쟁이 있으니 어찌 육신에 속하여 사람을 따라 행함이 아니리요"(고전 3:3)의 말씀처럼 이들 가운데 서로 시기하며 분쟁을 일으키는 일이 있었기 때문이다. 이것은 육신에 속한 신앙인의 전형적인 모습이다.

신앙생활을 하지만 성령을 따라 살지 않는다면, 신앙생활의 연수와 관계없이 어린아이와 같은 신앙인이다. 사도 바울은 이런 사람들을 '육신에 속한 자, 곧 그리스도 안에서 어린아이' 라고 했다.

히브리서 5:11-14의 말씀은 고린도전서 3장 말씀보다 두 부류의 신앙인에 대해 더 구체적으로 설명해 준다.

"멜기세덱에 관하여는 우리가 할 말이 많으나 너희가 듣는 것이 둔하므로 설명하기 어려우니라 때가 오래 되었으므로 너희가 마땅히 선생이 되었을 터인데 너희가 다시 하나님의 말씀의 초보에 대하여 누구에게서 가르침을 받아야 할 처지이니 단단한 음식은 못 먹고 젖이나 먹어야 할 자가 되었도다 이는 젖을 먹는 자마다 어린 아이니 의의 말씀을 경험하지 못한 자요 단단한 음식은 장성한 자의 것이니 그들은 지각을 사용함으로 연단을 받아 선악을 분별하는 자들이니라"(히 5:11-14).

히브리서 5장에 등장하는 두 부류 사람들의 차이점은 무엇일까? 그 차이점은 신앙의 공동체 안에 어린아이와 장성한 자가 있다는 것이다. 어린아이는 젖을 먹고 의의 말씀을 경험하지 못한 자이며, 장성한 자는 단단한 식물을 먹는 신앙인으로 지각을 사용함으로 연단을 받아 선악을 분변하는 자들이라고 했다. 이 말씀을 통해 우리가 확실히 알 수 있는 것은 신앙생활에는 성장이 있다는 것이다. 젖을 먹는 단계가 있는가 하면 단단한 식물을 먹는 성숙한 단계가 있는 것이다.

　우리는 신앙생활을 통해 반드시 신앙의 성장을 경험해야 한다. 신앙생활을 한 연수보다 중요한 것은 신앙생활에서 어떠한 변화를 경험하는가에 있다.

　어린아이와 장성한 자, 두 부류의 공통점은 무엇인가? 히브리서 5장에서 두 부류 사람들의 공통점은 매우 중요하다.

　첫 번째 공통점은 젖을 먹든 밥을 먹든 각각 무엇인가를 '먹는다.' 는 것이다. 이들이 먹는 것은 하나님의 말씀이다. 젖은 하나님의 말씀의 초보에 해당하고 단단한 식물은 '멜기세덱' 을 의미한다. 지금도 많은 그리스도인은 히브리서 기자가 여기서 멜기세덱을 언급하는 이유를 잘 알지 못한다.

　'멜기세덱' 에 대해서는 히브리서 7:1-3을 보면 이해할 수 있다. 하나님의 말씀의 초보인 젖을 먹든지 멜기세덱과 같은 밥을 먹든지 '하나님의 말씀을 먹는다.' 는 것은 이들이 거듭난 신앙인이라는 것이다. 신앙인만이 하나님의 말씀을 영의 양식으로 먹을 수 있다. 또한 신앙인이라면 반드시 하나님의 말씀인 영의 양식을 먹어야 한다.

　두 번째 공통점은 장성한 자뿐 아니라 어린아이도 '때가 오랜 신앙인' 이라는 것이다. 히브리서 5장에 등장하는 어린아이 신앙인은 사실 신앙생활을 시작한 지가 오래되었지만, 신앙수준은 장성한 자가 되지 못하고 어린아이의 수준에 머물러 있다. 신앙의 성장은 비단 교회를 오래 다녔다고 해서 이루어지는 과정이 아니다. 교회의 신앙 공동체에 오래 전에 소속되었다 해도 여전히 신앙적으로는 어린아이의 수준에 머물러 있을 수 있다. 이것은 그 때나 지금이나 충격적인 사실이다.

예를 들어 설명해 보겠다. 한 아기가 태어나면 정상적인 부부에게는 그것이 얼마나 큰 기쁨이며 축복인지 모른다. 부모는 아기의 작은 행동 하나하나가 신기하고 사랑스럽다. 아기가 미소지을 때마다 모든 근심이 사라지는 것 같다. 아기의 손과 발이 너무도 예쁘고 귀여워서 말로 표현하기가 어려울 정도다. 아무리 보아도 지겹지가 않다. 갓난아기는 하나님께서 주신 선물이다. 아기는 날마다 모유을 먹으며 눈에 보이지 않지만 서서히 성장한다.

그런데 1년이 지나고 3년이 지났는데도 여전히 아기가 갓난아기 때와 같은 모습에서 변화가 없다고 가정해 보자. 5년이 지났는데도 여전히 갓난아기 때와 같다고 해 보자. 이래도 이것이 아기의 부모에게는 기쁨이며 축복일까? 결코 그렇지 않다. 성장이 없는 아기는 부모에게 슬픔이며 고통이며 재앙과 같이 느낄 수도 있다. 이것은 심각한 병적 상태임에 틀림없다. 모든 생명에는 성장이 있고 변화가 있어야 한다.

신앙도 마찬가지다. 신앙은 반드시 성장하고 변화가 나타나야 한다. 신앙생활에서 예수 그리스도로 말미암아 변화가 나타나지 않으면 그것은 병든 상태라고 할 수 있다. 그렇다면 왜 히브리서에서는 신앙생활이 오래되었음에도 여전히 어린아이에 머물러 있다고 했을까? 신앙생활이 오래되었음에도 여전히 어린아이로 있는 이유는 무엇일까?

한국 교회의 위기는 여기에 있다고 볼 수 있다. 신앙생활의 연수는 오래되었지만, 여전히 어린아이로 있는 그리스도인이 많이 있다. 신앙생활의 연수가 오래 되면 집사가 되고 권사가 되고 장로가 된다. 모인 교회 활동을 열심히 하는 사람들을 우리는 신앙이 좋은 사람으로 이해하기 때문이다.

신앙생활의 연수가 신앙의 성장과 밀접한 관계가 없는데도 이와 같은 전통이 교회에 뿌리를 내렸다. 신앙성장의 기준이 분명하지 않으면 때가 오래 된 신앙인에게 안수집사와 장로의 직분을 맡기게 된다. 교회 문제의 근원에는 신앙생활의 연수는 오래되었지만 여전히 신앙으로는 어린아이와 같은 신앙인이 교회 내의 지도자 위치에 있기 때문이다. 안수집사와 장로 또한 목회자도 마찬가지다.

그렇다면 신앙생활을 오래했음에도 어린아이로 머물러 있는 이유는 무엇일까?

신앙훈련이 제대로 되지 않았기 때문이라는 답변이 가장 많다. 그렇지만 한국의 모든 교회에는 신앙훈련이 있다. 교회마다 성경 공부도 있고 신앙훈련 커리큘럼이나 프로그램이 있다. 대부분은 그런 모든 과정을 거쳐 안수집사와 장로가 되었다. 그럼에도 불구하고 여전히 때가 오래된 어린아이 신앙인이 있다. 왜 그럴까?

또 다른 답변은 머리로는 받아들였는데 가슴으로 받아들이지 않았기 때문이다. 이런 추상적 답변에 대해서는 할 말이 없다. 그래서 어떻게 해야 한다는 것인가? 머리로만 받아들이지 말고 마음으로 받아 삶이 변화되기를 원하는데, 구체적으로 어떻게 하라는 의미일까?

〈소명 아카데미〉를 진행하면서 성도들이 확신하게 된 것은 '살아계신 하나님을 일상생활의 삶에서 경험하지 못했기 때문'이라는 것이다.

성경은 이것을 다음과 같이 나타낸다. '때가 오래되었음에도 젖을 먹는 어린아이 신앙인은 의의 말씀을 경험하지 못한 자'라고 한다. 의의 말씀을 경험하지 못하면 신앙생활의 연수가 오래되어도 여전히 어린아이와 같이 신앙의 성장이 없다는 것이다. 의의 말씀을 경험한다는 것은 살아계신 하나님을 경험한다는 의미다. 그렇다면 살아계신 하나님을 경험하지 못하는 삶은 신앙생활의 연수가 오래되어도 여전히 신앙의 성장이 없다고 단정할 수 있다.

일터의 현장은 가장 많은 시간을 보내는 곳이다. 이곳에서 소금과 빛으로 드러나지 않는다면, 그것은 진정한 신앙생활이 아니다. 일터의 현장에서 살아계신 하나님을 경험하는 삶이 나타나지 않는다면 신앙훈련을 제대로 받은 것이라 할 수 없다. 우리는 속지 말아야 한다.

또한 교회 다닌 연수에 비례해서 신앙이 성장하는 것이 아니라 살아계신 하나님과 동행하는 사람만이 신앙이 성장한다. 성경 공부를 많이 하고 성경 말씀을 잘 가르칠 수 있어도 살아계신 하나님을 경험하는 삶을 살지 못한다면 여전히 신앙적으로는 어린아이와 같다고 할 수 있다.

모든 성도들은 신앙이 성장해야 한다. 살아있는 모든 생명체가 변화되고 성장하듯이 신앙의 세계에서도 동일한 변화가 일어난다. 신앙은 끊임없이 성장한다. 주님을 만난 이후에 주님께서 이 땅에서 부르실 때까지 신앙은 끊임없이 성장해야 한다. 모든 성도들은 장성한 분량이 충만한 데까지 이르도록 신앙이 성장해야 한다.

일터에서 신앙훈련이 왜 필요한가

이 글을 정리하는 중에 전화가 왔다. 지금까지 만난 일이 없는 장로님의 전화였다. 전화하신 내용은 선한 의도로 시작한 일이 부도 위기에 내몰리게 된 다급한 상황이었다. 매년 빚은 늘어만 가고 경영을 지속하기에는 한계 상황에 이른 것이다. 시작한 일을 처분하기 위해 할 수 있는 모든 방법을 찾고 있지만, 벗어날 길이 없어 보이는 난감한 상황에 내몰린 것이다.

우리도 이와 같은 곤경에 처할 때가 있다. 그럴 때에 나의 상황과 하나님을 믿는 믿음은 어떤 관계가 있을까? 하나님께서는 이런 상황을 통해서 '내가 하는 일의 진정한 주인이 누구이며, 그 일을 어떻게 무엇을 위해 하기 원하시는지' 분별하기를 원하신다.

기윤실에서 2013년 한국 교회의 사회적 신뢰도를 조사하여 발표한 결과는 충격적이었다. 가톨릭(29.2%)과 불교(28.0%)에 비해 기독교는 21.3%의 신뢰도에 머물러서 한국의 주요 3대 종교 중 최하위를 기록했다. 교회의 성장과 확장에 비해 사회적인 영향은 매우 부정적으로 드러나고 있다. 그 이유는 언행불일치와 교회 내부적 비리와 부정부패 때문이다.

1) 일터 안에서 자라가야 한다

> "오직 우리 주 곧 구주 예수 그리스도의 은혜와 그를 아는 지식에서 자라 가라 영광이 이제와 영원한 날까지 그에게 있을지어다"(벧후 3:18).

베드로후서 3:18은 사도 베드로가 성도들에게 서신을 보내면서 마지막으로 당부하는 말씀이다. 먼저 세상의 무법한 자들로 인해 미혹되지 말고 오직 구주 예수 그리스도의 은혜와 예수 그리스도를 아는 지식에서 자라 갈 것을 강권하고 있다.

사도 베드로도 역시 신앙생활은 자라가는 삶임을 강조한다. 신앙생활은 변화가 있어야 한다. 사도 베드로는 두 가지를 구체적으로 언급했다. 첫 번째는 예수 그리스도의 은혜 안에서 자라가는 것이다. 은혜란 받을 자격이 없는 자들에게 거저 주신 것이다. 신앙생활은 자격이 없는 사람들이 예수 그리스도의 은혜로 인해 하나님께서 주시고자 하는 풍성한 삶을 누리는 삶이다. 우리는 날마다 하나님께서 주시는 은혜를 누리는 삶을 살아야 한다. 지금의 나의 나 된 것이 바로 하나님의 은혜였음을 깨닫고 하나님의 자녀에 합당한 권세를 누려가야 한다. 이 구절의 말씀을 전할 때마다 질문을 했다.

예수 그리스도의 은혜 안에서 자라간다는 것이 나의 삶에 어떤 의미가 있을까? 지난 한 주 동안 그리고 하루하루의 삶에서 하나님의 은혜를 경험해야 한다. 신앙의 성장은 하나님의 은혜를 경험하는 삶의 풍성함을 누리는 것이다. 일터 안에서 하나님께서 주시는 은혜가 넘쳐나고 있음을 다시 한 번 확인해 보자.

또한 사도 베드로는 예수 그리스도를 아는 지식에서 자라가라고 말씀하신다. 신앙의 성장은 믿음 안에 있는 성도들이 예수 그리스도를 더 깊이 알아가는 삶이다. 부부가 결혼생활이 지속될수록 더 깊이 알아가고 함께 나누는 삶이 풍성해지듯이 우리도 예수 그리스도를 알아갈수록 삶의 변화를 경험할 수 있다. 신앙의 성장에 따라 그리스도 예수 안에서 더 풍성한 은혜를 경험하는 것이다.

2) 분명한 목표를 설정하라

"우리가 그를 전파하여 각 사람을 권하고 모든 지혜로 각 사람을 가르침은 각 사람을 그리스도 안에서 완전한 자로 세우려 함이니 이를 위하여 나도 내 속에서 능력으로 역사하시는 이의 역사를 따라 힘을 다하여 수고하노라"(골 1:28-29).

사도 바울의 사역 목표는 무엇인가? 하나님께서는 한 사람의 성도가 그리스도 안에서 완전한 자로 자라가기를 원하신다. 사도 바울은 이를 위해 내 속에서 능력으로 역사하시는 이의 역사를 따라 힘을 다하여 수고하고 있다고 했다(골 1:28-29). 교회의 관심은 성도 한 사람이 그리스도 안에서 완전한 자로 세워지는 데 있어야 한다. 주님께서 원하시는 부흥은 성도 한 사람, 한 사람이 말씀의 가르침을 통해 그리스도 안에서 변화를 경험하여 완전한 자가 되는 것이다.

우리는 그리스도 안에서 완전한 자가 되고자 하는 갈망이 있어야 한다. 교회의 진정한 성장은 사람이 많아지는 것이 아니라 신앙 공동체를 구성하는 한 사람이 그리스도 안에서 완전한 자로 세워지는 것에 있다. 우리의 신앙 공동체에서 이 같은 변화가 일어나야 한다. 나를 비롯해서 그리스도 안에서 완전한 자로 세워지고 있는가?

인터넷의 발달은 교회에도 많은 변화를 일으키고 있다. 이제는 어디에서나 원하는 목사님의 설교를 들을 수 있다. 세계의 어디에서도 인터넷만 된다면 동영상 예배에 참여할 수 있다. 교회에 가도 동영상으로 예배만 드리고 돌아오는 성도들에게는 꼭 모인 교회를 가지 않아도 되는 시대가 되어 가는 것이다.

그러나 이 같은 모양은 하나님께서 원하시는 교회 공동체의 모습이 아니다. 모든 교회는 그리스도의 몸이 되어야 하고 성도들은 그리스도의 몸된 교회의 지체로 있어야 한다. 또한 정상적인 신앙생활을 한다면 반드시 그리스도 안에서 완전한 자로 세워지는 변화를 경험해야 한다.

성경은 신앙에는 성장이 있음을 강조한다. 그리스도인은 신앙의 성장에 대한 갈망이 있어야 한다. 신앙성장은 성경에서 구체적으로 제시하는 신앙인의 삶이다. 사도 바울의 사역의 목표는 각 사람에게 그리스도 예수를 전파하고 각 사람을 가르쳐서 각 사람을 그리스도 안에서 완전한 자로 세우는 데 있었다. 그렇다면 신앙의 성장은 어떻게 나타나며 어떤 단계를 거치는 것일까? 먼저 예수님을 통해 신앙성장에 대한 바른 이해를 찾아보자.

일터에서 어떻게 신앙을 훈련할 것인가

롤 모델이신 예수님

우리는 앞서 신앙성장은 그리스도인에게 반드시 나타나야 하는 변화임을 확인했다. 성경은 신앙성장의 당위성에 대해 매우 강조한다. 그렇다면 신앙성장이란 구체적으로 무엇을 의미할까? 어떤 변화가 일어나야 할까? 이 질문에 대한 답변을 예수님의 성장과정을 통해 함께 살펴보기를 원한다.

예수님은 성부 하나님의 독생자이시며 참 하나님이시지만, 이 땅의 인간들을 죄에서 구원하시기 위해서 성육신하셨다. 곧 성자 하나님이신 예수님은 요셉과 정혼했던 마리아의 몸에서 아기로 탄생하셨다. 참 인간의 몸으로 성육신하셔서 이 땅에 오신 예수님은 한 사람의 일생 가운데 겪게 되는 성장의 경험들을 똑같이 경험하셨다. 우리로 하여금 예수님의 발자취를 따라 살 수 있게 하는 실제적인 모델이 되신 것이다.

4복음서 중에서 누가만이 예수님의 성장과정을 구체적으로 기록했다. "아기가 자라며 강하여지고 지혜가 충만하며 하나님의 은혜가 그의 위에 있더라"(눅 2:40). "예수는 지혜와 키가 자라가며 하나님과 사람에게 더욱 사랑스러워 가시더라"(눅 2:52).

예수님은 아기로 태어나셨으며 우리와 같이 성장과정을 거쳐 장성한 분이 되셨다. 그런데 누가의 기록을 통해 확인할 수 있는 것은 예수님의 성장은 전인격적 변화로 나타났다는 것이다. 예수님은 지혜와 키가 자랐으며 하나님과 사람에게 더욱 사랑스럽게 변화되셨다. 곧 예수님께서는 어린아이에서 어른으로 성장해 나가시면서 지적, 신체적, 영적, 사회적인 면에 있어서 총체적이며 전인격적인 성장을 경험하셨다. 누가는 의사였기 때문에 그의 지식을 따라 성장은 네 가지 관계에서의 변화가 나타난다는 것을 깨닫게 되었다.

예수님의 성장은 매우 실제적이고 구체적인 모델이 되고 있다. 예수님은 유대인의 전통을 따라 아버지의 직업이었던 목수가 되었는데, 신체적인 성장뿐 아니라 지적인 영역에서도 성장하셨기 때문에 가능한 것이다. 또한 그뿐 아니라 너와 나의 관계에서도 그리고 하나님께서 보실 때에도 아름답게 성장하셨다. 모든 그리스도인의 성장은 반드시 네 가지 관계에서도 변화가 나타나야 한다.

나와 내 몸과의 관계에서도 변화가 일어나야 한다. 우리는 내 몸의 청지기다. 술, 담배를 하지 않는 것뿐 아니라 내 몸의 건강에 대해서도 청지기 자세가 필요하다. 주님께서는 맡기신 내 몸이 일생 동안 병들지 않고 건강한 몸으로 하나님께서 기뻐하시는 삶을 살 수 있도록 하셨다. 많은 신앙인들이 질병으로 고통받고 있다. 하나님께서는 내 몸이 질병으로 고통받는 삶을 원하시지 않는다. 이 문제에 대해서는 다시 자세히 언급하겠다.

지혜가 자라가는 것은 일터에서 분명히 확인할 수 있다. 우리는 일터에서도 하나님께서 간섭하심으로 인해 하나님의 도우심을 경험해야 한다.

잠언에 보면 게으른 자의 밭과 지혜 없는 자의 포도원에 대해 나온다. 일터의 지혜 없는 자의 포도원이 제대로 관리되지 않는 것을 알 수 있다(잠 24:30). 그리스도인은 일터에서도 하나님께서 주시는 지혜로 행할 때에 경쟁력 있는 삶을 살 수 있다. 신앙생활은 나의 헌신과 열정으로 되는 삶이 아니다.

너와 나의 관계에서도 변화가 일어나야 한다. 신앙생활은 열심히 하지만 일터에서는 대인관계가 원만하지 않다면 이것은 대단히 잘못된 신앙생활이다. 너와 나의 관계에서도 하나님의 역사를 경험해야 한다. 그리고 변화를 경험해야 한다. 모인 교회에서도 마찬가지다.

그리스도인은 반드시 너와 나의 관계에서 신앙의 성장만큼 변화가 나타나야 한다. "이웃을 네 몸과 같이 사랑하라."는 주님의 말씀이 신앙의 성장과정에서 드러나야 하는 것이다. 이웃사랑이 아니라, 이웃을 배려하고 존중하는 태도조차 나타나지 않는다면, 그것은 신앙생활이라고 할 수 없다. 신앙생활을 열심히 한다는 사람이 성도들 간의 관계에서 여전히 험담이 사라지지 않고 불평과 비난하는 삶이 변화되지 않는다면 그것은 신앙생활이 아니다.

하나님과의 관계에서도 계속되는 변화가 일어난다. 신앙생활은 하나님과의 만남에서 시작하여 하나님과의 관계가 보다 깊어지는 삶이다.

거듭난 이후 하나님과의 관계에서 일어난 변화가 일생 동안 지속되어야 한다. 신앙의 연수만큼 하나님을 깊이 알아가야 한다. 믿는 자들을 대상으로 이단들의 활동이 더욱 활발해지고 있다. 이단들이 활개치는 것은 신앙생활의 연수가 오래되어도 하나님과의 관계에 변화가 나타나지 않기 때문이다.

사무엘의 성장과정에서도 진정한 변화를 볼 수 있다. "아이 사무엘이 점점 자라매 여호와와 사람들에게 은총을 더욱 받더라"(삼상 2:26).

사무엘의 성장과정에서도 그가 엘리 제사장의 지도하에 신체적으로 자라갔을 뿐 아니라 제사장 직분을 감당할 수 있도록 지적인 영역에서도 성장했고 하나님과 사람들이 볼 때에도 아름답게 성장했음을 알 수 있다.

모든 그리스도인은 전인격적인 성장이 이루어져야 한다. 아이 사무엘이 점점 성장했듯이 모든 그리스도인도 신앙생활의 연수에 따라 전인격적 신앙의 성장이 일어나야 한다. 신앙생활의 연수보다 중요한 것은 나의 삶에서 일어나는 변화이다.

내가 20세가 되던 해에 예수님을 인생의 주인으로 모셔들이는 사건이 있었다. 절망적 상황에서 주님을 만났기에 20대를 주님을 위해 헌신적으로 살았다. 하나님께서 넘치는 은혜를 주셨고 삶의 현장에서 많은 간증이 있었다. 그 때에는 10년, 20년의 신앙생활을 하게 되면 보다 멋있는 신앙인으로 성장할 것을 기대했었다. 40세가 되면 훌륭한 신앙인으로 선한 영향력을 미치는 그리스도인이 되어 있을 것을 그려왔다.

30대에 들어서서 신학을 하면서 목회자가 되었고, 일터 현장 전문사역자로 30대를 보냈다. 그런데 40세가 되었을 때의 나의 모습은 여전히 매우 실망스러운 것들이 많았다. 많은 사역을 열정적으로 했고, 하나님의 도우심도 경험했으며 하나님과 동행하고자 하는 갈망이 있었지만, 여전히 변화되지 않는 내면의 죄의 문제들을 어떻게 이해해야 할지 정리가 되지 않았다.

신앙의 성장이란 무엇을 의미하는 것일까? 어떤 변화가 나타나야 하는가? 여전히 주님께서 기뻐하시지 않는 것들이 내 안에 있다는 것을 발견하면서 근본적인 질문을 다시 하게 되었다.

신앙성장은 무엇보다도 먼저 주님과의 관계에서 변화가 일어나야 하고 또한 너와 나의 관계에서도, 일터에서도, 내 몸과의 관계에서도 변화가 일어나야 하는 것임을 알게 되었다. 주님과의 관계, 너와 나와의 관계, 일터와의 관계, 내 몸과의 관계 등 네 가지 관계에서 변화가 일어나야 하고 그러한 변화가 있기 위해서는 날마다 주님 안에서 내가 죽고 부활의 주님을 경험해야 한다는 것을 깨닫게 되었다.

훈련의 과정과 축복

거듭남은 신앙생활의 시작이다. 그리스도 안에서 갓 태어난 갓난아기와 같다. 살아있는 모든 생명체는 병들거나 죽지 않는 한 성장과정이 있다. 신앙도 마찬가지다. 신앙성장은 어떤 과정을 통해 이루어질까?

신앙훈련은 어떤 과정을 거치게 될까? 교회의 관심은 모든 성도의 신앙성장에 있다. 하나님께서 원하시는 그리스도의 장성한 분량에까지 자라가야 한다. 과거에 우리가 많이 들었던 말은 모인 교회에서 열심히 봉사하면 신앙이 성장한다는 이야기였다. 교회에서 봉사 잘하는 분들이 신앙생활을 열심히 하는 것은 맞지만 반드시 신앙이 성장한다고 보기는 어렵다. 신앙성장을 위해서는 반드시 거쳐야 할 단계가 있고 훈련이 필요하기 때문이다.

1. 거듭남

　복음을 듣고 예수 그리스도를 영접하면 거듭나는가? 그렇다. 그러나 실제로는 그렇게 즉시 나타나지 않았다. 모인 교회의 구성원으로 교회에서 예배를 드리는 사람이 아니라 이전에 복음을 들은 일이 없는 사람이 어느 날 전도자를 만나서 복음을 듣고 예수 그리스도를 영접했다. 1주일이 지난 이후에 영접했던 사람을 다시 만나면 언제 예수님을 영접했는가를 의심하게 하는 반응을 보이는 경우가 많았다. 예수님을 영접한 이후 아무런 변화도 나타나지 않았다. 예수님을 영접하는 기도를 한 것은 분명하지만, 그에게 그 사건이 어떤 의미가 있는지를 알기까지는 더 많은 시간이 필요했다. 그리스도인이라면 알아야 할 신앙생활의 기본적인 것들이 필요했다. 다시 말해서 거듭남의 사건이 한 개인에게 분명한 의미를 가지려면 그가 해야만 하는 몇 가지 순종이 있다.

　첫째는 예배를 드리는 것이다. 하나님께 예배하는 자와 함께 예배에 참여하지 않는다면 하나님의 자녀가 된다는 것이 무엇인지 이해하기 어렵다. 하나님께서는 예배 가운데 임재하시고 치유와 회복의 역사를 일으키신다. 예수님을 영접했다고 해도 예배하지 않는 사람은 거듭남의 역사를 제대로 알 수 없다.

둘째는 교회 공동체의 구성원이 되어야 한다. 모든 성도는 그리스도인이 되면서 그리스도의 몸된 교회의 지체가 되어야 한다. 사도 바울은 고린도 교회를 향해서 지체의 관계를 잘 설명했다. 지체는 떼려야 뗄 수 없는 관계를 맺는 것이다. 만일 지체가 되지 않으면 그는 그리스도의 몸된 교회의 한 성도가 아닌 것이다. 하나님을 믿는다고 하면서도 신앙 공동체인 교회의 구성원이 되지 않는다면 그것은 건강한 신앙인의 모습이라고 할 수 없다. 지체가 된다는 것은 삶을 나누는 지체와 같은 성도들의 교제권을 의미한다. 교회 공동체 없이 홀로 말씀과 기도를 중심으로 하는 신앙생활은 정상적인 신앙생활이라고 할 수 없다.

셋째는 성도의 교제에 참여하는 것이다. 성도의 교제는 선택적인 신앙생활이 아니다. 신앙생활을 하려면 반드시 성도의 교제가 있어야 한다. 교회는 유기체와 같기 때문에 교제할 때만이 그가 신앙 공동체의 구성원이라는 사실을 확인할 수 있다. 모든 신앙인은 주님을 주님으로 인정하는 공동체의 교제권 안에 있어야 신앙인의 정체성을 확실히 알 수 있다.

넷째는 기초적인 성경 지식을 배워야 한다. 복음이 구체적으로 어떤 내용인지 알아야 한다. 성경이 우리에게 주는 의미와 영의 양식이 된다는 사실도 깨달아야 한다. 죄와 십자가의 구속 사건 그리고 예배의 의미와 중요성 등 그리스도인이 되려면 알아야 할 기본적인 성경 지식을 배워야 한다. 이런 과정을 거칠 때 성령께서 내가 하나님의 자녀라는 사실을 깨닫도록 역사하신다.

2. 초신자

거듭남의 사건이 나에게 분명해진다면 그 다음에는 신앙의 어린아이 단계로 진행된다. 그것을 초신자(Convert)라 부르겠다. 초신자는 구원의 확신이 분명한 사람이다. 예수 그리스도를 만나기 전과 이후의 신앙고백이 있는 사람이다. 그리스도를 만나기 전의 옛 사람과 그리스도를 만난 이후의 새 사람의 구별이 가능해진다. 내 주하시는 성령님으로 말미암아 죄에 대해서도 민감하게 반응하게 된다. 이전에는 자유롭게 저질렀던 죄에 대해 성령의 역사로 거리낌이 생기고 거부해야만 하는 일들에 직면하게 된다.

말씀에 대한 반응도 달라진다. 하나님의 말씀은 영의 양식이며, 말씀에 대한 갈급함을 경험하게 된다. 또한 그리스도인의 교제의 즐거움도 알게 된다. 자발적으로 신앙 공동체에 참여하기 원하며 신앙훈련받기를 기대한다. 신앙생활은 새로운 세계를 향한 새로운 여행이며 모험임을 알게 된다. 하나님을 아버지로 인정하고 하나님의 자녀로 동행하는 삶이 시작되는 것이다. 초신자는 거듭남 이후 신앙생활을 하면서 여러 가지 변화를 경험하는 그리스도인이다. 이 글을 읽는 모든 분들은 이 같은 경험을 했을 것이다.

그런데 지금은 어떻게 생활하는지 점검해 보기 바란다. 여전히 주님과의 만남을 사모하고 성령의 역사하심에 민감하며 성도와의 만남이 즐거운가? 신앙성장이 계속되지 않으면 사실은 병든 상태에 머무르게 된다. 예배의 참여가 주일날 신앙생활을 지속하고 있다는 확인 도장과 같은 종교적 의식에 머무를 수가 있다.

일터에서 부딪히는 많은 문제들에 대해 거듭되는 실패와 증가하는 갈등은 지속적인 신앙생활을 하기가 힘들어지게 한다. 갈등은 많아지는데 교회 공동체가 효과적으로 지원해 주지 않으면 외롭게 싸우다가 결국은 이중적인 삶의 자세를 가지게 된다. 지속적인 신앙훈련을 통해 신앙 안에서 바로 서지 못하면 신앙이 흔들리기도 한다.

일터에서 직원들과 상담하면서 지금은 그리스도인이 아닌 많은 사람들이 과거 중고등부 시절이나 청년 때에 신앙생활을 했었다는 고백을 듣게 된다. 안타깝게도 어린 시절에 교회를 다녔지만, 주님을 인생의 주인으로 영접하는 사건이 없었고 또한 신앙훈련을 통해 주님을 알아가는 과정이 없었던 것이다. 주님과의 관계를 분명하게 깨닫지 못하고 또한 교회의 신앙활동이 학교생활이나 사회생활과 실제적으로 어떤 관계인지를 알지 못한다면 신앙은 흔들리게 되고 결국은 무너질 수도 있다. 교회의 주일학교는 학생들이 자신의 삶의 현장인 학교에서 구별된 삶을 살 수 있도록 신앙훈련을 시켜야 한다. 학생회의 임원으로 활동했지만, 실제 삶에서는 간증이 전혀 없는 신앙 없는 모습으로 살아가는 일이 있어서는 안 된다. 신앙생활은 삶의 모든 영역에서 변화로 나타나야만 한다.

지속적인 신앙의 성장이 있기 위해서는 어떻게 해야 할까?

기독실업인회(CBMC) 사역을 하면서 모사장님을 만나게 되었다. 그 분은 신앙이 없는 중에 회사의 회장님의 권유로 기독실업인회에 나가게 되었다. 처음 나가서 받게 된 충격은 만나는 사람들이다 친절하고, 이전에 주로 만나던 비즈니스맨들과는 달리 편안해 보였다는 점이다. 그 이후 1년 뒤에 교회를 처음 나가게 되었을 때에도 만나는 사람들의 얼굴 표정이나 삶의 모습이 평안이 있고, 행복해 보여서 자신도 이렇게 변화되고 싶었다고 했다.

신앙을 갖게 된 이후에 이전에는 상황에 따라 하던 작은 거짓말이나, 수주를 받기 위해서 남들처럼 하던 뇌물이나 향응 등에 대해 이제 거리낌이 생기게 되었다. 초신자 단계가 되자 이전에 행하던 부정한 방법들과 일상적으로 행하던 말과 행동에 대해 내적 갈등이 시작된 것이다. 온전한 순종을 하기에는 아직 감당하기 어려운 일이 많았지만, 일터에서도 하나님의 말씀대로 행해야 한다는 마음 중심의 변화가 있었다. 직원들이나 거래처 사람들에게도 기회가 주어지면 "신앙생활을 해 보니 괜찮네"라고 자연스럽게 신앙적 이야기 하게 되었다.

몇 년 전부터는 그는 하나님께 대한 감사 일기를 쓰고 있다. 날마다 하루를 기도와 묵상으로 시작하고 있는데, 일주일에 5일 정도는 감사 일기를 쓰고 있다. 신앙생활을 하기 이전에도 일기를 썼었는데, 그 때와 달라진 점은 하나님께 감사하는 형식으로 바뀌어 가고 있다는 것이다. 기도 내용도 이전에는 수주를 많이 받게 해달라는 주로 성과 위주의 내용이었다면, 이제는 직원들의 급여나 복지 그리고 회사 안에 신앙인들의 모임을 위해서 기도한다고 한다. 일터에서도 하나씩 하나님께서 기뻐하시는 것이 무엇인지 분별하고, 하나님의 뜻이 일터에 실현되기를 위해서 기도한다고 한다. 초신자 때부터 일터의 현장에서 하나님께서 기뻐하시는 삶을 위한 영적 싸움이 일어나야 한다.

3. 헌신(주님의 주인되심)

모태신앙인이거나 신앙의 연수가 오래 되었는데, 신앙성장이 없는 사람들을 만나게 된다. 여전히 교회의 성도로 있고 매주일 예배를 드리고 때로는 봉사활동도 하는 성도들이다. 그런데 십 년 전의 모습이나 지금의 모습을 비교해 볼 때 신앙의 성장이라고 말할 수 있는 변화가 없다. 가정이나 일터의 삶의 모습을 보면 특별한 변화가 없이도 열심히 교회생활을 하고 있는 것이다. 그런 분들 가운데 안수집사가 되었거나 장로가 되어 더욱 교회에 열심히 봉사하는 모습으로 살아가는 신앙인을 만나기도 한다. 그러나 신앙성장으로 인한 변화라고 하기에는 분명치 않은 경우가 있는데, 왜 그럴까?

거듭남 이후 신앙의 어린아이 단계인 초신자를 거쳐 우리는 성장의 중대한 고비를 맞이하게 된다. 바로 헌신의 단계다. 헌신이라 함은 나의 인생의 주인이 내가 아니라 예수 그리스도이시라는 것을 인정하고 고백하는 일이다. 나의 인생의 주인이 바뀌는 중대한 사건이다. 신앙성장에서 반드시 거쳐야 하는 중요한 단계다. 헌신이 되지 않으면 그 이후의 성장이 무엇인지 알 수가 없다.

헌신은 그리스도인의 삶이 무엇인지를 보다 깊이 있게 경험하는 문턱을 넘는 일이다. 헌신하지 않고도 교회 다닌 연수에 의해 집사가 되고 장로가 된다면 이것은 비극이다. 결코 신앙인의 합당한 변화가 나타나지 않기 때문이다. 헌신이 있을 때만이 주님과의 관계가 바로 세워지는 것이다.

모든 그리스도인은 청지기 삶을 살게 되는데, 헌신한 이후에 비로소 청지기 삶을 경험하게 된다. 앞서 우리가 청지기 삶을 나누었는데, 청지기는 나의 인생의 주인이신 하나님께서 내게 맡기신 사명을 감당하는 신앙인을 의미한다. 세상적 기준으로 자신을 보고 판단하는 것이 아니라 하나님의 기준으로 자신을 보고 하나님께서 자신의 일생을 결산하실 것을 아는 사람이다.

헌신하지 않는다면 더 이상의 신앙성장을 기대할 수 없다. 신앙생활의 연수가 오래 되어도 결코 신앙성장으로 인한 변화가 나타나지 않는다. 헌신하지 않고도 신앙생활을 지속한다면 이것처럼 모순되고 왜곡된 삶의 모습이 없다. 집사와 장로가 된다는 것이 세상적 기준과 같이 지위이며 권리처럼 행사되어질 것이다.

헌신하지 않는다면 하나님의 자녀의 권세(요 1:12)를 누릴 수도 없다. 하나님께서 풍성한 은혜를 주셨다고 하는데, 그것이 무엇을 의미하는지 삶에서 경험할 수가 없다. 헌신은 하나님께서 원하시는 신앙생활로 들어가는 관문이다. 헌신은 주님의 주님 되심을 인정하는 삶이다. 헌신하지 않으면 그리스도의 제자가 될 수 없다. 그리스도인이 경험해야 할 경건의 삶의 능력을 보다 깊이 있게 알 수 없다.

헌신은 하나님께서 주신 축복된 인생으로 모험을 떠나는 것이다. 이전의 삶과는 다른 신앙의 세계로 들어가는 결단이다. 옛 사람의 인생을 포기하겠다고 하나님께 고백하고 하나님의 자녀로서 살겠다는 새로운 고백을 하는 것이다. 하나님의 자녀의 권리를 주장하며 누릴 수 있는 삶으로 나아가는 것이다. 하나님께서 주시겠다는 풍성한 삶을 알아가며 누려갈 수 있는 것이다.

또한 헌신은 본향을 향해 순례의 길을 떠나는 나그네의 삶이 시작되는 것이다. 이 땅에서의 삶을 내려놓고 주님께서 원하시는 삶으로 돌이키는 것이다. 세상의 지위와 자랑 그리고 보다 많은 재물을 추구하던 욕망을 포기하는 삶이다. 주님께 헌신하지 않은 사람이라면 신앙생활을 제대로 알고 있다고 말할 수 없다.

한국 교회에서는 헌신한 많은 성도들을 만나게 된다. 인생의 주인이 주님이심을 인정하는 분들이다. 그런데 주님이 주인으로 있기 원하시는 곳은 모인 교회만이 아님을 분명하게 알지 못하는 성도들이 많다. 하나님께 헌신되어 있지만 일터의 현장에서는 주님이 주님으로 계시지 않는 것이다. 일터에서의 그의 말과 행동을 보면 주님이 주인이심을 알 수 없는 것이다. 이런 경우를 우리는 속고 사는 신앙인이라 할 수 있다.

가정에서도 마찬가지다. 부부관계에서 주님이 주님으로 계시지 않는다면 그것은 헌신한 그리스도인의 신앙생활이 아니다. 자녀 양육에서도 주님이 주인으로 있어야 한다. 주님이 주인으로 있다면 주님의 가르침이 자녀 양육의 기준으로 제시되어야 한다.

4. 그리스도의 제자

교회마다 다양한 신앙훈련 프로그램이 있다. 신앙훈련을 통해 다락방의 순장이나 목장의 목자 또는 구역 모임의 인도자가 생겨난다. 1년 또는 2년의 신앙훈련 과정을 거쳐서 선택된 리더들이다. 각 그룹의 인도자들을 통해 또다시 재생산을 위한 신앙활동이 이루어진다.

그리스도의 제자란 삶의 모든 영역에서 주님을 주님으로 인정하며 주님과 동행하는 그리스도인을 의미한다. 삶의 모든 현장에서 인생의 주인이 바뀐 삶으로 사는 것이다. 주님께 헌신되지 않았다면 그리스도의 제자가 된다는 것은 의미가 없다.

그리스도의 제자는 가정에서나, 일터에서나 삶의 현장에서 주님의 주님 되심을 인정하는 삶을 살아야 한다. 제자란 당연히 날마다 주님과 교제하고 주님과 동행하는 사람이다. 주님과의 교제가 없다면 제자의 삶은 불가능하다. 제자가 되기 원하지만 그렇지 못한 삶을 사는 사람들의 공통점은 주님과 교제가 없다는 것이다. 다윗과 다니엘 등 일터 현장에서 주님과 동행했던 신앙인들은 주님과의 교제가 있었다.

그리스도의 제자란 일터의 모든 일에 대해서도 주님이 원하시는 대로 주님께 하듯 하는 삶을 사는 사람이다. 그런데 일터에서 주님과 동행하며 깨어 지내는 것이 쉽지 않다. 직장상사와의 관계에서도, 거래처나 고객과의 만남에서도 내게 주어진 업무를 처리하는 과정에서도 그리스도의 제자로 있기보다 직업인으로만 있는 자신을 발견한다. 우리의 옛 사람은 끊임없이 내 안에서 꿈틀거리고, 깨어있지 않으면 그 순간 주님의 모습은 온데간데 없고 오직 내가 주인된 모습만 있기 때문이다.

진정한 제자가 되려면 날마다 일터에서도 자신의 십자가를 지는 삶을 살아야 한다. 사도 바울과 같이 날마다 그리스도 안에서 죽어야 한다. 내가 죽지 않으면 부활의 주님을 경험할 수가 없다. 그리스도 안에서 죽는 것도 쉽지 않다. 날마다 주님과의 만남을 사모하며 주님 앞에 무릎 꿇을 때만이 죽을 수 있다. 주님께 헌신했다 해도 그리스도 안에서 죽는 삶을 살지 않으면 그리스도의 제자의 삶이 전혀 나타나지 않는다. 신앙생활의 연수가 오래되어 경건의 모양으로 치장한다 해도 경건의 능력을 드러낼 수 없는 것이다.

이것은 신앙생활의 연수가 오래되어도 헌신하지 않거나 그리스도의 제자로 살아가지 않는다면 더 이상의 신앙성장은 가능하지 않다는 것이다. 교회에서 성가대원으로, 주일학교 교사로 열심히 봉사하는 것이 제자의 삶으로 사는 것으로 이해하면 곤란한 이유다. 모인 교회에서의 열정이나 봉사가 그리스도의 제자의 삶을 드러내는 것이 아니라는 것이다.

그리스도의 제자가 되려면 삶의 모든 현장에서 주님을 주님으로 인정해야 한다. 그리스도의 제자의 삶은 삶의 모든 현장에서 주님 안에 거하고자 갈망하고 끊임없이 주님과 교제할 때만이 가능하다. 그리스도의 제자가 되려면 철저히 그리스도 예수 안에서 죽고 주님 안에 온전히 거하고자 하는 갈망이 있어야 한다.

많은 신앙인들의 갈등이 여기에 있다. 헌신했을지라도 주님 안에 있지 않을 때마다 옛 사람의 모습으로 살아가게 된다. 여전히 옛 사람의 야망을 포기하지 않으며 재물의 욕심에서도 자유롭지 않게 된다. 선교사로 헌신한다고 변화되는 것이 아니다. 선교지에서 일어나는 갈등은 너무도 추악해서 인간 만상이 다 드러난다. 교회의 장로도 마찬가지다. 오랜 세월 신앙생활을 했음에도 불구하고 변화되지 못한 추한 모습들이 드러나는 것은 여전히 그리스도 안에서 죽지 않은 것들이 있기 때문이다. 우리가 그리스도 안에서 죽지 않으면 주님의 영광을 드러내는 제자가 될 수 없다. 신앙생활은 그리스도 예수 안에서 날마다 죽는 삶이다.

주님은 이 시대에도 그리스도의 제자를 찾고 계신다. 오직 주님만으로 만족할 수 있는 참된 제자를 찾고 있는 것이다. 제자처럼 보이려는 신앙인은 많지만 제자가 되는 신앙인은 보기가 쉽지 않은 시대에 살고 있다. 그리스도의 참된 제자는 세상의 조롱과 멸시를 감내하고자 하는 신앙인이다. 우리는 세상에서 인정받기를 원하며 세상에서 보다 많은 것을 가지려고 한다. 한국 교회의 문제는 신앙훈련은 있지만 그리스도의 제자가 생산되지 않는 데 있다. 일터의 현장에서 끊임없이 확인되는 것은 일터에서도 주님의 주님 되심을 인정하는 그리스도인이 많지 않다는 것이다. 교회에 많은 헌신자가 있지만 삶의 현장에서 제자로 살고 있는 그리스도인은 많지 않다.

제자가 되기 위해 그리스도 안에서 죽기를 원하지만 우리는 죽은 체만 하는 자신을 발견할 때가 많다. 왜냐하면 그리스도의 고난에 동참하지 않기 때문이다. 그리스도의 고난 없이 그리스도의 제자의 삶은 불가능하다. 일터의 현장에서 주님이 원치 않는 일에 대해 분명히 아니라고 말할 수 있어야 한다. 그것이 그리스도의 고난에 동참하는 것이다. 그렇지만 그리스도의 고난의 발자취를 따르기가 쉽지 않다. 교회에 나가고 성경을 읽으며 교회 모임에서 봉사하고 십일조도 드리지만 이 땅에서 인정받고 보다 편안한 삶을 선택했기 때문에 그리스도의 제자가 되지 못하는 것이다.

우리는 그리스도를 위해 희생하거나 손해보는 것을 매우 낯설어 한다. 교회에서 하는 미션트립이나 봉사에는 헌신적이어도 일터의 현장에서 비그리스도인들이 볼 때에는 매우 합리적이고 이기적인 면을 가지고 살기 때문이다. 우리의 옛 사람은 결코 쉽게 죽지 않기 때문에 주님 앞에 갈 때까지 우리를 괴롭힐 것이다. 우리가 그리스도를 위해 죽기 원한다면 사도 바울처럼 "이는 내게 사는 것이 그리스도니 죽는 것도 유익함이라"(빌 1:21)고 끊임없이 고백하는 삶을 살아야 한다.

혼탁한 이 시대에 하나님께서 쓰실 수 있는 제자가 되기를 원한다. 오직 주님만으로 만족한 삶을 살기 원한다. 주님 앞에 나의 모든 것을 내려놓기를 원한다. 한 번뿐인 인생을 주님의 영광을 위해 살기를 원한다. 제자란 나의 모든 것의 주인이 주님이신 것을 인정하는 청지기 의식을 교회와 가정 그리고 일터에서 적용하는 사람이다.

1. 내가 있는 모든 곳에서 주님을 주님으로 인정하는 삶을 살아야 한다.
2. 내가 있는 모든 곳에서 주님이 무엇을 원하시는지 분별할 수 있어야 한다. 그리고 주님께 하듯 할 수 있는 삶을 살기를 소망해야 한다.
3. 세상 사람들의 기준과 평가가 아니라 주님이 나를 보듯이 나를 볼 수 있어야 한다. 오직 주님만이 나를 결산하시는 분이심을 인정해야 한다.

그리스도의 제자는 자신의 삶의 현장에서 살아계신 하나님을 경험하는 삶을 살아야 한다. 그렇다면 나는 제자일까? 내가 제자의 삶을 살고 있는지 그렇지 않은지를 분별하기란 어렵지 않다. 오늘의 삶에서 나는 주님과 동행했는지, 주님을 주님으로 인정하며 하루를 보냈는지 그리고 살아계신 하나님의 역사에 대한 간증이 있는지를 점검해 보면 알 수 있다. 우리가 제자의 삶을 산다면 "잘하였도다 착하고 충성된 종아 네가 적은 일에 충성하였으매 내가 많은 것을 네게 맡기리니 네 주인의 즐거움에 참여할지어다"(마 25:21)라는 주인의 음성을 듣게 될 것이다.

주님은 모든 그리스도인이 제자가 되기를 원하신다. 그리스도인인 내가 가는 그 곳에서 하나님의 영광이 드러나기를 원하신다. 한국에서는 특히 모든 일터의 영역에서 이러한 변화가 일어나기를 주님이 원하신다. 한국의 다양한 일터에 그리스도인이 흩어져 있다. 하나님께서는 그 곳에서 그리스도인이 그리스도의 제자로 살기를 명령하셨다.

1) 제자의 자질

그리스도의 제자의 구체적인 모습을 출애굽한 이스라엘 자손들을 통해 함께 살펴보기를 원한다.

모세는 이스라엘 자손을 이끌고 애굽을 떠나는 기적을 경험했다. 그들이 광야에 이르렀을 때에 모세는 이스라엘 민족 가운데 일꾼을 세워야 하는 중대 기로에 있었다. 하나님께서 모세의 장인 이드로를 보내어 하나님의 일꾼의 기준을 제시했다.

하나님께서는 능력 있는 사람을 천부장과 백부장과 오십부장과 십부장으로 삼아 그들로 광야의 생활에서 부딪히는 모든 문제들을 담당케 하라고 하셨다. 그러나 그들이 재판할 수 없는 일들에 대해서는 지도자 모세가 담당하였다.

그렇다면 어떤 기준으로 천부장과 백부장과 오십부장과 십부장을 뽑았을까? 즉 능력있는 사람이란 어떤 사람일까? 능력있는 사람이란 지혜와 지식이 있는 각 지파에서 인정받는 사람들이었다(신 1:13). 또한 능력 있는 사람이란 하나님을 두려워하고 진실하며 불의한 이익을 미워하는 사람으로 인정된 자들이었다. 하나님께서 쓰실 수 있는 일꾼은 자신의 삶의 현장에서 부딪히는 문제들에 대해 하나님의 뜻에 따라 분별할 뿐 아니라, 불의를 거부하고 그것들을 하나님의 방법대로 해결해 가는 능력 있는 사람인 것이다.

우리가 소위 신앙이 좋은 사람으로 인정하고 있는 기준과 같은지 생각해 보아야 한다. 성경은 능력 있는 사람의 기준을 분명히 제시하고 있다. 이 같은 기준은 초대 교회에서 일곱 집사를 선정할 때에도 나타났다. 일곱 집사의 선택의 기준은 성령과 지혜가 충만하며 칭찬받는 사람이었다. 공통점은 하나님을 두려워하는 사람 즉, 성령에 따라 순종하여 살고자 하는 사람이며 능력있는 사람 즉, 지혜가 충만한 사람이며 불의한 이익을 미워하는 사람 즉, 칭찬받는 사람으로 이미 인정받고 있는 성품의 소유자였다.

다시 말하면 삶의 현장에서 하나님의 뜻을 분별하며 그 뜻을 적용하여 하나님의 역사를 경험하는 사람이 하나님께서 쓰시는 일꾼인 것이다. 지금도 하나님께서 쓰시는 일꾼들은 모인 교회에서의 역할뿐 아니라, 그들의 삶의 현장에서 하나님의 뜻을 분별하여 그곳에서 하나님의 뜻대로 순종하며 하나님의 도우심을 경험하는 사람들이다.

2) 제자의 역할

제자는 흩어진 삶의 모든 현장이 주님이 보내신 곳이라는 사실을 알아야 한다. 나의 일터의 현장이 나의 선교지이며 나의 사역지인 것이다. 그 곳에서 만나는 모든 사람들을 전도하며 제자로 삼아야 한다.

우리가 가야 할 '땅 끝'은 반드시 먼 이방의 나라만을 가리키는 것이 아니라 사실은 내 옆에 있는 직장 동료이거나 거래처 사람들이다. 나와 가장 많은 시간을 보내는 직장 동료가 복음을 전하기 가장 어려운 대상이다. 그는 나의 말과 행동을 너무도 잘 알고 있고 내가 복음에 합당한 사람으로 살고 있는지 증인이 될 수 있다. 오직 내가 그리스도의 제자로 살 때에 전도가 가능하다.

일터에서의 전도가 어려운 것은 먼저 일터의 소금과 빛으로 선한 영향력이 나타나지 않기 때문이다. 내가 먼저 하나님의 "택하신 족속이요 왕 같은 제사장들이요 거룩한 나라요 그의 소유가 된 백성"으로 살아갈 때에 우리를 "어두운 데서 불러내어 그의 기이한 빛에 들어가게 하신 이의 아름다운 덕을 선포"(벧전 2:9)할 수 있는 것이다.

일터는 황금어장과 같다. 그물만 던져 놓으면 전도할 수 있는 곳이 일터다. 대부분의 일터에는 복음을 들어야 하는 사람들이 90%가 넘는다. 그런데 교회는 이러한 황금어장에 주목하지 않는다. 제자들을 양성했다면 주님의 말씀처럼 일터로 보내야 하는데, 그 사명의 중요성을 간과하고 있다. 일터가 우리의 사역지이며 우리가 그리스도의 증인으로 인정받아야 할 곳이라는 사실을 확실히 아는 그러한 교회를 만나고 싶다.

황금어장인 일터에 이단 세력이 들어오면 신실한 그리스도인은 딜레마에 빠지게 된다. 이단의 세력이 확장되지 못하게 애를 써야 하는데, 이것이 불신자들의 눈에는 기독교에 대해 더 부정적으로 보일 수밖에 없기 때문이다. 서로 조금만 달라도 기독교는 갈등하고 다툰다고 생각한다.

불신자는 이단과 교회를 동일하게 보기 때문에 이 갈등의 심각성을 이해하지 못한다. 이단이 일터의 영역에 들어오기 전에 교회가 성도들의 삶의 현장인 일터에 대해 적극적으로 대안을 세워야 한다. 가톨릭은 전문 사역자를 세워 사역을 시작했다. 개신교도 성도들의 삶의 현장인 일터가 성도들로 인해 변화되도록 적극적인 대안을 세워야 한다.

성도들의 삶의 현장인 일터가 성도들로 인해 변화되어야 한다. 만일 교회가 일터의 현장에 대해 적극적인 관심을 보이지 않는다면 이것은 직무유기와 같다. 전도뿐 아니라 일터에서의 구별된 삶을 위해서도 교회는 심사숙고해야 한다. 일터 전도에 대한 주제는 다음 단계의 책에서 구체적으로 다루고자 한다.

MONDAY CHRISTIAN
WHERE IS YOUR GOD?

에필로그

『월요일의 그리스도인』은 일상생활에서 주님의 제자의 삶을 살고자 하는 사람들을 위해 쓰여진 책이다. 일상생활에서 제자로 살려면 어디에서 무슨 일을 하든지 주님을 주님으로 인정하는 삶을 살아야 한다. 또한 모든 관계에서 변화가 일어나야 한다. 너와 나의 관계에서 신앙생활이 무엇인지를 분별해야 하고 너와 나 사이에서 일어나는 필연적 갈등과 올바른 관계를 위해 주님의 역사하심으로 인한 변화를 경험해야 한다. 일터에서도 나에게 주어진 직업과의 관계에서 신앙생활이 무엇인지 분별해야 하며 주님의 역사하심으로 일터의 공의와 질서를 위한 변화를 경험해야 한다. 돈과의 관계에서도 신앙생활이 무엇인지를 분별하며 주님이 기뻐하시도록 돈을 벌고 사용하는 법을 알아가는 데 있어서도 주님의 역사를 경험해야 한다.

이랜드에서의 안정된 사역과 현재와 미래의 보장된 삶을 포기하고 나오고자 했던 가장 큰 이유는 이 사역이 이랜드만의 사역이 아니라 모든 교회의 사역이라는 확신 때문이었다. 그러나 현실은 냉혹하여 대부분의 교회가 일터의 현장에 주목하지 않았고 성도들의 삶의 현장인 일터의 중요성을 깨닫지 못했다.

구체적인 대안을 찾아 그 동안 일터의 직장인들을 대상으로 훈련했던 내용을 정리하여 〈소명 아카데미〉란 이름으로 교회를 대상으로 하는 사역을 시작했다. 주님은 일터의 현장에 있는 성도들의 삶에 관심이 있는 교회들을 만나게 하셨고 그 교회들을 위해 〈소명 아카데미〉를 진행할 수 있었다. 〈소명 아카데미〉를 진행하면서 가장 보람되었던 것은 앞이 보이지 않는 안개 속을 헤매이듯이 방황하던 그리스도인들이 인생의 방향을 발견하고 일터에서도 하나님과 동행하는 삶의 기쁨을 고백하는 것이었다.

또한 거듭난 이후 인생의 전환점이 되는 가장 놀라운 경험이었다는 신앙고백은 이 사역이 이 시대의 요청이라는 것을 확증할 수 있었다. 『월요일의 그리스도인』은 〈소명 아카데미〉의 소명편이며, 다음에 출판될 책에서 비전편을 다루고자 한다. 이 책 끝부분에 교회에서 진행하고 있는 〈소명 아카데미〉에 대한 간단한 소개 내용을 실었다.

WMTC 직장사역훈련센터
Workplace Ministry Training Center

E-mail | wmtc@naver.com
Tel | 02)3142-2574
Fax | 02)3142-2033

소명 아카데미 안내

　직장사역훈련센터는 직업인 크리스천에게 각자의 직업과 삶을 하나님께서 주신 거룩한 소명으로 이해하게 하고, 일터의 현장에서 경험하는 실제적인 문제들에 대한 성경적 대안을 제시하며, 각자의 일터에서 직장 전도자와 사역자로 세워질 수 있도록 돕는 전문사역기관입니다. 직장사역훈련센터는 목회자와 성도들 그리고 기독교 기업을 대상으로 소명 아카데미를 중심으로 사역합니다.

　소명 아카데미는 월요일부터 금요일까지 일터를 중심으로 생활하는 직업인들에게 술과 회식 문화, 대인갈등, 승진, 만연된 부조리 등 일터의 현장에서 부딪히는 실제적인 문제들에 대한 성경적 대안을 제시함으로 신앙인으로 구별된 삶을 살 수 있도록 구체적으로 적용하게 하고, 일터 속에서 직장인 크리스천으로서 경험하는 문제들에 대한 해결을 돕는 전문훈련 프로그램입니다.

　소명 아카데미는 12강좌를 2단계로 나누어서 교회의 성도들을 대상으로 먼저 6주 동안 6강좌를 진행하고(소명편), 이후 6주 동안 다시 6강좌(비전편)를 합니다. 수련회 및 세미나 형식으로 운영할 수 있으며 일터에서 영향력 있는 크리스천으로 변화되는 것을 기대할 수 있습니다. 본 세미나는 교회의 상황에 맞추어 기간이나 일정 또는 내용의 협의가 가능합니다.

- **교회장년부를 위한 세미나**

    내용 : 직업과 일상생활에서의 신앙(기독교 세계관), 모인 교회와 흩어진 교회, 직업과 소명, 재물인가 죄물인가, 크리스천의 재테크, 일터 속의 문화갈등과 대안, 직장에서의 대인관계의 갈등과 해결, 신앙훈련의 성장과 축복, 일터에서의 전도, 신우회 형성 전략, 크리스천의 성공관, 성경적 리더십, 크리스천의 자기관리, 하나님께서 쓰시는 일꾼의 조건, 일터에서의 직업윤리, 크리스천의 비전과 사명 등

- **청년대학부를 위한 세미나 및 수련회**

    내용 : 직업과 일상생활에서의 신앙(기독교 세계관), 직업선택과 하나님의 뜻, 직업과 소명, 성경적 재물관, 일터에서의 성경적 문화관, 일터에서의 대인관계의 갈등과 해결, 크리스천의 비전과 사명, 크리스천 청년의 프로페셔널의 조건 등

- **청소년을 위한 세미나**

    내용 : 크리스천 청소년들이 공부해야 하는 이유, 문화, 친구 관계, 장래의 직업 선택, 자기관리, 비전과 사명, 리더십 등에 대해서 질문, 나눔, 발표 및 정리의 순서로 스스로 성경적 기준을 발견할 수 있는 자기주도적인 훈련 프로그램입니다.

- **소명 아카데미 참여교회 및 단체**

    높은뜻광성교회, 높은뜻정의교회, 높은뜻푸른교회, 선한목자교회, 지구촌교회, 일산동산교회, 충신교회, 할렐루야교회, 주안장로교회, 분당샘물교회, 영화교회, 장성교회, 왕십리교회, 서대문교회,

대전새로남교회, 예능교회, 정릉교회, 산울교회, 예수인교회, 일산동안교회, 더사랑의교회, 광주월광교회, 새중앙교회, 섬김의교회, 대구대현교회, 대구동신교회, 대구문화교회, 대구중앙교회, 상해한인연합교회, 경찰청교회, 수동교회, 온세계교회, 향상교회, 새중앙교회, 주님사랑교회, 형제교회, 목천교회, 수지사랑교회, 군산개복교회, 무학교회, 성현교회, 서울영동교회, 구리중앙교회, 용인비전교회, 창대교회, 성도교회, 이리신광교회, 동도교회, 길동교회, 대구부광교회, 분당사랑의교회, 성림교회, 은혜의동산교회, 충심교회, 기쁨의교회, 대구삼덕교회, 전기공사공제조합, HSBC은행 등.

● 소명 아카데미 준비

소명 아카데미는 홍보 및 모집 단계에서 직장사역훈련센터에서 진행을 위한 가이드를 합니다. 소그룹으로 조편성을 하여 워크샵을 진행하고 일터의 현장에 적용하도록 인도합니다. 일방적인 강의가 아니라 참여자의 적극적인 동참을 위해 질문과 워크샵 그리고 적용 순서로 진행합니다.

— 소명 아카데미 (소명편, 6주 기준, 조정 가능)
　1주차 : 기독교 세계관(일상생활과 신앙)
　2주차 : 직업과 소명
　3주차 : 크리스천의 재물관
　4주차 : 직장 문화 속의 크리스천
　5주차 : 대인관계의 갈등과 성경적 대안
　6주차 : 일터에서의 신앙훈련과 성장

— 소명 아카데미 (비전편, 6주 기준, 조정 가능)
　1주차 : 크리스천의 성공관

2주차 : 하나님께서 쓰시는 사람
3주차 : 크리스천의 비전과 사명
4주차 : 크리스천의 직업윤리
5주차 : 직장전도와 신우회 형성 전략
6주차 : 크리스천의 리더십

- 강사진

최영수목사, 최호열목사, 강하룡목사, 조현구목사, 서정일목사, 박종국목사, 송명진목사, 신현관목사 등

- 주제강의 요약

〈기독교 세계관, 일상생활의 신앙과 흩어진 교회의 사명〉

평생 직업을 가지고 일하다가 은퇴한 분이 이제 '세상 일'은 그만하고 '하나님의 일'을 하겠다고 자랑스럽게 선언하는 것은 두 가지를 이원론적으로 구분해 이해한 것입니다. 과연 '하나님의 일'은 무엇이고 '세상 일'은 무엇입니까? 물론 우리 한국 교회 성도들만의 문제는 아니고 그리스 철학의 영향으로 일찍부터 문제가 되어온 것입니다. 하지만 아무리 많은 사람들이 그렇게 이해해도 잘못된 것이라면 틀림없이 문제를 제기해야 합니다. 이제부터 잘못된 이원론이 낳은 직업관과 교회관을 점검하면서 직장사역의 신학적 기초를 확고히 할 수 있기를 바랍니다.

〈직업과 소명〉

직장인들에게 "당신은 왜 일하십니까?"라고 묻는다면 어떤 대답을 할까요? 아마도 자신의 견해를 곧바로 소신껏 말할 수 있는 사람은 드물 것입니다. 그래도 굳이 한번 이야기해 보라면 '자아실현'이라든지 '생계유지' 등의 대답이 언급될 것입니다. 물론 그 같은 노동의 동기가 틀렸다는 것은 아닙니다. 다만 그리

스도 안에서 새롭게 된 우리 크리스천 직장인들은 뭔가 달라야 한다는 것입니다. 누군가 당신에게 "왜 일하십니까?"라고 질문을 던져올 때 대답할 말을 준비해 두셨습니까?

〈크리스천의 재물관〉
많은 사람들이 직업을 '돈벌이'라고 단적으로 표현할 만큼 우리의 일은 돈과 밀접한 관계가 있습니다. 따라서 돈에 대하여 바른 자세를 가지지 못할 때는 일에 임하는 자세도 흐트러질 수 있습니다. 황금만능주의라는 시대적 영향력으로 인해 사람들은 돈을 모든 일의 중심으로 생각하고 어떤 사람은 돈 자체를 죄악시하는 경향도 보입니다. 한편 돈의 가치와 사용에 대한 성경적 자세는 이와 다릅니다. 성경이 말하는 재물관을 올바로 깨달을 때 일터에서 더 큰 보람과 의미를 찾고 성공적으로 일할 수 있을 것입니다.

〈대인관계의 갈등과 성경적 대안〉
우리의 일터는 비전을 일구어가고 일하는 축복을 체험하는 소중한 곳입니다. 그러나 직장의 일상 가운데 우리는 크고 작은 갈등을 경험하는 것 또한 사실입니다. 서로 다른 성격과 성향을 가진 사람들이 한 조직 안에서 함께 일하자니 갈등이 끊임없이 마련입니다. 믿지 않는 동료들과는 물론이고 같은 크리스천들과도 갈등을 겪을 때면 무력감마저 듭니다. 도대체 신앙이 있다는 것은 무엇을 의미하는지 한심하기도 합니다. 성경 속에 나타난 대인관계의 갈등 사례들을 공부해 봅시다. 그래서 위로도 받고 뒤엉킨 대인관계를 풀어나가는 성경의 지혜를 배워봅시다.

〈직장 문화 속의 크리스천〉
학교를 졸업하고 직장 사회에 발을 내디딘 크리스천이 겪는 문화 갈등은 학창생활을 하면서 예상했던 것과는 비교할 수 없을 만큼 큽니다. 직장의 회식 문화가 대표적인 경우입니다. 때로 회식 자리에서 크리스천들은 상상도 못했던 문화충격을 겪기도 합니다. 그러면 이런 세속 문화에 그대로 동화되어야 할까요? 아니면 정면으로 부딪혀 싸워야 할까요? 될 수 있는 대로 회피하는 것이 최선일까요? 일상생활에서 겪는 이러한 갈등을 이겨낼 뿐 아니라 하나님 나라의 문화를 우리의 일터에 이식하는 일이야말로 크리스천 직장인에게 맡겨진 귀중한 사명입니다.

〈일터에서의 신앙훈련과 성장〉
신앙생활을 오래한 사람이 더 성숙한 신앙인이라고 말할 수 있습니까? 성경에서는 신앙의 지속적인 성장을 말합니다. 그러나 우리는 신앙의 성장에 대한 잘못된 이해와 생각을 가지고 있습니다. 올바른 신앙성장에 관한 성경적 원리를 말하고 신앙성장에 관한 왜곡된 생각을 바로 잡아 주는 강의입니다.

〈직업선택과 하나님의 뜻〉(중, 고, 대학/청년)
요즘 사회 분위기를 보면 장기적인 청년실업 현상으로 구직난의 심각성을 느낄 수 있습니다. 평생직장 개념은 사라지고 평생직업 시대가 도래하여 언제든지 해고의 위기감 속에서 살아가는 직장인들이 많습니다. 그래서 사람들은 직업을 잃는 것에 대한 불안과 취업에 대한 걱정 속에서 살아갑니다. 하지만 우리 크리스천 직업인들은 뭔가 달라야 하지 않겠습니까? 우리가 직업을 선택하고 이직할 때 고려하는 사항은 우리 주변의 믿지 않는 동료들과는 다릅니다. 직업 선택의 기준을 점검해 봅시다. 그래서 취업 걱정의 시대에 직업에 대해 준비를 잘하는 사람이 되어봅시다.

사명선언문

너희가 흠이 없고 순전하여······세상에서 그들 가운데 빛들로
나타내며 생명의 말씀을 밝혀 _ 빌 2:15-16

1. 생명을 담겠습니다
만드는 책에 주님 주신 생명을 담겠습니다.
그 책으로 복음을 선포하겠습니다.

2. 말씀을 밝히겠습니다
생명의 근본은 말씀입니다.
말씀을 밝혀 성도와 교회의 성장을 돕겠습니다.

3. 빛이 되겠습니다
시대와 영혼의 어두움을 밝혀 주님 앞으로 이끄는
빛이 되는 책을 만들겠습니다.

4. 순전히 행하겠습니다
책을 만들고 전하는 일과 경영하는 일에 부끄러움이 없는
정직함으로 행하겠습니다.

5. 끝까지 전파하겠습니다
모든 사람에게, 땅 끝까지, 주님 오시는 그날까지
복음을 전하는 사명을 다하겠습니다.

서점 안내

광화문점	서울시 종로구 새문안로 69 구세군회관 1층 02)737-2288 / 02)737-4623(F)
강남점	서울시 서초구 신반포로 177 반포쇼핑타운 3동 2층 02)595-1211 / 02)595-3549(F)
구로점	서울시 동작구 시흥대로 602, 3층 302호 02)858-8744 / 02)838-0653(F)
노원점	서울시 노원구 동일로 1366 삼봉빌딩 지하 1층 02)938-7979 / 02)3391-6169(F)
일산점	경기도 고양시 일산서구 중앙로 1391 레이크타운 지하 1층 031)916-8787 / 031)916-8788(F)
의정부점	경기도 의정부시 청사로47번길 12 성산타워 3층 031)845-0600 / 031)852-6930(F)
인터넷서점	www.lifebook.co.kr